孩子總是驚慌？

勇敢

也是一種教養

亭止嚴厲責備
和愛的小手

鐵血教育
早就生鏽！

小孩不必很強壯，但要有顆強心臟

孩子害羞內向也許是小問題，但一不小心就會養成自卑扭曲的心理？
不敢交友、適應力低、缺乏主見……這些跡象你該注意！
怯懦的孩子或許比較保守乖巧，卻會錯失很多機會，
本書和你一起陪伴孩子克服恐懼，人生無所畏懼！

呂定茹，麥小麥 編著

目錄

目錄

第五章
在與人交往中培養孩子的膽量

第六章
孩子的勇敢是「鼓勵」出來的

目錄

第七章
性格磨礪，讓孩子學會勇敢

第八章
勇敢的孩子不是打罵出來的

第九章
教孩子戰勝內心的恐懼感

前言

　　生活中，我們經常聽到一些家長抱怨：「我的孩子很害羞、怕生、不愛講話，家裡一有客人，他就躲到我身後去了。」「我的孩子膽量太小了，做什麼事情都畏首畏尾的，根本不像一個男孩子。」「我的孩子害怕困難，總是還沒嘗試就放棄了。」「我的孩子遇到一點點事情就手足無措，哭哭啼啼。」「我的孩子很不合群，總是形單影隻，讓人擔心。」……諸如此類的問題讓家長們頭痛不已。歸結起來，孩子之所以出現上述的這些情況，與其膽量太小有很大的關係。

　　因為膽小，這些孩子在公眾場合不敢發言，在面對陌生人或在不熟悉的環境中時，他們往往會害羞，顯得侷促不安，不能與人坦率自然地交往；在學習和生活上，這些膽小的孩子總是缺乏主動性、勇氣和信心，所以可能錯過了原本屬於自己的成功和機會。可以說，膽小是孩子成長、成功道路上的絆腳石。

　　那麼，孩子為什麼會養成膽小的性格呢？如何才能幫助孩子克服膽小的性格弱點，使其勇往直前地走在成長、成功的道路上？許多人都在積極尋找對策。

　　心理學家分析，孩子之所以膽小，除了先天氣質的影響，後天教養方式也是一個重要原因。現在大多數孩子是獨生子女，缺乏與其他孩子的往來，家長也往往對孩子過於溺愛，導致孩子難以適應新的環境，面對陌生人和陌生環境時，容易出現害怕心理；有的家長則過度嚴厲，使孩子整日戰戰兢兢，不敢嘗試新事物，久而久之也會導致膽小。

　　孩子膽小，對其全面發展有不利影響。所以，家長要給予充分的重視。只要家長掌握了合理的教育理念，方法得當，耐心引導，一定能培養出勇敢、自信、活潑的孩子來。

前言

　　對於膽小的孩子，家長切不可操之過急。不能一味地指責孩子，或者不切實際地希望孩子在一天之內就變得勇敢、外向、活潑。要善於發現孩子的優點，並給予鼓勵和讚賞。這會讓孩子逐漸變得大膽起來。

　　對於孩子來說，家庭環境非常重要。平等、理解、溫馨的家庭環境能給孩子帶來勇氣和自信，克服孩子的羞怯。因此，在孩子面前，家長切忌濫用權威，更不能說一些傷害孩子自尊心的話。

　　另外，與人交往能培養孩子的膽量。因此，家長要多給孩子提供與外界環境交流的機會，讓孩子多與其他小朋友交往，在交往中逐漸樹立起孩子的自信，增強他的溝通能力，克服膽小羞怯。

　　⋯⋯

　　為了幫助各位家長們掌握合理的家教理念和實效的教養方法，編者從當今家庭教育的實際情況出發，結合了眾多中外教育專家的教育思想和成功的教子經驗，從改變家長的教育態度、提高孩子的自信籌碼、加強孩子的社交能力、豐富孩子的生活經驗、磨礪孩子的堅強意志等方面入手，進行精闢地闡述和詳盡的分析，給各位家長們春風化雨般的家教啟迪。

　　本書案例的選擇典型、新穎，理論深入淺出、通俗易懂，技巧簡單實用，具有很強的知識性、閱讀性和操作性。能讓你在輕鬆的閱讀中，學會教孩子勇敢的方法，從而讓孩子勇敢地面對生活 —— 勇於與他人交往和接觸，勇於面對生活中出現的困難，勇於正視自己的行為 ⋯⋯ 健康地成長！

　　願每一位有志於把孩子培養成勇敢、自信、積極向上的優秀人才之家長，都能從本書中找到自己想要的答案，習得正確的教子方法！

編者

第一章
膽小怯懦，讓成功失之交臂

在競爭激烈的現代社會，每位家長都希望自己的孩子從小就大膽，養成堅強、勇敢的個性，長大後應對各式各樣的挑戰。

然而，在現實生活中，一些孩子卻相當膽小怯懦，他們怕黑、怕陌生人、怕與人交往、怕挫折，更怕失敗，因為總是擔心、害怕、缺乏自信，因此，總讓成功失之交臂。

想要改變孩子膽小的性格，讓孩子變得敢說、敢做、敢為，家長應從小培養孩子勇敢的個性，這樣，孩子才能成為有成就、有作為的人。

成功青睞勇敢者

「勇敢」是什麼？「勇敢」是有勇於人、敢為人先的精神或氣質。只有那些有勇氣的人 —— 有勇氣敢為人先的人，才能被稱作是勇敢的人。縱觀古今中外，舉凡事業成功者，都是具有超常膽識之人。這些人各個處變不驚，縱敗不餒，目標一定下來就勇往直前……。而性格怯懦、膽小怕事者，很難體驗到成功的喜悅。

曾在報紙上看過一則關於勇敢與成功的故事：

有一位女大生剛畢業時，到一家公司應徵財務會計工作，面試時便遭到拒絕，原因是她太年輕，公司需要的是有豐富工作經驗的資深會計人員。女大生卻沒有氣餒，一再堅持。她對主考官說：「請再給我一次機會，請允許我參加完筆試。」主考官拗不過她，答應了她的請求。結果，她通過了筆試，由人事經理親自複試的筆試。

人事經理對這位女大生頗有好感，因她的筆試成績最好，不過女孩的話讓經理有點失望，她說自己沒工作過，唯一的經驗是在學校掌管過學生會財務。找一個沒有工作經驗的人做財務會計不是他們的預期，經理決定到此為止：「今天就到這裡，若有消息我會打電話通知妳。」

女孩從座位上站起來，向經理點點頭，從口袋裡掏出十塊錢雙手遞給經理：「不管是否錄取，請都打個電話給我。」

經理從未遇過這種情況，一下愣住了。不過他很快回過神來，問：「妳怎麼知道我不會打電話給沒有錄取的人？」「你剛才說有消息就打，那言下之意就是沒有錄取就不打了。」

經理這時產生了濃厚的興趣，問：「如果妳沒被錄取，我打電話，妳想知道些什麼呢？」「請告訴我在什麼地方不能達到你們的要求，我在哪些方面不夠好，我才能改進。」「那十塊錢……？」

女孩微笑道：「給沒被錄取的人打電話不屬於公司的正常開支，所以

我有付電話費，請您一定要打。」

經理也微笑道：「請妳把十塊錢收回，我不會打電話了，我現在就通知妳，妳被錄取了。」

就這樣，女孩用十塊錢敲開了機遇的大門。

仔細想來，其實道理很清楚：故事中的女孩之所以能夠獲得成功，與她的勇氣是分不開的。在面對拒絕和失敗時，女孩毫不放棄，以勇敢的心態去主動爭取，透過自己的勇敢突破了即將到來的敗局，贏得了成功。女孩的這種「勇氣」正是所有想獲得成功的人都必須具備的特質。正如一位哲人曾經說的：「勇敢和智慧，是一對孿生兄弟，你如果沒有勇氣打開你想走進的那扇大門，那麼，你永遠都不可能知道那門後的祕密。」這個故事就是一個最好的例證。

當然，對於孩子來說，勇敢不僅能為他們贏得成功的機會，更蘊含生存的希望。因為「勇敢減輕了命運的打擊」。

有兩隻小鳥蜷縮在鳥巢中，等待著外出覓食的媽媽回來，可是幾個小時過去了，媽媽還沒有回來，牠們餓得一直叫，其中一隻小鳥說：「我要展翅高飛，出去覓食。也許剛開始有點困難，但我不會失敗，因為我們生下來就是要飛的。」

牠的弟弟不放心地說：「你千萬不要飛，因為你的羽翼還不豐滿。」語音剛落，小鳥哥哥已經跳到枝頭，展開了雙翅，一開始牠差點跌到地上，但又振翅飛了起來。牠在高空對弟弟喊道：「你看，並不像想像中的那麼困難吧！加油吧！飛起來吧！」

小鳥弟弟嘆了口氣，無精打采地縮在鳥巢中，兩小時過去了，哥哥叼了幾隻小蟲回來，還向弟弟講述了外面的精彩世界。

小鳥哥哥講完後說：「如果你願意，就跟我一起飛吧！」弟弟回答說：「我的翅膀肯定不如你的硬，我會摔在地上，被別的動物吃掉的，我

很害怕。」

第二天，有一條蟒蛇驚醒了小鳥弟弟，牠開始靠近小鳥弟弟，但小鳥弟弟並沒有想逃跑，蟒蛇問道：「你為什麼不飛？」小鳥弟弟回答說：「我以前錯過了飛的機會，現在想飛，已經晚了。」就這樣，小鳥弟弟被無情的蟒蛇吃掉了！

試想一下：如果小鳥弟弟能跟哥哥一樣勇於挑戰困難，還會產生這種悲劇嗎？

這一切足以向我們證明，勇敢是處於逆境中的光明，勇敢能幫我們掃除一切障礙獲得成功，勇敢能剷除一切荊棘直至把我們送往成功。如果家長想要讓孩子擁抱成功，那麼，請幫孩子克服怯懦，變得勇敢。

對於孩子來說，從小培養他們勇敢的個性意義重大。

首先，勇敢能讓孩子擺脫「害怕」的心理困擾，使他們能夠大膽積極地投入生活，與人交往。

其次，勇敢的孩子不怕失敗，更不怕嘲笑。他們能積極踴躍地在班上發言，即使錯了，也全然沒有負擔。

再則，勇敢的孩子獨立性強，能承擔起許多責任。他們不依賴大人，遇到事情更不會畏畏縮縮。

此外，勇敢的孩子喜歡據理力爭，只要認為自己是對的，便會遵循原則，毫不退讓。

膽量的重要性無庸置疑。可以說，孩子擁有了勇敢，就擁有了成功的先機。只有擁有膽量和勇氣的人，才能披荊斬棘，走向成功。

當然，想要讓孩子變成一個勇敢的人並不是一件易事。因為人並非天生就具備勇敢的特質。勇敢的獲得需要培養，需要鍛鍊，需要在生活的基礎上一點一點積累起來的。這就需要家長在日常生活中注意培養了！

別讓「膽子」耽誤了孩子

美國史丹福大學心理學家菲利普‧津巴多（Philip George Zimbardo）透過對近萬人的調查發現，大約有40%的人認為自己羞怯、靦腆。另一項由心理學家伯納多‧卡達西組織進行的對1,600人的測試表示：羞怯者竟占了48%的比例。根據津巴多的研究，其中約有15%的人屬於「情景性膽怯」，即在諸如當眾發言的緊張環境中，心生畏懼。

有個故事如下 ——

一位平時成績很好的女學生，老師、同學都認為她一定能考上頂尖大學，可是考試錄取結果揭曉後，她卻榜上無名。她沒考上的原因不在於沒有正常發揮，而在於她考最後一科時，才寫了幾道題，鋼筆就沒墨水了。假如這時她能大膽地舉起手，向監考老師借支筆，那麼頂尖大學非她莫屬，然而她只是呆呆地坐在那裡，一直到考試結束。

正因為膽小怯懦，讓頂尖大學與自己失之交臂。生活中，類似的孩子還有很多，他們膽小怕事，不敢見陌生人，被人欺負了不敢聲張，害怕挫折，更害怕失敗，這種膽小的性格阻礙了孩子的個性發展，對孩子的學習、生活乃至未來有百害而無一利。

可以說，身為家長，我們能給孩子最寶貴的東西，不是無微不至的保護，而是敢做敢為的性格：

在香港一家商場的玩具櫃檯前，站著一對父女：5歲的小女孩怯生生地拉住父親的衣襟，懇求父親再玩一會兒。其實，她並不是貪玩的孩子，她只是被櫃檯裡漂亮的娃娃吸引住了，眼睛裡全是想要得到的渴望。父親卻故意裝作看不出女兒的心思，他決定要是女兒不說出來她想要什麼，他就不主動買給她。他認為，女兒想要什麼，應該要有說出來的勇氣，而不應畏畏縮縮。

女孩在櫃檯前不肯離開，想說出要求，又怕父親拒絕，一臉的憂鬱。

終於忍不住了，小女孩用細若蚊蠅的聲音說：「爸爸，我……我想要一個娃娃。」

「什麼？說話別吞吞吐吐，想買什麼就大聲說出來。」

「我要洋娃娃！」小女孩大聲說。爸爸笑了，於是小女孩得到了一個洋娃娃。從這件事中，小女孩也得到了一個經驗，在以後的日子裡，無論對父母有什麼要求，她都會直言不諱地提出來。這父女倆，就是香港著名財經作家梁鳳儀和她的父親梁卓先生。

梁卓早年單槍匹馬開創事業的經歷，使他養成了敢說敢做的堅毅性格。他認為一個人想要成功，就不能唯唯諾諾、人云亦云，懦弱不言的人不但讓人無法與他交流，也難以表現他自己的能力。

出於這樣的考量，梁卓在教育女兒梁鳳儀時，最先就是培養女兒堅決、果斷的性格。在成長過程中，每當梁鳳儀請父親幫忙出謀劃策時，梁卓就說：「妳想做的事情，妳自己決定。」父親的堅定態度，讓梁鳳儀養成了一切都靠自己的習慣。

上大學時，梁鳳儀表現非常突出，性格潑辣外向、敢作敢為。她寫劇本、演戲劇、當電視主持人，都做得有板有眼。畢業後，她進入香港大公司新鴻基集團，照樣無畏地打拚，最終成為最高層人物，在男人的霸業中，贏得了一席之地。

她回憶說：「是父親給了我闖蕩江湖的『勇氣』，是父親培養了我果敢堅決的性格。」

總之，孩子勇敢的性格是培養出來的，身為家長，必須培養孩子依靠自己的努力、自己的感覺、自己的興趣來爭取成功和幸福。與其給孩子所要的一切，還不如給孩子可以獲得一切的勇氣。

一個很有代表性的例子是：在美國，很多孩子喜歡玩滑板遊戲。在街道兩旁，廣場的水泥路面上，常常有美國孩子衝來撞去，在臺階上跳上跳下，令人不禁為他們的安全捏了一把冷汗。有趣的是在這些玩滑板的孩子

中，華人血統的孩子很少，原因是什麼呢？玩滑板需要技巧，而華人玩這種有技巧性的遊戲向來不在話下，但玩滑板需要膽量，因為它具有一定的危險性。

同樣在美國長大，為什麼華人血統的孩子很少玩這些冒險的遊戲呢？追本溯源，原因在華人家庭的傳統意識上。許多華人家長認為這種遊戲太危險，很容易摔斷四肢，因而不鼓勵孩子玩。雖然這種遊戲對孩子的膽量是一種挑戰與訓練，但華人家長還是認為冒這種風險去訓練膽量不值得，安全性太低。家長們的這種看法對孩子們有很大的影響力，讓他們本來就有的、對這種運動的畏縮情緒更受到抑制，因而有理由後退。這種對身體的過度保護而帶來的個性上膽怯的缺陷，其實比一些不嚴重的外傷更具有損傷性，而且這種性格上的傷害將是終身的。

外傷會很快痊癒，性格軟弱卻不是一朝一夕能改變的。我們當然不鼓勵孩子隨意冒險，這裡有一個界限問題。但鼓勵孩子有一定冒險精神，有克服膽怯的勇氣，有與別人一較高低的信心，卻是十分重要的。許多體育運動都具有培養孩子勇氣、信心及冒險精神的特性，鼓勵孩子積極參加有挑戰性的運動，無疑會對孩子將來的人生發展帶來很大益處。

孩子膽小的種種表現

事例一：

> 小遠是幼稚園中班的小朋友，今年 5 歲，他長得比同班幼兒矮小、瘦弱，平時幾乎聽不到他開口。每當老師問他時，他總是低著頭，回答的聲音很小聲，像蚊子叫；與同伴很少來往，從不惹事生非，即使別人惹他，他也一直躲著、忍讓著，從不還手，也不告狀。
>
> 小遠的媽媽看在眼裡，急在心裡。可是她也不明白自己的孩子為什麼會這樣。

事例二：

> 在邵老師班裡有一名個性非常怯懦的學生，名叫小蓮。有一次，邵老師把小蓮叫到走廊上，想和她聊聊她的學習情況。邵老師語氣溫柔、態度親切地問：「小蓮，最近學習的怎麼樣啊？有什麼困難嗎？」說完，用鼓勵的目光看著她，期待她能說些什麼。
>
> 但小蓮低著頭，臉漲得通紅，足足有 20 秒鐘也沒說出一句話來。
>
> 「沒關係，放心大膽地說。」邵老師鼓勵道。
>
> 「我，我……」誰知，邵老師越鼓勵她大膽說，她越是憋著說不出話來，額頭上都滲出了汗珠。
>
> 這孩子怎麼如此膽怯呢？邵老師不由地在心中嘆了口氣。

……

性格怯懦害羞是很多孩子共有的問題。從嚴格意義上說，孩子膽小怯懦並不是什麼大的問題，但會影響到孩子的人際交往與今後的發展，值得家長們重視。一般來說，性格怯懦的孩子，有如下的一些特徵：

1. **害羞，沉默寡言**：兒童略有怕生純屬正常，但是過度膽怯、害羞，如不願拋頭露面、不敢接觸陌生人，則可能內心深處隱藏強烈的自卑情結。

2. **朋友很少**：一般來說，正常兒童都喜歡與同齡人交往，並十分看重友誼。然而，膽小，性格怯懦的孩子卻因為自卑而對結交朋友興致索然，往往喜歡獨來獨往。因此，總顯得很孤獨落寞。

3. **缺乏自信心**：膽小的孩子往往缺乏自信心，他們總是還沒動手就先否定自己的能力，未經努力就放棄自己的夢想，這會導致他在成長的路上喪失一些寶貴機會。

4. **疑心病重**：膽小、自卑的孩子，對家長、教師、小朋友們對自己的評論十分敏感，特別是對小朋友的批評，更是感到難以接受，有時甚至無中生有地懷疑別人討厭自己，且表現出憤憤不平。

5. **缺乏勇氣與鬥志**：雖然有些膽小的孩子也十分渴望在諸如考試、體育比賽或文武競賽中出人頭地，但又無一例外地對自己的能力缺乏必要的勇氣與鬥志。因此，他們大都盡量迴避參與任何形式的競賽。

6. **表述困難**：據統計，8 成以上膽小的人語言表達較差，或表現為口吃，或表述不連貫，或表達時缺乏情感，或詞彙貧乏等等。專家們認為，這是因為強烈的自卑感阻礙了大腦中負責語言學習系統的正常工作之故。

7. **承受能力差**：膽小的人大多不能像正常兒童那樣承受挫折、疾病等消極因素帶來的壓力，即使遇到小小失敗或小小疾病，就「痛不欲生」、有的甚至對諸如搬遷、父母患病等意外都感到難以適從。

8. **過度依賴**：一般孩子可以獨立完成的事情，他偏偏不願意自己完成，總要依靠周遭人來做。這類孩子往往擔心自己做的不好，不相信自己。

9. **沒有主見、做事很猶豫**：膽小的孩子做什麼事情都猶猶豫豫，擔心自己做不好，擔心被人笑，擔心失敗了沒有辦法收場等。遇到事情，他們往往缺乏主見，總喜歡徵求別人的意見，「我不知道該怎麼辦？」「你說怎麼做我就怎麼做。」「我聽你的。」因為缺乏主見，這一類孩子往往做不成大事。

10. **羨慕他人**：有時候孩子總是看著其他小朋友的東西好、生活好，有漂亮的衣服、好玩的玩具，雖然自己也有這些，但總是覺得不如別人的，不愛玩自己的。在此類孩子心中，已經開始有了對比、甚至較量的心理。當自己的生活環境沒有其他人優越時，逐漸會產生羨慕的心態，並對自己的排斥，如果不正確引導很有可能導致自卑心埋。

11. **適應能力差**：這種兒童從小適應能力差，對新環境感到特別拘謹，不願接觸人，若勉強其去適應，適應過程艱難而緩慢。平時也不愛活動，對新鮮事不感興趣，缺乏熱情和好奇心，從不與陌生人交往。

總之，膽小是一種性格缺陷，孩子膽小往往源於兒童時期。因此，家長應關注自己的孩子是否膽小怯懦，一旦發現，須儘早幫助克服和糾正，以避免影響孩子的成長與發展。

孩子膽小的罪魁禍首

可以說，每一位家長都希望自己的孩子擁有勇敢的特質。現實生活中，一些孩子是能表現出敢作敢為的，但另一些孩子膽子卻很小。比如有些孩子，父母不在身邊時就會害怕，有的孩子怕黑，有的孩子怕「鬼怪」等。這樣的「害怕」心理，長期累積下來，就會影響到孩子的個性發展，使孩子缺乏獨立性，甚至會導致心理障礙。鑫鑫就是這種畏手畏腳、膽小怕事的孩子：

6歲的鑫鑫非常膽小，一隻毛絨絨的寵物狗，就能把他嚇得直往媽媽身後躲；天黑後，他不敢一個人上廁所，非得有人陪著才肯去洗手間；家裡來了客人，他不是躲到爺爺奶奶的身後，一副怯生生、不敢見人的模樣，就是索性躲到客廳的角落裡，自己玩拼圖；在社區裡玩被人欺負了，鑫鑫也從來不敢大聲爭辯，只會回到家裡哭泣……。為此，鑫鑫的媽媽憂心忡忡：「孩子膽子這麼小，長大以後怎麼能做大事呢？」鑫鑫的爸爸更是生氣，訓斥鑫鑫：「男孩怎麼可以這麼膽小？真是窩囊廢！」為了讓鑫鑫變得勇敢，爸爸每晚都跟他講人戰妖魔的童話，但鑫鑫非但沒變得勇敢，反而越來越膽小。

鑫鑫的這種表現正是性格怯懦的反應。一般來說，性格怯懦的孩子除了膽小怕事，做事情畏手畏腳以外，還有以下這些特徵：沉默寡言、不好動、朋友很少、說話聲音很小、做事很猶豫、經常不敢獨自出門……。

心理專家認為，造成孩子膽小的原因有很多，包括先天因素、環境因素、家長教育不當、孩子的不良體驗等，所以家長要先弄清楚原因，再對

症下藥。具體來說，造成孩子膽小的原因有以下幾個方面：

先天因素

父母性格內向、不善與人交往，孩子遺傳了他們的特點。家長要了解孩子的個性，允許孩子有一個逐漸適應的過程，同時盡量多給孩子關心和愛，鼓勵孩子與別人交往。爸爸媽媽要做孩子的榜樣，不要一遇到事情就在孩子面前流露出膽小怕事的情緒。

生活範圍小，所見所聞少

現在大多數人都住在一家一戶的房子裡，封閉的環境使孩子缺乏與同伴交往的生活空間，造成孩子孤獨、膽怯的性格。還有一些孩子從出生開始就由保母照看，對外界接觸少，晚上才能見到爸爸、媽媽，和父母相處時間很少，這也造成了孩子膽小的性格。

家長保護太多

家長對孩子保護太多是讓孩子的性格變得怯懦的原因之一。如今，許多家庭都是獨生子女，全家人對這寶貝呵護備至，無論是在生活細節上，還是在學習過程中，一些本該讓孩子自己解決的問題，家長都事事替代，對孩子的保護過多、過細，怕撞到、怕摔倒、怕有任何不舒服，總把孩子帶在身邊，形影不離，這些習慣讓孩子喪失了解事實的機會，使孩子養成一種強烈的依賴心理和被保護意識。所以對許多事物，產生抵抗心理，變得膽小怕事。

家長動不動就訓斥孩子

有些家長「望子成龍」心切，對孩子的要過於苛刻，孩子稍有差錯，或稍有不順眼之處，動輒大聲訓斥，嚴厲批評，甚至採用武力進行懲罰。相對於家長來說，孩子是弱者，你動不動就批評、訓斥、懲罰，使得他整天膽顫心驚，生怕有錯，因而什麼事也不敢想、不敢做。即使家長同意，某件事孩子動手做了，也擔心會不會因出差錯而挨罵。

還有一些家長對孩子管得太嚴，不允許他們有任何自由，一舉一動都要經過同意才可以。膽量的養成與孩子從小的主動性和靈活性有一定的關係。家長什麼事都管得緊緊的，不給孩子一點自由空間，不准孩子越雷池一步，不准孩子有一點點差錯，這等於剝奪了他們的主動性，久而久之，孩子怎麼會膽大呢？

家長想透過「以毒攻毒」的方式訓練孩子的膽量

有些家長以為孩子膽小，那是因為缺乏訓練的緣故，因此就採取了極端且錯誤的方式訓練孩子。如故事中鑫鑫的爸爸採取的就是這種方法，他原本以為這樣能讓孩子的膽子變得大一點，事實上，事與願違，這種做法非但不能讓孩子膽子變大，反而會讓孩子產生更深的恐懼感與心理陰影。這對孩子的成長是非常不利的。

家長的嚇唬留下的陰影

當孩子哭鬧時，家長經常用「鬼」、「妖怪」等來嚇唬孩子；也有些家長當孩子想出去玩時，便用「外面有壞人，會把你騙走」等話語來打消孩子的念頭，使孩子的心裡留下陰影。

▊ 切身的體驗

當孩子滿懷信心地在家長面前表現自己時，得到的不是表揚而是嘲笑、挖苦，使得孩子灰心、喪氣；或者當孩子打過一次針後，切膚之痛使他下一次再到醫院就會害怕……。

▊ 家長經常向孩子灌輸「卑微」的思想意識

我們經常聽見一些家長對自己的孩子說：「我們家窮，沒權沒勢，也沒什麼本事。你要少出頭露面，少與人搭話，吃點虧就吃點虧。」在這種意識的誘導下，孩子就會產生強烈的自卑感，覺得自己各方面都比不上別人。自然就養成了膽小的性格。

總之，孩子膽小、怯懦的原因是多方面的。因此，當孩子已經出現膽怯性格之後，家長不能再無端抱怨孩子是個「膽小鬼」，這不僅不會讓孩子變得不再膽小，而且還會讓孩子造成更大的精神負擔。我們應該認真審視孩子的情況，了解其性格怯懦產生的原因，然後採取有針對性的措施，幫助孩子實現由膽小到勇敢的轉變。

▊ 孩子膽小的性格是可以改變的

事實上，孩子膽小的性格是可以改變的。身為家長只要方法得當，便能幫助孩子克服膽小的性格弱點，使其勇往直前地走在成長、成功的道路上。

教育心理學家認為，要改變孩子膽小的性格，家長可以從以下幾個方面入手：

透過母愛改變孩子的膽小性格

性格是可以塑造的，尤其是在孩子的童年期，孩子性格的可塑性更是明顯。

心理學家做過以下這個情感剝奪實驗：

心理學家先把一同生下的小猴子分成兩組，一組放在鐵籠子裡，用奶餵養，其他什麼也沒有；另一組幫牠們用長毛絨布做了個假媽媽，吃完奶牠們可以在假媽媽身上玩。實驗結果表示：小猴子慢慢長大後，沒有假媽媽的這一組膽子比較小、性格暴躁、不合群、不好與人接近；有假媽媽這一組正好相反，不膽小、合群、容易與人接近。

這說明在嬰幼兒時期 —— 特別是兒童時期，剝奪了母愛就會使他們的性格扭曲，造成不好的行為和個性。因此，在嬰幼兒時期對孩子進行良好的心理環境撫育，對個人養成良好的性格是很重要的。

透過改變父母的性格，來改變孩子的性格

我們說過「父母是孩子的第一任老師」，父母的一言一行都會對孩子造成潛移默化的影響。因此，孩子性格的發展是受父母性格影響的。孩子來到世界後，首先接觸的就是父母和家庭環境，一般來說，從出生到學齡前這個階段，孩子和父母接觸的時間比較多，他們接受父母的行為，耳濡目染。父母不僅是孩子的長輩，也是他們在實際生活中模仿的榜樣，父母的舉止、待人接物都會為孩子的性格發展打下深深的烙印。

因此，要從小培養孩子勇敢的性格，家長要以身作則，要以自己良好的個性情操去感染孩子、影響孩子。面對自己不良的性格要善於控制和改善，這樣才能讓孩子逐漸改變自己怯懦膽小的個性。

多帶孩子接觸外面的世界

　　許多孩子膽小是因為他們不知道該如何和家人以外的人相處。如果是這樣，家長應當多抽出時間帶孩子見識外面的世界，可以帶孩子走訪親戚，或是在社區內幫孩子找同齡的玩伴，鼓勵孩子自己和同齡人遊玩。在這個過程中，家長不要干預太多，在一旁多觀察孩子的行為，如果孩子表現出不合群、哭鬧的現象，家長應當多安慰孩子，不要用語言指責，如「你真是個膽小鬼」、「你膽子太小了」之類的話語，都容易讓孩子造成心理陰影，反而讓他們因為害怕挨罵而更加不願意與外面的世界接觸。此外，對待膽小的孩子不能激進，不要逼他們很快地學會與別人交往，要允許孩子有一個慢慢習慣的過程。

培養孩子的社交技能

　　家長不要過度地保護孩子，要鼓勵孩子積極參與同伴的活動。同時，家長還要多讓孩子與陌生人來往。有的孩子在家裡能說善道，在外面就顯得拘謹膽小，因此，家長要給孩子與陌生人來往的機會，在繁忙中抽出時間帶孩子去公園玩，鼓勵孩子接近其他小朋友，和他們在一起玩；帶孩子逛商店時，不妨讓孩子主動跟服務生提出購物需要；經常帶孩子串門子，到朋友家做客時可事先告訴孩子，讓孩子有心理準備，並提一些適當的要求，比如讓孩子與朋友家的孩子一起玩耍等。

培養孩子的獨立自主

　　平時，處處注意培養孩子的獨立性、堅強的毅力和良好的生活習慣，鼓勵孩子去做力所能及的事情，讓孩子學會自己照顧自己。當孩子遇到困難時，不要想一味包辦，而是要讓孩子自己想辦法解決。當然，開始時父母要予以必要的指導，讓孩子慢慢學會自己處理各種事，而不能一下子就

不問不管，會使孩子手足無措，更加膽小。

鼓勵使人大膽

　　有的孩子遇到父母的熟人總不願意主動打招呼問好，要不是低頭，就是乾脆躲到爸爸媽媽身後。有的家長便向別人「解釋」：「這孩子有點膽小、害羞，見到人總是彆彆扭扭的。」父母不可以給孩子扣上「沒用」、「膽小鬼」之類的帽子，這樣做只會更加打擊本就自卑的孩子。當孩子表現不如意時，父母應耐心給予安慰和鼓勵，如「這次沒完成沒關係，下次繼續努力，爸爸媽媽相信你可以的」、「加油」、「相信自己」之類的話語，或在尷尬時，給孩子一個溫暖堅定的眼神，孩子的信心就會慢慢增長，直到把過度的羞怯拋到腦後。

正確對待孩子的錯誤

　　對犯錯的孩子動輒就嚴厲懲罰往往也會引起孩子的緊張和恐懼。當孩子犯錯時，有的家長不是大呼大叫，就是一頓胖揍，他們總以為棍棒底下出孝子。結果卻恰恰相反，打罵只會讓孩子的膽子變得越來越小，甚至最後不和家長說實話。家長這種粗暴的行為最終沒辦法讓問題得到解決。古語云：「教子十過，不如獎子一長。」跟孩子講道理，充分肯定孩子的長處，循循善誘，認真冷靜地幫助孩子分析錯誤的原因，對孩子的過錯予以糾正。今後孩子再犯錯誤時，就會如實地講給家長聽，求得家長的幫助，讓自己減少犯錯的機會。

幫助孩子掌握一技之長

　　因為膽小內向的孩子生活空間相對較小，這使他們的精力相對集中，觀察事物仔細認真，做事情相對有耐心，喜歡做一些深入的思考，而且往

往感情細膩。這樣，家長可以充分利用孩子氣質中的這一方面，鼓勵他根據自己的喜好學習一技之長，如書法、下棋、演奏等。一有機會，讓他們在眾人面前展現自己的特長，以達到鍛鍊膽量的目的。

幫孩子樹立自信心

樹立自信心是戰勝膽小的重要因素，膽小退縮的人在做事情前就應該為自己打氣，相信自己起碼有能力發揮自己的水準，然後只要有努力做就可以了，正所謂「謀事在人，成事在天」，抱著這種平常心去面對挑戰，結果怎樣也不會讓我們留下什麼遺憾了。

總之，想要讓孩子變得膽大和自信，這是一個長期努力的過程，特別對於一個膽小害羞的孩子來說，要讓自己成為一個勇於嘗試新領域、勇於迎接挑戰、自信、樂觀的人，還需要很多勇氣和持久的恆心！

改變孩子膽小的性格應注意哪些

我們說，孩子的性格是可以改變的。但這種改變不是一朝一夕就能完成的。它受到各種外在或內在因素的影響。身為家長，要改變孩子的性格弱點，應該注意到以下幾個方面：

要改變孩子的膽小性格，需要營造民主的氛圍，不把自己的意願強加於孩子

種子發芽需要空氣、陽光和水；孩子的健康成長，需要家庭民主的氛圍 —— 平等、尊重，這是家庭民主的生命所在。因此，在家庭中必須尊重孩子，把他當作平等的人看待。尊重他的想法，認真聆聽他的意見，哪怕其意見是幼稚的，要對孩子充滿信任，相信他的上進心、相信他的是非判斷。

面對孩子的不當看法，家長要像對成年朋友一樣，闡明其道理，表達自己的關心和愛護。當孩子犯錯時，更要表現出家長的民主性，允許孩子申辯自己行動的理由和自己的感受，在聽清楚明白後，再進行理智的幫助和教育。在這種時候，純粹發洩性的責備和帶侮辱性的謾罵，是父母形象的「自損」，絕不會獲得任何教育的收穫。只有這樣生活在民主氛圍中的孩子，自立意識才會誕生，善於獨立思考、善於觀察、勤奮好學，自信心和獨立性也會隨之而來。

糾正孩子膽小的性格要及時

一棵參天大樹，長了一個小枝條，你想折掉非常容易，可是當它長或一個粗大的枝葉，再想折掉它就很困難。同理，當孩子的某個小毛病第一次出現時，就應及時把它扼殺在萌芽之中，如果你沒有糾正，等到它已養成一種習慣再去糾正，往往會事倍而功半。

因此，當家長了解到孩子的性格弱點之後，就要下定決心，立即行動，把孩子的不良性格消滅在萌芽狀態。

同時，家長不要總是替自己找理由，說什麼「我太忙了，沒有時間管孩子」、「孩子都這麼大了，性格這東西是無法改變了」之類的話。很多時候，很多家長不是沒有辦法改變孩子的性格，而是知道孩子存有性格的弱點，但總是不行動，導致孩子的這種不良性格固化了下來。

要順其自然，切勿操之過急

孩子膽怯的不良心理行為是隨著年齡增長，在環境和教育的影響下逐漸發展而來的，不能指望一朝一夕就能克服，一定要遵照循序漸進的原則，耐心引導。

比如孩子不敢自己去買東西，家長可先帶著孩子一起購物，告訴孩子

購物的一般方式，下次再陪孩子去同一家商店，鼓勵他自己去買。開始時孩子可能不敢說話，家長可幫他開個頭，然後讓孩子接著說下去。幾次下來，孩子漸漸熟悉了這家商店後，家長就可以在遠處看著孩子自己去購買，以後再讓孩子單獨去其他商店。

不要當眾指責、羞辱孩子

這樣只會增加孩子的壓力和挫折感，讓他更加膽怯和退縮。當孩子不肯叫人時，不要當著客人的面強迫他叫，也不要說「人都不會叫，是個啞巴」等責罵和羞辱的話，而應當等客人離去後再耐心教育和鼓勵孩子。

不要譏笑孩子

有一種非常普遍的狀況，是父母當著孩子的面，把孩子所做過可笑的事向別人講述，或者讓孩子對人表演他以前的可笑動作，這些父母沒有察覺到，孩子的心是非常敏感和脆弱的，以後孩子還怎麼敢在陌生人面前露臉呢？

樹立正面的榜樣

經常跟孩子說一些英雄故事，或引導孩子看英雄人物的影片，幫孩子買一些這方面的書刊，讓故事中人物的英雄言行來潛移默化影響孩子。給孩子積極的心理表示，幫孩子列舉一些他的勇敢行為，如打了沒有哭，或僅哭了一下子，能大聲講話承認錯誤等等。

還應注重父親對男孩性格的影響。父親多和孩子談笑、玩耍，注重多與孩子談論爸爸，讓父親的形象和行為清晰地保持在孩子的心目中。

正確對待寶寶的退縮行為

當發現寶寶有退縮行為時，不要拿他跟那些善交際的孩子做比較，要體諒他的心情，不可因心急而粗暴對待，這樣會讓寶寶更加恐懼，更不敢與人接觸，尤其不要當著外人說「我這孩子就是膽小」，要積極強化寶寶表現出的優點，鼓勵寶寶千方百計克服所遇到的困難；但也不能溺愛，以免寶寶從心理上更加依賴父母，而是要以親切的態度，誘導並鼓勵寶寶克服心理上的缺陷，去與周圍環境及人接觸。拓展寶寶表現力的方法很多，但千萬不要急於求成，否則會嚇到寶寶，讓他又重新縮回到「殼」裡去。

端正父母教育態度

家長從思想上對孩子的溺愛、嬌寵，只會造成孩子怯懦、任性的性格。父母要樹立起糾正孩子怯懦性格的信心，在生活中嚴禁恐嚇小孩，要知道，只有教育得當，才能讓年幼的孩子得到健康發展。

綜上所述，幫助孩子克服膽怯心理，培養勇敢的性格並不是一件難事，重在家長要保持一顆平常心，不急不躁，不可半途而廢。只有這樣，培養出一個勇敢、自信的孩子便指日可待了。

第二章
家庭環境，塑造孩子勇敢性格的溫床

　　家庭是孩子良好性格成長的沃土，一個平等、理解、溫馨的
家庭環境能幫孩子克服羞怯心理，給孩子帶來勇氣和自信，促進
孩子良好性格的發展，使孩子變得更加聰明、勇敢、機敏，更容
易獲得人生的幸福與事業的成功。反之，一個不良的家庭環境，
只會損傷孩子幼小的心靈，使孩子變得自卑、膽小、懦弱，終身
鬱鬱不得志。為此，年輕的父母在孩子面前一定要注意自己的一
言一行，萬萬不可粗心大意。

良好的家庭環境能幫助孩子克服羞怯

「嚴厲中成長的孩子學會苛責，敵意中成長的孩子學會爭鬥，譏諷中成長的孩子學會羞怯，羞辱中成長的孩子學會愧疚，寬容中成長的孩子學會忍讓，鼓勵中成長的孩子學會自信，讚揚中成長的孩子學會欣賞，公平中成長的孩子學會正直，支持中成長的孩子學會信任，贊同中成長的孩子學會自愛，友愛中成長的孩子學會關愛。」

孩子的成長就如這首小詩所說的那樣，很大程度上取決於周圍環境的影響。家庭是孩子成長的搖籃，家庭環境對孩子的身心健康與個性發展有重要的影響。一個平等、理解、溫馨的家庭環境能幫助孩子克服羞怯，給孩子帶來勇氣和自信。而一個不良的家庭環境只會讓孩子變得更加羞怯、自卑、膽小。正因為如此，家長應重視幫孩子創設一個良好的家庭環境氛圍，讓孩子擁有一個溫馨的家。

那麼，家長應如何幫孩子營造良好的家庭環境氛圍，使孩子成長為一個健康、自信、開朗的孩子呢？專家建議，要為孩子營造良好、寬鬆的家庭氛圍，需要做到以下幾點：

家長要為孩子營造家庭中愛的氛圍

愛的溫暖給孩子的全面發展提供了一個良好的心理環境，家庭中愛的氣氛是催化孩子智慧之芽的陽光，當然也是孩子個性健全發展的高效營養劑。

有一對夫妻接女兒放學回家，車開到一半，兩人不知道為什麼吵了起來。聲音越吵越大，他們乾脆把車停到路邊，討論起了離婚的事。5 歲的女兒坐在後排一直沒有說話。

一轉頭，媽媽發現女兒居然在後排坐著畫畫：兩個大人冷冷地對立，中間躺著一個小孩。

「地上的小孩怎麼了？」媽媽問她。

「死了！」她說。

「這小孩是誰？」

女兒轉過身子說：「是小楠楠。」

「妳怎麼會死了呢？」

沉默了半晌，女兒說：「因為爸爸媽媽吵架、分手……。」

夫妻倆默然。原來在女兒班上，她看見所謂的「單親兒童」總是鬱鬱寡歡，她害怕像他們一樣。因而覺得父母吵架、分手後，自己就好像被拋置曠野，會一點一點死亡。

小女孩在無意間用一幅畫泄露她的心聲，也讓父母及早警覺：孩子在成長中最需要的就是安定、安心、安全的環境與父母完整的愛。當著孩子的面父母不要吵架，家庭成員之間關係不能緊張，要相互信任和體貼，以免為孩子精神上帶來苦悶。

關注孩子內心的環境需求

強強最近在學校裡總是無精打采的樣子，有時候還眼眶紅紅的，一副剛剛哭過的樣子。原來，班上有一些男同學在議論他的爸爸，說強強的爸爸失蹤了好幾年都沒回家，不知道去哪裡了。爸爸成為膽小、害羞的強強心裡最大的祕密。

老師經過與強強母親的溝通後了解到：強強爸爸在生意上遇到一些麻煩。有時候，一些陌生人的突然出現，會給家裡人帶來很多困擾和擔憂。而強強的媽媽從不在家裡提起強強的爸爸。即使有時候，強強主動問起，媽媽不僅會故意岔開話題，還會生氣。有一次，老師要同學們寫一篇作文，名為〈和爸爸的一件事〉，課堂上，同學們都談論起各自和爸爸之間的很多事情。強強一聲不響，同學們問起，他也閃爍其詞，甚至轉過頭默

默地流下眼淚。

突然的家庭變故對孩子心靈會造成極大的創傷，有些孩子會因此變得孤僻、憂慮、失望、煩躁、冷漠、自卑；有的則暴躁易怒，遇事易衝動，攻擊性比較強，不思學習，任意逃學。而強強顯然就屬於前者。在處理此類孩子的問題時，家長要給予持續的關注，孩子有困難時，家長及時有力的幫助顯得尤為重要。如果對家庭環境的不適及羞愧已經壓得他失去了面對生活的勇氣，那麼家長和老師都應適時有效地介入。

不要讓孩子背負沉重的負擔

楊楊是個多愁善感、早熟的女孩，最近她非常苦惱，因為她覺得自己過得不開心，很苦悶。為什麼一個 11 歲的女孩會有如此沉重的心情？「不知為什麼，媽媽總罵我這個不好，那個不好。我一回到家就要挨罵，為什麼媽媽總是不喜歡我？」據老師了解，其實，楊楊的父母非常疼愛女兒，也總是給楊楊提供最好的生活學習條件，但同時，家長對孩子也有很高的要求。成績，父母要求楊楊必須全班第一；彈琴，父母要求楊楊小學階段一定要考過八級；生活，楊楊必須要看起來比其他孩子懂事。父母對楊楊有太多太高的要求，一旦楊楊做不到，爸爸媽媽就會唉聲嘆氣，滿臉的失望，讓楊楊充滿了罪惡感。「我偶爾也會犯錯，我也想過得輕鬆自在，但每天都在父母的催促聲中生活學習，我怎麼快樂得起來？」

父母對孩子過高的期望會給孩子成長帶來沉重的壓力。一些揠苗助長的家長最後往往會收穫到行將枯萎的「秧苗」；而背負太多壓力的孩子們，最後不是變得越來越自卑、膽小，就是變得叛逆、不聽勸告。因此，良好的家庭氛圍還應該給孩子心理上的寬鬆感，讓孩子能夠自由地發揮自己的潛力，而不覺得是負擔。

家長應樹立言傳身教的好榜樣

榜樣的力量是無窮的。家長在困難面前毫不畏懼、銳意進取，才能培養出自信、自尊的下一代，因為缺乏自信的家長是不會培養出自信力十足的子女的。家長能夠充滿希望地看待未來，充滿自信，孩子也會深受感染。所以家長在要求孩子的同時，一定要注意自己的言行，做好孩子的典範。

自卑是後天養成的一種情緒。如果家長遇到事情總是怯懦地說「我不行」，孩子不但會繼承家長這種處事傳統，還會產生這樣的思想：「他們都不行，我就更不行了」，如果家裡孩子面對困難時總是說「我不行」，家長應立刻查找原因，改變自己在孩子心目中的不良形象。

所謂近朱者赤，近墨者黑。在孩子面前，家長更應具有堅定的自信心，樂觀開朗的性格，自強不息，辦事雷厲風行。為幼兒樹立良好的形象，創設良好的精神氛圍，這也是養成孩子自信心的主要因素之一。

猶太人的教子智慧是世界所承認的，他們關於良好家庭氣氛的營造觀點，對我們也頗具借鑑意義。在猶太人看來，要創造並保持良好的家庭心理氛圍，父母在營造時要注意以下幾點：

首先是平等，這是創造良好家庭心理氛圍的前提。父母、子女任何一方的優越感都會對其他家庭成員造成心理壓力，產生心理隔閡。

其次是開放。是指家庭成員能夠坦率地、平等地以其他成員可以接受的方式表達自己的想法，而不是毫無顧忌地發洩。

再次，家長的教育能力和家長之間關係的和睦程度。這也直接影響良好的家庭心理氛圍的形成。

最後是理智，只有理智才能夠克制自己的心理衝動，冷靜地對待和處理問題，這樣有利於保持良好的家庭心理氛圍，更重要的是有利於幫助孩子養成穩定的心理特徵。

總之，家庭環境對孩子性格的發展有不可替代的作用，身為家長應該根據時代和孩子的年齡特點，創造良好的家庭環境，培養孩子良好的個性，發展孩子的潛能。這樣才有利於孩子健康性格的發展，使孩子成為一個自信、勇敢的人。

尊重孩子能讓孩子遠離膽怯

　　我們都知道，成年人之間的交往常常強調彼此尊重，以尊重對方為交往的前提，當缺乏尊重時，也就沒有了交往。但讓人遺憾的是，成人與孩子之間，卻很難有這種雙向的「尊重」。

　　通常情況下，家長不尊重孩子的行為表現在以下幾個方面：

▶ 不重視孩子的看法和觀點；沒有耐心傾聽孩子要對自己說的事；漠視孩子的需要，忘了履行自己許過的諾言。

▶ 用不耐煩的口吻回答孩子的提問；忽略了孩子的情感；冷落孩子。

▶ 自己心裡有事，借罵孩子來出氣；對孩子大聲嚷嚷；不給孩子機會解釋。

▶ 打斷孩子間的交談；為趕時間而中斷孩子正在進行的活動。

▶ 雖花了時間和孩子在一起玩，但卻沒有投入感情；舉止顯得很不耐煩；挖苦嘲笑孩子。

▶ 對孩子動輒採用體罰方式，而並未讓孩子真正認識到問題的實質。

▶ 對孩子寄予過高的期望；當孩子的需要與自己的期望產生衝突時，不能冷靜對待。

▶ 辱罵孩子是「笨蛋」；老是看到孩子的缺點；阻止孩子做他們真心喜歡做的事情。

▶ 使用與嬰兒說話的腔調與幼兒交談；代替孩子回答客人提出的種種

問題。

▸ 什麼事情都自己說了算，不給孩子自己選擇的機會！

▸ 孩子想做的事情，家長不讓孩子做，也不告訴孩子為什麼「不」！

▸ 決定孩子的事情，家長沒有商量，更沒有站在孩子的角度上考慮，就自己決定了！

……

以上這些都是家長不尊重孩子的表現，長此以往，家長在教育孩子的問題上就可能會出現四種情況：

▸ 衝突：父母的過度照顧或反覆說教、命令、斥責，讓孩子感到對他的不尊重、不信任，因而表現出對立情緒和抗拒行為。孩子的反抗又引起父母的憤怒和不滿，從而再進一步去斥責孩子，而斥責越強烈反抗也就越強烈，這樣循環下去，影響父母與孩子的感情，造成關係緊張。

▸ 對家長敬而遠之：有的父母給孩子太大的壓力，孩子無法反抗，就採取「你說你的，我做我的」，敬而遠之的方法，或另找知心朋友，使得父母與孩子的感情交流很差。

▸ 屈從於父母的壓力，唯唯諾諾、唯命是從，壓抑了孩子獨立性的發揮，孩子可能成為庸才，沒有發展前途。

▸ 會對孩子個性造成壓抑，讓孩子養成一種羞恥感，降低孩子的自信指數，讓孩子變得自卑、怯懦……。

這些情況的出現，都是教育的失敗。其實，這些家長並沒有真正意識到，孩子固然是自己生下來的，可他（她）自出生那一刻起，就是獨立的個體，他們同樣需要尊重。而家長對孩子的尊重，表達的是家長對孩子更深層次的愛。當家長對孩子表現出自己的尊重時，也會強化孩子對家長的

尊重，使孩子變得更加懂事，更加善解人意，也更願意與家長交流、談心，讓家長了解他自己。因此，愛孩子，首先應該先學會尊重孩子。

家長要學會尊重孩子，就必須隨著孩子獨立意向的增長及變化，改善自己的管理和教育方式：

給孩子平等的發言權

▶　耐心傾聽孩子的想法、觀點，不管這個想法和觀點在你看來多麼的可笑和不現實，都一定要很耐心和很認真的聽完，一定要尊重孩子的人格。

▶　不要隨意指責和草率的對孩子的觀點給予否認和評論。

▶　要對孩子的想法和觀點做一點積極的反應。讓孩子充分的表達完自己的想法後，表現出積極的姿態：「你這個想法不錯，要是再加一點或改變一點就更完善。」家長積極反應可以讓孩子心情愉快，充滿成就感。

尊重孩子的隱私

家長們不要總希望控制孩子們的一舉一動，要真正了解孩子，首先必須給孩子們尊重，孩子們應該有自己的祕密。很多家長抱著傳統的觀念，把自己擺在權威的角色。這種不把孩子當一個擁有完整權利個體的錯誤觀念，導致個人和社會很多不良的後果。

所以，家長進入孩子房間前應該先敲門、移動或用孩子的東西應該得到他的允許、任何牽涉到孩子的決定應該先和他商談、不要隨意翻看孩子的日記、應該尊重孩子的所有權，把他當一個成人一樣尊重。這種尊重應從幫孩子換尿片時就開始：換尿片前，先和顏悅色告訴他要換尿片了，請他忍耐一下。家長不尊重孩子，將導致社會缺乏服務和尊重的觀念，因為不被尊重的人也不會知道尊重別人。

信任孩子，不要武斷地否定他、嘲笑他

例如：當孩子對父母暢談理想未來時，家長不要因為覺得孩子「異想天開」就武斷地打斷孩子的話，嘲笑他的幼稚無知。這對孩子的自尊是一種很大的傷害。正確的做法應該是，家長認真地傾聽孩子的「理想」，必要的時候，家長可以提出自己的意見供孩子參考，鼓勵孩子為理想而奮鬥。

要「平視」孩子，不要「俯視」孩子

很多家長因為孩子「說不出」，就以為孩子也「聽不懂」，因此常常採取「俯視」的姿態和孩子講話。而恰當的說話方式應該是一種「平視」的姿態 —— 從孩子可以理解成人的話語意圖開始，就把孩子當成和自己一樣有語言理解能力的人和他們交談；當孩子處於旁聽者的角色時，也要像尊重和自己有同等認知能力的成人那樣，顧及孩子的感受和想法。

平視的視角和語言更有利於塑造孩子良好的個性品格。只有平視才能比較清晰而準確地洞察孩子的語言發展、語言風格、個性氣質，而在平視的基礎上做出的恰當評價，則對孩子的心智成長有積極的影響。

放下家長的架子，接受孩子的批評

要建立一個民主型家庭，不能因孩子小就忽視他的家庭地位。與孩子有關的事，要與他商量，讓他感受到自己是家裡的小主人。每天盡量抽出一點時間，跟他聊聊在學校裡發生的事，這樣不僅加深了與孩子的感情，而且還可以發現孩子的長處和不足。另外，孩子犯錯誤時，要允許他申辯。

張媽媽這人脾氣不太好，多數時間都是一個人帶孩子，所以碰到女兒做的事跟自己要求的不一樣，就喜歡生氣。有一次，女兒哭著說：「我沒

辦法活下去了，哪有像妳這樣的媽媽，我做錯事妳就不能好好地跟我說嗎？」張媽媽聽後震撼很大，馬上眼淚就流出來了。說實在話，張媽媽以前很少考慮孩子的感受和承受能力，但從那以後，就很注意批評方式，做錯事也不再亂發脾氣，而是採取比較委婉的方式指正孩子錯誤的原因，耐心的教育孩子如何改正錯誤。

喚醒孩子的權利意識

家長的責任是喚醒孩子們的權利意識，而不是將它扼殺在萌芽的狀態。一個明確知道自己權利的孩子，才會懂得捍衛自己的權益，才能變得真正勇敢起來。

總之，做家長的，應該學會尊重孩子，體察孩子的需要，讓孩子感覺到自己是家庭中一名成員，不僅受到父母和家人的關懷和愛，且也受到尊重。建立了這樣的親子關係，孩子就有比較寬鬆良好的成長環境，也就能生動活潑、主動地得到發展。

學會聆聽孩子的心聲

每逢冬天來臨，父母都會把孩子穿得暖暖的、包得緊緊的，以抵禦寒風暴雪的襲擊。可是，身為父母，在替孩子的身體保暖時，可曾想過孩子的內心世界 —— 那裡是否一樣溫暖如春？

其實，每個父母對孩子的愛都是毋庸置疑的，尤其是我們臺灣的家長，為了孩子的健康成長、為了孩子將來比自己生活的更好，家長們小心翼翼地呵護著孩子，為孩子的學習、生活操碎了心。在家長們看來，孩子最大的任務就是讀書了，因此，他們關心孩子的吃住、穿行、冷暖，關心孩子的學習成績，唯獨忽略了孩子一樣也有七情六慾，一樣也要承受壓力與挫折，一樣也會有苦痛與悲傷……。

因為家長從來沒有考慮過孩子的內心需求，把孩子的情緒變化看成是「無理取鬧」，看成是孩子的「不懂事」而加以訓斥，很多孩子只好把自己的傷心、困惑、不安與憤怒深深地埋在心裡，不敢對他人傾訴。長此以往，對孩子良好性格的培養、對孩子人生觀的培養、對孩子的健康成長都是有害無益的。其實，孩子也有情緒的波動，他們也需要發洩情緒，需要理解、需要安慰，更需要交流。而傾訴是孩子內心可以獲得平和的一種發洩方式，傾聽孩子的傾訴則是家長了解孩子的最好途徑。

然而，不會傾聽卻是很多家長常見的毛病，因此，學習傾聽就成為父母的必修課。在家長與孩子的溝通中，有幾種常見的錯誤方式：

▸ 家長不用耳朵只用嘴，把孩子的頭腦當做無底洞，每天喋喋不休，塞進去無數的訓誡，不管他們是否能消化、吸收。

▸ 家長在對待孩子時，要求孩子只用耳朵不用嘴，只准他們用耳朵聽，不理會或不准他們表達自己的意見。

▸ 有些家長會說：「我不是不聽他們的話，但越聽越生氣。」這第三種家長犯的是另一種錯誤：用不正確的態度傾聽。

事實上，傾聽不僅僅是一種簡單的行為，它也需要一定的技巧。尤其是家長傾聽孩子說話，更要注意掌握好聽的方法：

對於孩子的話，家長應用心聽

用心聽的意思是真心實意地聽孩子說話，而不是形式上的用耳朵聽，而是要讓孩子感到「爸爸媽媽正在認真聽我講」。這就要求家長做到：

▸ 與孩子交談時，要暫時放卜手上的事情，專心地交談。只有這樣，孩子才會感受到父母的愛心。

▸ 看著對方的眼睛聽。尤其是聽小孩子講話，要蹲下來，和孩子的眼睛

平視，看著他聽。

▸ 邊思考、邊感覺地聽，不要帶著自己既有的觀點去聽。

▸ 帶有回饋地聽，讓你的表情、動作像一面鏡子似的，反映出對方的話，用哦、啊、是、噢、喔、好等字或點頭表達你的回應，讓說話者感覺到你的認同。

別打斷孩子的話

我們時常能看見孩子剛剛要說話，媽媽就在一旁打斷孩子，自己說自己的。比如，孩子剛說一句「媽媽，在學校裡，我和小朋友一起玩『老鷹捉小雞』的遊戲，真有意思。」媽媽馬上打斷孩子說：「玩『老鷹捉小雞』的遊戲了？媽媽也喜歡玩……」。媽媽的打斷有可能讓孩子忘記自己剛才想說什麼了。

在孩子說話的時候，不要讓孩子難堪

一些家長因為沒有注意自己的聽話習慣，難免讓孩子尷尬、難堪。

有一次，月月從外面跑進來興奮地對媽媽說：「媽媽，我剛才去文具店，看到一種神奇的組裝機器人。」

月月的媽媽馬上認為孩子是想要買那個機器人，馬上打斷孩子說：「媽媽沒有錢，妳應該知道吧。」結果，孩子不高興了，他撅起嘴巴氣憤地說：「我又沒有說我想買，妳每次都沒聽完別人說什麼就發表意見，我討厭妳！」

頓時，月月的媽媽也愣住了！

其實，即便孩子想買，家長也應該等孩子把話說完了，再提出自己合理的建議，用自己的理由說服孩子，而不是武斷地切斷孩子的幻想，這對孩子來說也是一種傷害。

不要輕視孩子說的話

還有一些家長，因為覺得孩子幼稚，對孩子的話持輕視或旁觀的態度。這在生活中很常見：

珍珍 13 歲時，有一天她告訴媽媽，她「愛」上一個男孩，而且要跟他結婚。

母親用略帶嘲笑的眼神聽女兒敘述，似乎是聽童話故事。但是珍珍講得很認真，她把自己的「愛情」第一次講給她最親近、最信賴的人聽。

然而，有一天放學回家時，她卻聽到母親正和一位朋友在電話中談到她：「你猜我家發生了什麼事？珍珍告訴我她戀愛了，她認定那個男孩就是『白馬王子』，你說好不好玩？」

不管這位母親怎麼看這件事，實際上她傷害了珍珍。對母親來說，這件事不過是很好玩；但對 13 歲的珍珍來說，這絕對是一件嚴肅認真的事。媽媽的輕視，讓珍珍從此以後不再相信她，因為媽媽不懂得尊重她的隱私，她的感情。

家長可以學會重複孩子說的話

有時候簡簡單單地重複一下孩子的話尾，也能讓孩子打開心扉說出心裡話。如：

A：我昨天去看電影了。

B：看電影了！

A：人很多耶，我朋友說，前天排了一個晚上的隊。

B．排了一個晚上？

重複孩子的話，可以讓孩子覺得爸爸媽媽是在認真傾聽自己講話，這能激發孩子傾訴的欲望，讓孩子更願意與你溝通和交流！

家長還應該在傾聽的時候，善於發現

只有傾聽孩子的心裡話，知道孩子想什麼、關注什麼和需要什麼，才能有針對性地給孩子關心和幫助，也會使以後的溝通變得更加容易。如孩子向你訴說高興的事，你應該表示共鳴；孩子告訴你他在學校得到了老師的表揚，你應該用欣賞的口吻說：「喔，真棒，下次你一定會做得更好。」

在傾聽的過程中，不但要認真傾聽，而且要善於思考，注意在談話中發現孩子的優點。比如，發現孩子能夠獨立地講述簡短的故事時，要及時給予讚賞：「你講得真不錯！」這樣，不僅會讓孩子樂意向你傾訴、溝通，也可以提高孩子的語言表達能力。

此外，在孩子緊張、不安或苦悶的時候，家長的傾聽還能讓孩子感覺到父母的理解，在內心產生欣慰之感，進而使緊張情緒得到緩解。

總之，傾聽是家長與孩子有效溝通的有效手段，是高明的家長培養自信、獨立、勇敢、善於表現自我的孩子之最佳策略。因此，家長應養成傾聽的習慣，做孩子心靈上的導師與朋友。

多與孩子進行換位思考

近日，在雜誌上讀到柳亞子回憶魯迅的一件小事：

有一次，魯迅在家裡宴請幾位作家。席間，魯迅的獨子海嬰把一顆丸子咬了一口後，又吐了，說是味道怪怪的，而客人們當時都沒有這麼覺得。許廣平便怪海嬰調皮，客人們也都在想，這孩子怕是被寵壞了。魯迅卻不然，他夾起海嬰丟掉的丸子嚐了嚐，果然味道怪怪的，他感慨地說：「小孩總有小孩的道理……。」

讀到此時，心裡覺得感動，而且久久不能平靜。從這件小事可感受到

魯迅先生深沉的愛和善良的體貼。在眾人面前魯迅沒有擺出家長的尊容，沒有照大人的常情，勃然大怒，伸出大手在海嬰的屁股上猛打幾下，或是橫眉怒目，嚇得海嬰有言難辯。我深深感觸於魯迅那句：「小孩總有小孩的道理。」可是，並不是所有的家長都懂得這個道理的。

數學考試的考試卷發下來了，一臉喜悅的陽陽回到家裡，一進房門就興高采烈地對媽媽說：「昨天我們班數學考試，今天考試卷就發下來了，您猜我考了幾分？」

「猜不出來，你到底考了幾分？」媽媽問。

「82 分，比上次的考試成績高出 10 分呢！」陽陽有幾分得意地說。

「哦，你知道鄰居家的婷婷考幾分嗎？」媽媽又問。

「大概是 90 分吧。」陽陽滿臉不高興地回答。

母親似乎並沒有察覺到孩子臉色的變化，接著說道：「怎麼又考得比她差呢？你還得努力追趕人家才行啊！」

「您憑什麼說我沒有努力呢？這次考試成績比上次高了 10 分，老師都表揚我進步了，而您總是不滿意，永遠不滿意！」陽陽生氣了，他提高嗓門對著媽媽大聲地喊起來。

「你怎麼這麼不懂事，我這樣說也是為了你好。你看人家陽陽，每次都考得那麼好，哪像你時好時壞，也不知道爭氣。」媽媽喋喋不休地說。

「我怎麼不爭氣啦？您嫌我丟您的臉是不是？人家婷婷好，那就讓她做您的女兒好啦，省得您總是嘮叨。」陽陽怒氣衝衝地走進自己的房間，「砰」的一聲把門關上了。「只知道分數、分數，您關心過我嗎？您知道我內心的感受嗎？我都煩死啦！」就這樣，母子間的一場隔著門的爭吵又開始了。

類似這樣的事情在很多家庭也時常發生，本來很平常的對話，說著說著兩代間就吵起來。孩子為什麼這麼不聽話呢？與孩子對話為什麼就這

麼難以溝通呢？孩子怎麼就不能理解父母的心呢？像陽陽的母親一樣，很多父母不止一次地自問。這樣的家庭教育，問題到底出在哪裡呢？

　　就上例而言，孩子不領情，母子倆對話不歡而散，主要原因是雙方都站在自己的角度考慮問題，缺乏換位思考。這樣就很難體會到對方的內心感受，導致雙方心理活動的錯位。母親想的是陽陽應該馬上提升學業成績，卻不知道孩子此時最需要的是媽媽的表揚和鼓勵；陽陽覺得媽媽應該為孩子學業成績的提高而感到高興，卻不懂得母親把自己的孩子與鄰居家的孩子比是希望自己能有更大的進步。由於母子倆內心的想法不同，彼此都順著自己的思維方向與對方談話，所以就出現了對話雙方的不滿甚至反感。由此，一場母子間的「舌戰」自然就不可避免了。

　　家長想要與孩子溝通，學會換位思考很重要，即站在孩子的角度考慮問題；站在孩子的角度去理解他的內心感受；站在孩子的角度去說好每一句話。可現實生活中，我們的家長並沒有意識到換位思考的重要性，因此，在不經意間，說錯了話。仔細回想一下，我們是不是經常說下面這些話：

1. 孩子：「媽媽，我累了。」

　　媽媽：「你剛剛睡過覺了，不可能會累的。」

　　孩子：（大聲的）「我就是累了！」

　　媽媽：（有點生氣）「你不累，就是有點想睡覺，快換衣服吧！」

　　孩子：（哭鬧）「不，我就是累了！」

2. 孩子：「媽媽，這裡好熱。」

　　媽媽：「這裡冷，快穿上毛衣。」

　　孩子：「我不要，我很熱。」

　　媽媽：「我說過了，穿上毛衣！」

　　孩子：（大聲的）「不要！我很熱！」

3. 孩子：「這個電視節目真無聊。」

　　媽媽：「不會吧？它多有意思啊！」

　　孩子：「這個節目真愚蠢。」

　　媽媽：「別亂說，它很有教育意義。」

　　孩子：「這個節目真爛。」

　　媽媽：（有點生氣）「不許你亂說話！」

這是我們生活中經常發生的事情。在生活中，很多家長自以為自己是成人、是家長，自己「走過的橋，比孩子走過的路多」。因此，總用大人的眼光看問題，用自己成長中累積的生活經歷來評定孩子的是是非非，對於孩子的世界、孩子的感受不屑一顧。這就導致很多時候與孩子的交談不歡而散。

因此，家長在指責孩子不聽話時，是不是也應該考慮一下孩子們內心的想法？是不是應該經常做「換位思考」？如果我是孩子的話，我會怎麼做？只有換位思考，設身處地為孩子著想，才能避免和減少對話雙方的戒備和猜疑，弱化和消除對話過程中的不愉快情緒。家長學會換位思考，能更清楚了解孩子和教育孩子，從而使對話朝著家長期望的方向發展。

一位父親和兒子為一件小事發生了爭執，誰也無法說服誰。父親靈機一動，不再和孩子爭執了，而是對他微微一笑說：「孩子，你能和爸爸爭執，說明你長大了，你有自己的獨立思考方式了，爸爸覺得很高興。你這麼做肯定有你的理由，該怎麼做你自己決定吧！」父親這樣一說，兒子反而不好意思了，說：「爸爸講的也有道理，您的意見我會認真考慮的。」

你看，這就是換位思考的魅力。只有做到換位思考，讓孩子將心比心，孩子的心靈才會向你敞開，教育才能得心應手。

要做到換位思考，其實很簡單，放下大人的架子，站在孩子的角度上，理解和尊重孩子的想法，耐心地和孩子溝通交談。我們就會驚訝地發

現，孩子的內心世界和我們的一樣精彩。而換位思考所帶來的，不僅僅是家長與孩子之間的理解、和諧，還能在潛移默化中讓孩子也養成換位思考的好習慣，這有利於提高孩子的情商。

當然，家庭教育沒有現成的模式，因為每個孩子都有其獨特性。對於家長而言，在家庭教育方面始終面臨著新的問題和考驗，僅靠簡單學習教育理論和生搬硬套其他家長的經驗是不能解決問題的。必須活學活用，因材施教。探索出一套適合自己孩子的行之有效的辦法。

家長應寬容孩子的不足

「人非聖賢，孰能無過？」在每個孩子成長的過程中，都會犯這樣或那樣的錯，這是不可避免的。身為家長，我們教育孩子，不是盯著孩子的過錯不放，而是學會站在孩子的立場考慮問題，理解、包容孩子，進而正確地引導孩子，讓孩子能夠認識到自己的錯誤，並且能夠很快改正。這樣，才能幫助孩子少犯錯，少犯大錯，少犯一些初級的、本不應該犯的錯，不犯相樣的錯，不在同一塊石頭上跌兩次跤。

對於孩子來說，家長的寬容與理解往往比對孩子一味的批評處罰，更能讓孩子心悅誠服，讓孩子留下較為深刻的印象。可以說，家長的寬容是孩子成長路上的指路明燈，能引導他們走出陰霾，走向光明。

印度民族英雄甘地在回憶自己的成長過程時說過：「是父親那崇高的寬容態度挽救了我。」他為什麼會有這樣的感慨呢？

原來，甘地出生於一個王國的宰相之家。從小就愛撒嬌，性格也不開朗。他對父母十分順從，對周圍的事物也特別敏感，自尊心很強，一旦被人奚落，馬上就會大哭。在學校一被老師批評，就會難過得受不了。

少年時期，由於好奇，他染上了菸癮，後來發展到偷兄長和家臣的錢買菸抽，而且越陷越深。漸漸地，他察覺到自己偷別人的錢，背著父母抽

菸的行為太可恥了，一想起來，就覺得沒臉見人，內心十分痛苦，甚至還想過自殺。當他終於受不了痛苦的折磨時，便把自己的整個墮落過程寫在筆記本上，鼓足了勇氣，交給了父親，渴望得到父親的嚴屬批評、懲罰，以減輕內心的痛苦。

父親看後，非常生氣，心情十分沉痛。但是父親深愛孩子，沒有責備他，只是傷心地流下了眼淚，久久地凝視著兒子。甘地看到父親痛心的樣子，受到極大的刺激，更加悔恨、內疚、自責，深感對不起父親對自己的期望。從此，他痛下決心，徹底改正錯誤，走上了正路。從那以後，甘地在行為上很少出現過失。事隔多年，每當甘地回顧那段經歷，總是心情久久不能平復。他說：「父親用他慈愛的眼淚，洗淨我汙濁的心靈，用愛心代替鞭打，他的眼淚勝過千言萬語的訓誡，更加堅定我改過向善的決心。雖然當時我準備接受任何嚴屬的處罰，但如果父親真的責備我，可能會引起我的反感，而無益我德性的進展。」

甘地的事例說明了家長對孩子的寬容能產生巨大的能力，在一般的情況下，寬容運用得當，以情感激勵孩子，比動之以武力更有效。因為這之中包含了家長對孩子的信任，和對孩子認知錯誤態度的肯定。家長在對孩子的品德教育中，尤其是孩子有了過失而又主動認知錯誤的時候，應當以寬容的態度給孩子心靈上的撫慰，進而強化孩子改正錯誤的勇氣，而粗暴的打罵未必能使孩子吸取教訓。

一個孩子在他的日記裡記錄了一件事：

今天我放學回家，接到媽媽的電話，媽媽要加班，要很晚才回來。我很高興，因為我可以去網咖玩遊戲了。

在網咖打了兩個小時的遊戲，回到家後，沒想到媽媽已經回來了，我當時害怕的不得了，心都要從喉嚨跳出來了。媽媽很嚴肅地問我：「這麼晚了你去做什麼了？」

我很怕媽媽懲罰我，便騙媽媽：「我去樓下小強家跟他一起做實驗

了。」

　　媽媽摸了摸我的頭，沒有再問什麼就讓我去寫作業了。後來，在媽媽與爸爸的談話中我才了解，媽媽知道我去網咖，因為網咖裡有好多人抽菸，我身上有很重的菸味。我還聽到媽媽說：「我知道小峰是個好孩子，他會認知到自己的錯誤的。」

　　從那一刻起，我覺得媽媽很偉大，我一定不會辜負媽媽的期望，我會努力做一個好孩子的。

　　事實上，寬容並不意味著放縱，也不是無原則的偏袒和遷就，而是要家長把握孩子的心理、把握孩子成長的規律，不要盲目地對孩子的錯誤進行批評和懲罰，而是以一顆寬容的心對待孩子。很多事實都證明，只要孩子認知到自己的錯誤，寬容比懲罰更能激發孩子的上進心。

　　其實，家長不僅要在教育孩子時表現出寬容，給孩子做好表率，還應該在日常生活中強化自己的行為，如，對待家人的一些小毛病不要吵鬧不休、沒完沒了；對待別人的過錯，不要斤斤計較，老是擔心自己吃虧。這樣，孩子自然能在家長的潛移默化影響下，成為一個寬容、有度量的人。

　　一般來說，家長想要以自己的「寬容」去換得孩子同等的寬容品格，就應該做到以下幾點：

對於孩子的過錯，要寬容，不要責難

　　這就要求我們的家長，不要老是盯著孩子的過失不放。不要指責、不要責難、不要諷刺、不要挖苦、不要埋怨、不要威脅、不要懲罰。指責、責難、諷刺、挖苦、埋怨、威脅、懲罰這些做法不但於事無補，反而會更糟糕，它往往會培植孩子怨恨和激起孩子的反抗，有的孩子因受到恐嚇，會嚴重憂鬱。

寬容不等於放任，對於孩子的過錯，家長的教育是少不了的

很多時候，孩子不小心犯了錯，做家長的知道後，因沒能控制住自己「失望」、「不滿」的情緒，對孩子惡語相向、拳打腳踢。這種做法非但不能讓孩子真正改正錯誤，還可能使孩子因此自暴自棄，走上了不歸路。當然，也不能走往另一個方向，縱容孩子的過錯，對孩子的錯誤不聞不問，這種做法同樣只會讓孩子在錯誤的道路上越走越遠。正確的做法應該是，家長等到雙方的情緒都穩定了以後，對孩子進行溝通、交流，曉之以理，讓孩子認知自己和改正自己的錯誤，特別是要與孩子一起分析這次行為是不是一種過錯，要達成共識，因為不少孩子感到委屈的是，他們並沒有意識到自己的行為是一種過錯。

要與孩子一起心平氣和地分析產生這次過錯的原因，以避免孩子再次重蹈覆轍、犯同樣的錯；要與孩子一起分析每種過錯所產生的不好影響、對他人的傷害、對自己的傷害，特別要分析對孩子產生的不好影響。

讓孩子承擔一定的責任，付出一些代價

家長對孩子的寬容歸寬容，對自覺性不高的孩子，還是應該適當地讓他們付出一些代價。但這要講究方法，要適度，以不傷害孩子為前提。

從長遠來看，不僅僅要進行這種教育，還應該配套與孩子進行約法三章，對孩子來說，有智有謀的約束與激勵，也是必要的。

當孩子犯了錯以後，家長還可以要求孩子彌補損失

比如，孩子犯了某種過錯，家長可以對孩子這樣說：

「孩子，我們遇到了困難，看來我們有點麻煩了，我們一起想辦法解決它好不好？」這時孩子心裡一定會感激父母。

「孩子，爸爸媽媽建議你今後這樣做好不好？」

「孩子，我要是你的話，我會這樣做，你看行不行？」

值得注意的是，當孩子犯了錯誤時，家長對孩子的批評不能只是一味指責，而應該是建設性地批評，它主要的功能在於指出孩子在當時情況下應該做什麼和不應該做什麼。這種建設性的批評是有益的，它不涉及孩子的人格，只是指出如何解決當時的困境，就事論事，沒有人身攻擊。這能讓孩子好好地接受教訓，從而留下深刻的印象。

只有善於寬容孩子不足處的家長，才不會苛責孩子，更不會遏制孩子的成長。這樣，孩子才能有機會發現自己的優點，正視自身的缺陷，寬容自己、接受自己，不至於畏手畏腳，這對孩子一生的發展意義重大。

美國家庭的教子法則

美國《華盛頓郵報》在一篇文章中，對父母如何教育子女、讓他們健康成長，提出了 12 條基本通用法則：

第一條，歸屬法則：保證孩子在健康的家庭環境中成長。

第二條，希望法則：永遠讓孩子看到希望。

第三條，力量法則：永遠不要與孩子鬥爭。

第四條，管理法則：在孩子未成年前，管束是父母的責任。

第五條，聲音法則：儘管孩子在家裡沒有決定權，但一定要傾聽他們的心聲。

第六條，榜樣法則：言傳身教對孩子的影響是巨大的。

第七條，求同存異法則：尊重孩子對世界的看法並盡量理解他們。

第八條，懲罰法則：這一法則容易讓孩子產生叛逆和報復心理，要慎用。

第九條，後果法則：讓孩子了解其行為在現實世界裡可能產生的

後果。

第十條，結構法則：教孩子從小了解道德和法律的界限。

第十一條，20 碼法則：尊重孩子的獨立傾向，與其保持至少 20 碼的距離。

第十二條，4W 法則：任何時候都要了解孩子跟誰（Who）一起、在什麼地方（Where）、在於什麼（What）以及什麼時候（When）回家。

美國學者大衛‧劉易斯（David Kellogg Lewis）總結的教育孩子 40 法，具體反映了西方的家教觀：

1. 對孩子提出的所有問題，都要耐心、老實地回答。
2. 認真對待孩子提出的正經問題和看法。
3. 建一個陳列架，讓孩子在上面充分展示自己的作品。
4. 不因孩子房間裡或桌面上很亂而責罵他，只要這與他的創作活動有關。
5. 給孩子一個房間或房間的一部分，供孩了玩耍。
6. 向孩子說明，他本身很可愛，用不著再表現自己。
7. 讓孩子做他力所能及的事情。
8. 幫助孩子制定他的個人計畫和完成計畫的方法。
9. 帶孩子到他感興趣的地方去玩。
10. 幫助孩子修改他的作業。
11. 幫助孩子與來自不同社會文化階層的孩子正常交往。
12. 家長養成合理的行為習慣並留心讓孩子學著去做。
13. 從來不對孩子說，他比別的孩子差。
14. 允許孩子參加計劃家務和外出旅行的事情。

15. 向孩子提供書籍和材料，讓孩子做他自己喜愛的事情。

16. 教孩子與各種年齡的成年人自由交往。

17. 定期為孩子讀點東西。

18. 讓孩子從小養成讀書的習慣。

19. 鼓勵孩子編故事，去幻想。

20. 認真對待孩子的個人要求。

21. 每天都抽出一些時間和孩子單獨在一起。

22. 不用辱罵來懲治孩子。

23. 不能因孩子犯錯而戲弄他。

24. 表揚孩子會背詩、講故事和唱歌。

25. 讓孩子獨立思考問題。

26. 詳細制定實驗計畫，幫助孩子了解更多事情。

27. 允許孩子玩各種廢棄物。

28. 鼓勵孩子發現問題，隨後解決這些問題。

29. 在孩子做的事情中，不斷尋找值得讚許的地方。

30. 不要空洞和不真誠地表揚孩子。

31. 誠實地評價自己對孩子的感情。

32. 沒有家長完全不能與孩子討論的話題。

33. 讓孩子有機會真正作決定。

34. 幫助孩子成為有個性的人。

35. 幫助孩子尋找值得注意的電視節目。

36. 發揮孩子積極認識自己才幹的能力。

37. 不對孩子的失敗表示瞧不起，且不對孩子說：「我也不會做這個。」

38. 鼓勵孩子盡量不依賴成年人。

39. 相信孩子的理智並信任他。

40. 讓孩子獨立完成他所從事工作的基本部分，哪怕不會有積極的結果。

　　另外，還有美國孩子對父母的「告誡」。這些也值得家長深思：

▶ 我的手很小，無論在什麼時候，請您不要要求我十全十美；我的腿很短，走路請慢點，以便我能跟上您。

▶ 我的眼睛並不像您那樣見過世面，請讓我自己慢慢地觀察一切事物，並希望您不要對我過度的限制。

▶ 家務總是繁多的。我的童年是短暫的，請您花一些時間跟我講一點有關世界上的奇聞，不要把我當作取樂的玩具。

▶ 我的感情是脆弱的。請您對我的反應敏感一點，不要整天責罵不休，對待我應像對待您自己一樣。

▶ 我是「上帝」賜給您的禮物，請愛護我，抱我的時候要經常教我做運動，指導我靠什麼生活，訓練我對人的禮貌。

▶ 我需要您不斷地鼓勵，不要經常嚴肅地批評和威嚇。但要記住，您可以批評我做錯的事，不要批評我本人。

▶ 請給我一點自由，讓我自己決定有關的事情，允許我做錯事或不成功，以便從錯誤中吸取教訓。總有一天，我會隨心所欲地、正確地決定自己的生活之路。

▶ 不要讓我經常重做某件事情，我知道做事是困難的，請不要試圖把我與別的大哥哥大姐姐們相比較。

▶ 不要怕我與您一起度過週末。小孩需要從父母那裡得到愉快，就像父母從小孩那裡得到歡樂一樣。

第三章
培養自信心，讓孩子脫離膽小

　　自信心是一種積極的心理特質，是孩子成長必需的「心理營養」，它在孩子的成長過程中，發揮著無法估量的作用。如果你的孩子是個有自信的人，那麼，他處世必定樂觀開朗、從容淡定；做事必會主動積極、勇於嘗試，樂於接受挑戰。

　　對於今天的孩子來說，未來的世界充滿了競爭和挑戰，從小培養孩子的自信心，能讓他們擁有足夠的力量和勇氣，揚起自信的風帆，乘風破浪、駛向理想的彼岸。

自卑使人怯懦，自信成就勇敢

哲學家史賓諾沙（Baruch de Spinoza）說過：「由於痛苦而把自己看得太低就是自卑。」這也就是我們平常說的「自己看不起自己」。自卑心理是一種因過度自我否定而產生的自慚形穢的情緒體驗。一個孩子如果被自卑的心靈籠罩，就會背上沉重的思想負擔，變得膽小、怯懦、孤獨、沉默……這樣的孩子，往往會因為「害怕」面對而逃避現實。小丹紅就是其中一個——

小丹紅是個四年級的女生，因為又黑又瘦，又長了兩顆大虎牙，所以常常遭到男生們的取笑。因此，小小年紀的紅紅表現得比一般同齡人沉默、內向、穩重。她總是不苟言笑，默不作聲地躲在角落裡看書、學習，鮮少與班上的同學打交道。因為紅紅的課業成績不錯，所以，媽媽並沒有察覺到紅紅的個性問題。

有一次，學校舉行知識競賽，一個班級選 3 名學生參賽，丹紅也被選中了，可是她卻說什麼也不去。老師動員丹紅的媽媽說服小丹紅，在媽媽的再三追問下，小丹紅這才吞吞吐吐地告訴媽媽：「我怕他們取笑我，而且，如果比賽輸了，同學們不是會更看不起我嗎？」

因為自己的長相不甚令人滿意，小小年紀的丹紅產生了自卑、退縮的心理。她逃避同學、逃避任何一個讓自己「出醜」的機會，以為這樣，別人便會忽略她，忘記她長相上的不足。可以說，正是自卑，讓小丹紅成為一個畏手畏腳、不敢面對生活，爭取成功機會的「膽小鬼」。難以想像，一個孩子如果長期生活在這種自卑的陰影裡，又如何能獲得進步與發展？與小丹紅一樣，書慧也是一個缺乏自信、不敢表現自己的孩子：

書慧是一個聰明但內向的小女孩。在課堂上，她很少發言，老師若不點她的名，她就從不主動發言。就算是萬不得已要舉手，也是舉得很低很低，生怕老師看到，叫她站起來回答問題。其實，很多時候，老師提出的

問題，書慧都知道，只是她總是羞於啟齒，怕自己回答不好，怕自己說的話不好聽，所以不敢舉手罷了。很多時候，書慧也懊惱，也責怪自己沒有勇氣，但心裡那道「沒自信」的檻就是沒有辦法跨過去。正因為缺乏自信、缺乏勇氣，她失去了很多可以展示自己才能的機會，更成了班上一個除了成績以外，其他都默默無聞的人。

生活中，像小丹紅和書慧這樣的孩子還有很多很多，因為缺乏自信，不管做什麼事情，他們都以「我不能」、「我不行」、「我做不到」、「我不敢上臺發言」、「我害怕別人的議論」之類的話當擋箭牌，百般推諉。有時即便是恰好遇到自己擅長的方面，他們也不敢輕易去表現自己。因此，這些孩子往往被邊緣化、被忽視，成了團體中可有可無的人。長此以往，孩子往往很難振作起來，成為一個被自卑感籠罩著的人。這不但會延遲進步，有的還會因此導致自暴自棄、破罐破摔，這種後果無疑是很可怕的。相反的，自信則能催生勇氣，讓孩子獲得成功。

這是一個日本教育專家曾做過的試驗：

這位日本教育專家把一個學業成績較差班級的學生，當作學業優秀班級的學生來對待；而把一個優秀班級的學生，當作問題班級來教。

一段時間下來，發現本來成績距離相差很遠的兩班學生，在試驗結束後的總結測驗中，平均成績相差無幾。

原因就是差班的學生接受到不明真相的老師對他們所持信心的鼓勵（老師以為他所教的是一個優秀班），學習積極度大增；而且，在表現上明顯更活躍、更積極、更勇於接受挑戰。而原來優秀班學生受到老師對他們懷疑態度的影響，自信心受挫，致使轉變學習態度，影響了學業成績。

這一實驗驗證了一個事實，自信能催生力量、產生勇氣，使人獲得進步與發展；而缺乏自信，則可能導致消極、頹廢，影響孩子向上的積極性。對於孩子的成長而言，自信是他們獲得勇氣、贏得成功的保障，是開啟孩子生命潛能大門的鑰匙。一個自信的孩子在面對別人的惡意攻擊時能

沉穩以對；在被失敗或者挫折擊倒以後，依然能夠高舉自信之劍，繼續為成功打拚。在自信心的驅使下，這些孩子勇於對自己提出更高的要求，並在失敗中看到成功的希望，鼓勵自己不斷努力，從而獲得最終的成功。以下這則故事告訴我們的就是這個道理：

劉銘性格內向，且自信心不足。對劉銘來說，人生最大的樂趣就是看書了。因為愛看書，學習認真，劉銘的學業成績一向不錯，但他依然覺得自己不夠好、沒自信。

後來，班上的同學選劉銘當小老師，班導師又把班上很多工作交給他做。劉銘這下子是趕鴨子上架 —— 沒辦法了，只能硬著頭皮開始按照老師交待的，小心翼翼的做。慢慢的，劉銘發現自己是有點小本事的，他的工作得到了同學們的認可，和老師的讚賞。劉銘也慢慢有自信起來……。

老師鼓勵劉銘去參加演講比賽，相信他一定會成功。在老師的鼓勵下，劉銘鼓起勇氣走上了講臺，雖然當時他因為緊張，身體還在顫抖，但他最後還是戰勝了自己。他極力穩住自己，很快就平靜下來，精神也放鬆多了。他越講越投入，把一個平凡而又偉大的母親描述的栩栩如生……。

毫無懸念，劉銘的演講成功了！

以後，再有一些類似的活動，劉銘總會積極地去參加，去表現自我。對劉銘來說，是自信開啟了他內在的勇氣，使他變得勇於拚搏了。

劉銘成功的經驗告訴我們，自信心是一種積極的心理特質，是人們開拓進取、向上奮進的動力，是一個人獲得成功的重要素質。因此，家長 —— 孩子生命的導航者，應從小培養孩子的自信心，幫助孩子爭取成功，去獲得成功者必備的特質 —— 勇氣。

認定自我才能變得自信

從心理學角度解析，「自我認定」指的是一個人對自己生理、心理特

徵的判斷與評價,是自我意識重要的組成部分。自信的孩子往往能夠正確認識自我,準確地進行「自我認定」,而自卑的孩子,對自己的評價往往過低,他們的自我肯定是脆弱的、飄搖不定的。

因此,希望你的孩子可以變得自信,家長應引導他們認真地剖析自己、全面了解自己。了解自己的短處,更應該了解自己的優點和長處。當孩子的自我意識增強了,才能掃除對自我的偏見,樹立強大的自信心,最後獲得巨大的成功。

那麼,家長應如何引導孩子認定自我,樹立起信心呢?正確的做法是:

讓孩子學會全面了解自己,正確評價自己

家長不妨引導孩子把自己的興趣、嗜好、能力和特長全部列出來,哪怕是很細微的東西也不要忽略。這時,孩子會發現自己有很多優點。當孩子認知到自己的優點與不足時,家長應讓孩子對自己的不足之處持理智和客觀的態度,既不要自欺欺人,也不要把自己的缺點看得過於嚴重,而是以積極的態度面對現實,這樣自卑便失去了溫床。

教孩子揚長避短,學會心理補償

「尺有所短,寸有所長。」每個人都有自己的優勢和劣勢,有自己的長處和缺點。如果用其所短而捨其所長,就連天才也會喪失信心、自暴自棄。如果一個人能揚長避短,強化自己的長處,就算是有殘疾的人也能重新樹立自信心,享受到成功的快樂。

因此,消除孩子的自卑心理,家長要教育孩子善於發現自己的長處和並為他們提供發揮長處的機會和條件,讓孩子學會理智地對待自己的不足。尋找合適的補償目標,從中吸取前進的動力,這樣,孩子就能把自

卑轉化為奮發圖強的動力。這也是幫助孩子克服自卑心理、變得自信的關鍵。

讓孩子認知到自己的優點

讓孩子學會用積極的心理態度來激勵自己，家長就要轉變孩子的思維方式，讓孩子從另一個角度來發現自己的優點，讓孩子產生積極的自我心理表示，樹立孩子的自尊心和自信心，為孩子以後獲得成功奠定基礎。

小雨的字寫得很糟糕，爸爸媽媽幫她找了一個書法老師教她寫字。剛開始，孩子寫字的時候，整篇都寫得很差，這位老師並不是挑剔地指出哪些字寫得不好，讓小雨改正；而是非常仔細地在這篇字裡找出一個相對比較好一點的字，用紅色的筆圈起來，然後對小雨親切地說：「妳這個字寫得很好，堅持！」小雨的臉上浮出一絲笑容，信心倍增。後來，小雨在寫字時就一直盯著那個被紅筆圈起來的字，照著寫。這樣老師開始圈兩個、三個……更多，漸漸地小雨的字也寫得越來越漂亮了。

小雨之所以在寫字上發生這麼大的變化，主要是因為，這位書法老師挑出小雨寫得好的字加以誇獎，讓孩子在別人的眼光中看到了自己的某些優點，並以這一優點為突破點，把成功的希望無邊延伸開了。

此外，家長還可以用「毛遂自薦」的故事來激勵孩子。告訴孩子，千里馬難尋，而伯樂更難尋，不要等待別人來發掘，要自己發掘自己。

強化孩子的自我肯定

強化孩子自我肯定的方法很多，例如，家長可以幫孩子專門設置一個「功勞簿」，讓孩子每週至少一次寫上（或畫出）自己的「功勞」，並讓他講述是怎麼獲得這個「功勞」的。當然，所謂的「功勞」，並不一定非得是很大的成績，任何一點進步，以及為這個進步所做的任何小小的努

力，都有資格記載進去；也可為孩子準備一些小小的獎品（如畫冊、玩具、小漫畫等）。每當孩子做出一點成績，或一件令他感到自豪的事，他就有資格獲獎。

教孩子經常為自己打氣

聰明的父母會經常幫孩子整理歸納一些積極性的詞語，讓它們成為孩子日常生活或學習中的勵志標語，給孩子積極的心理鼓勵。比如，在考試前，父母可以在孩子的書房貼一些標語，像「我是最棒的！」「我一定能考到好成績！」讓孩子晚上睡覺前或早上起床時，對著鏡子大聲地說出來；或是當孩子生病時，父母在孩子的床頭貼上字條「我的身體很強壯！」「我很快就可以痊癒了！」當孩子遇到困難躊躇畏縮時，你不妨鼓勵他自己對自己打氣：「我是一個不怕失敗的好孩子，來吧，讓我再努力一次吧！」等。如果孩子經常用這些積極的話幫自己加油打氣，這些話就會進入孩子的潛意識中，成為孩子戰勝困難的動力之源。

「認識自我」這句鐫刻在古希臘德爾菲城那座神廟裡唯一的碑銘，猶如一把千年不熄的火炬，表達了人類與生俱來的內在要求和至高無上的思辨主題。尼采曾說：「聰明的人只要能認識自己，便什麼也不會失去。」

可以說，孩子平庸抑或傑出，皆來自於他的自我意識如何，取決於孩子是否擁有真正的自信。一個孩子只有真正認識自己，才能更全面地發揮自己的潛能，變得更自信。

勝任感是自信心產生的關鍵

「勝任感」是相信自己能夠做好某事的真實感覺。如果一個人對自己所做的事情充滿了勝任感，那麼，他不但能獲得精神上的滿足與充實，更能因此贏得更多的自信；反之，一個人如果對所做之事力不從心，覺得自

己無法勝任的話，就可能導致自卑、退縮的心理，從而更加無法勝任自己所做的這件事。

孩子們的反應能力很大程度是依賴自他們的勝任感。一個能在自己所選擇追求的活動領域中，獲得某種程度成功的孩子，一般都具有較強的勝任感。一個對自己在某些方面的能力有信心的孩子，能夠正面的看待自己的弱點，並能夠看見自己在那個領域的弱點，如果努力改善，就會提高獲得成功的能力。相反的，一個不能確定自身勝任感的孩子，會以負面的角度看待自己的弱點，把弱點當成一種對自尊的威脅，當成會導致他失敗的因素。因此，要培養孩子的自信心，首先要讓孩子了解自己的能力，相信自己的能力，培養孩子的勝任感。

家長對孩子勝任感的養成造成了巨大的作用，他們對孩子在成就性活動中的成功與失敗如何反應，極大程度地影響孩子勝任感的形成。對於他們的努力和獲得的成就，如果孩子得到的是始終如一的正面回饋，那麼他們對自己的能力以及對未來努力的把握度就會形成堅定的信念。這種勝任感能培養孩子的自信、激發他們的學習動機，同時降低行為焦慮。這種信念對他們的成就水準也有積極的影響。

要幫助孩子養成勝任感，家長應做到：

▊ 正面鼓勵

家長的正面鼓勵，在孩子積極的自我觀念建立過程中，產生了整合作用。透過言語行動鼓勵他們，給他們示範，這些都會影響他們自我觀念的建立，養成感知自我的方式。「你是有能力的」這句話對每個年齡層的孩子來說，都是非常重要的訊息。這訊息透過幾種方式被傳遞。首先，你必須在孩子的心中建立起這樣的信念：不論他是成功還是失敗，他都不會失去父母的關愛，你永遠是他可以停靠的安全港灣，在那裡他可以感到安逸，可以自由地探索，可以考驗他的能力。這種信念是透過積極正面的態

度、平靜的與孩子進行交流而逐漸養成的，孩子可以感覺到，你就在他的身邊，隨時準備提供幫助，滿足他的需要，幫助他達到目標。

▌以恰當的關愛和安全為基礎，培養孩子的勝任感

你應該給孩子機會讓他施展並了解自己的行為結果。這可以透過行為與結果（正面或負面的結果）的連結來完成。例如：一個女孩由於沒有付出必須的努力，因而沒有被幼稚園的合唱團錄取，父母可以用平靜但堅決的語氣指出，沒有被錄取的原因就是因為不夠努力。可以用實例證實這一點，比如她怎麼偷懶，不好好練習，而且練習的曲目都不熟悉等。父母要用支持鼓勵的態度告訴她，如果她肯下功夫練習，提高她的演唱技巧，她就有機會在下個季度的篩選中脫穎而出、順利入選，要讓孩子明確地知道，這一切都取決於她自己。相反的，如果她的父母跟她說，一切都是評審老師的錯，她比那些被選上的隊員強多了！這樣的話，孩子就會認為，這個結果跟她沒有任何關係，她也不會對這個結果承擔任何責任。她不會了解到，造成今天這個結局，與缺乏努力之間的必然關聯，也不會因此而受到驅動去下功夫練習、提高技藝，爭取在未來有機會加入。

▌給孩子提供廣泛的機會

一個人只要體驗一次成功的歡樂，便會激起追求無休止的成功之力量和信心。因此，引導孩子了解自己的長處和短處，就會揚長避短、增強信心。

因此，家長應該給孩子提供各式各樣的機會，讓他們獲得成功的同時，也能體驗到失敗，以便他們可以發展廣泛的勝任感。一般勝任感是建立在廣泛活動的經驗基礎上的，它比建立在有限經驗基礎上的信心更具彈性。你對孩子的能力所持有的信心，對孩子勝任感的發展也會起重要影響。你應該問問自己，你對孩子的一般能力有什麼樣的知覺？對他

在特別的成就性活動中的能力有什麼知覺？你也應該考慮你對孩子的能力是怎麼認為的，對孩子的能力知覺你傳遞了什麼樣的訊息？你是告訴孩子，你相信他是有能力的嗎？還是讓孩子知道，你認為他是沒有能力的？

相信孩子的能力，告訴孩子：「你可以」

　　許多家長內心希望孩子很有能力，但他們又處處不放心，怕孩子「不會」、「做不好」、「太難」，而想幫忙孩子，殊不知，這正是阻礙孩子勝任感養成的不利因素。家長的這種不相信，孩子會慢慢地對自己失去信心，失去自己努力去探索、去追求、去鍛鍊的自覺性。這樣，大人們也忘記了只有透過各種鍛鍊和磨練才能讓孩子成為一個有用之人的道理。因此，想培養孩子的勝任感，家長應該充分相信孩子，給孩子有自信嘗試的機會與空間，用激勵的方式去促進孩子主動做事，而不是以年齡為由去阻止孩子。

　　「你可以做好」，這是家長大腦中首先要設定的一個前提。應該相信，孩子和大人一樣，也可以把事情做好，孩子隨時隨地都應該學習生活的本領。雖然有成功也有失敗，但不能因為失敗而影響孩子自身的價值，關鍵之處在於孩子是否勇於嘗試，勇於面對失敗，同時他們的自尊心和自信心不會受到影響。所以應該鼓勵孩子主動做事，既不能打擊孩子，也不要過度表揚，因為過度的表揚容易讓孩子產生驕傲的情緒。總之，適當地對孩子進行鼓勵和表揚，讓孩子得到一種自我滿足，增強自尊和成就感，從而不斷增強他的自信心。

讓孩子做他們感興趣、擅長的事情

　　很多孩子在自己喜歡的領域裡，做自己擅長的事情時，總是很容易就能做好，且產生自豪感與勝任感。因此，家長應鼓勵孩子做自己喜歡做的

事情，並且把它做好，這對孩子自信心、勝任感的培養很有幫助。

　　總之，孩子的自信心是藉由他們的勝任經驗培養起來的。因此，身為家長，一定要充分製造機會，讓孩子去「勝任」某些事情，讓孩子在你的支持與鼓勵之下建立起自信的屏障，獲得成長的勇氣。

積極的自我激勵使孩子產生自信心

　　美國哈佛大學的威廉‧詹姆斯（William James）研究發現，一個不懂得自我激勵的人，僅能發揮其能力的 20 ～ 30％，而當他得到他人或自己的激勵之後，其能力可發揮至 80 ～ 90％。也就是說，一個人如果經常受到他人的鼓勵，且善於自我激勵的話，就可以發揮出自身最大的潛能，把一些看似不可能的事情變成可能。反之，一個人如果得不到鼓勵，更不懂得自我激勵的話，即使各方面條件比別人優越，但遇到困難就打退堂鼓，注定將來不會有大的作為。

　　對於孩子來說，自我激勵是他們成長過程中不可缺少的氧氣。這種氧氣能幫助孩子提升自我形象，同時，這些好形象、好表現，又會成為他自我激勵的理由。如此形成一個良性循環後，就能從根本上推動孩子勇敢地去獲取更大的進步。因此，家長應從小讓孩子學會自我喝彩、自我鼓勵。

　　那麼，家長應如何讓孩子學會自我激勵呢？以下是幫助孩子學會激勵自己的幾個簡單辦法：

改變表揚用語的代詞

　　戒掉孩子依賴外部最方便的方法是，在你對孩子的表揚中改變代詞：只要把「我」改成「你」，把「我」（父母）對「你」（孩子）的表揚改造成「你」（孩子）對「孩子自己」的表揚。這種簡單的變化去除了讚許中的強調色彩，而更多地讓孩子認知到自己的行為是正確的。如：「你今

天這麼用功，我真為你感到驕傲。」改為：「你今天這麼用功，你一定為自己感到驕傲。」

鼓勵孩子自己表揚自己

我們可以從早到晚告訴孩子我們是多麼為他們驕傲，但孩子們遲早要依靠自己內心的動力前進。有些孩子完全依賴成年人的讚許，連怎麼自我認可都不知道。幫助他們的一個簡單辦法是，指出他們做得正確的事，然後提醒他們從內心承認自己。

比如，你的孩子做了一件錯事後，主動承認錯誤。這時，你可以告訴他：「你這麼做需要非常大的勇氣，你應該對自己說：『我做了一件正確的事，一件了不起的事』。」

你可以教孩子玩自己跟自己談心的遊戲 —— 讓孩子自己幫自己取一個名字，一個暱稱，且在心裡這麼稱呼自己。這可以是一個顯赫的頭銜，比如「××總統」，也可以是一個甜甜的小名。

告訴孩子，當他們覺得疲倦、煩躁、懶惰的時候，就自己對自己說話：「來吧，小機靈鬼，只剩最後一道題了，我們一起把它做完吧，我知道你一定可以！」

告訴孩子，當他們已經盡了自己的努力，不管最後的結果怎樣，他們都應該在心裡讚賞自己：「哦，小凡，我知道你已經做了你應該做的，而且做得不錯。我知道你下次會做得更好。」

幫助孩子制定激勵目標，朝著目標前進

要讓孩子明白如果沒有明確的奮鬥目標，一句空泛的「我要成功」是毫無意義的。比如，孩子英文發音有問題，就可讓他為自己設目標 —— 把每個音標都讀準確。孩子能自覺地為讀準每個音標而努力，那麼他就邁

出了自我激勵的第一步。黃程的媽媽是這樣教會黃程自我激勵的 —— 黃程的學業成績很差，他的媽媽幫他請過家教，也請老師對他特別照顧，但他的成績一直在班級後十名徘徊。因此，他對自己失去了信心。

一次偶然的機會，媽媽發現，黃程雖然成績不好，但心地很好，很樂於幫助別人。他積極地為班級打掃衛生、為別的同學修理椅子，甚至替受欺負的同學打抱不平。於是，聰明的媽媽就抓住孩子這個優點，經常誇獎他：「兒子，我為你樂於助人的精神感到自豪。」由於媽媽的表揚和鼓勵，黃程在潛意識裡覺得自己就是一個樂於助人的孩子，因此，他在班上表現得更加積極了，後來，竟然被老師和同學們選舉為班長。

當了班長的黃程更有自信了，不但認真完成班長應負責的任務，還想在任何事情上都發揮帶頭作用。看著自己的成績一直沒有進步，黃程痛下決心！一定要趕上，在課業上也要能引領班上的同學！在媽媽的引導下，黃程經常對自己說：「我都可以當班長了，成績肯定也能上得去！」

現在，黃程的學業成績雖然不是班上最好的，但是跟以前相比，已經有很大的進步。為此，黃程的媽媽非常欣慰，也很驕傲！

▎強化孩子的自我激勵

把孩子對自我的肯定鞏固下來，並且加以強化。這非常重要，孩子們可以從中體會到 —— 自己的努力和良好的行為是一種很好的獎賞。

有很多辦法可以達到這個效果，這裡只簡單提出幾個：

▶ **寫一本成功日記**：給孩子一本日記，請孩子至少每週一次，花幾分鐘寫出（或畫出）自己獲得的成功。告訴孩子，成功的定義是：自己對自己做出的任何改進，以及為這種改進付出的努力。

▶ **讓孩子給自己寫信**：鼓勵孩子在自己行為良好或盡自己努力追求成功的時候，寫一封信給自己。在寫信時，他可以隨意使用一個他喜歡的

身分，比如自己的父母，比如班主任和校長，也可以是某個電影中的英雄。在信裡，他應該描述自己認為好的行為，並且對此提出讚賞和鼓勵。

▶ **讓孩子自己幫自己設計一份獎品**：在家裡準備一些類似彩色紙、畫筆、顏料、碎布等物品，告訴孩子，他只要做了一件讓自己驕傲的事，並且對父母描述這件事，就可以自己為自己設計製作一份獎品：圖畫、賀卡等。

讓孩子對目標產生緊迫感

光有目標沒有努力，目標只會成為「空頭支票」。自我激勵是讓孩子確定目標後，產生向目標靠近的動力。孩子的自我約束能力很差，可能剛剛確定目標時鬥志高昂，沒過三分鐘，熱情就不見了。家長在教孩子自我激勵時，一定要讓他有緊迫感。不妨建議孩子每天大聲朗讀自己的目標計畫，在朗讀的過程中，無形加強了他對目標的認知。光有認知還不夠，還要讓他知道世上沒有不勞而獲的事情，付出和回報是成正比的，有多少付出才會有多少回報。譬如，孩子想組裝一個模型，你需要告訴他，成型之前的模型是什麼樣子的，經過什麼樣的努力，才會達到現在的樣子。最後，還要對孩子的目標給予適當的時間限制。如果沒有規定時間，孩子會覺得這個目標太過遙遠，因而自我放鬆。因此，孩子的每一個目標都要規定一個固定的時間，並要求孩子在規定的時間內達到目標。有了時間約束，孩子的行動才會有緊迫感。

要孩子經常告訴自己「我可以！」

魏書生 20 多年來在全國各地上了很多大型公開課，在課前為了讓自己和上課的學生放鬆，他總是帶領學生大聲說：「我可以，我一定可以的！」結果每堂課學生都精神飽滿，課堂效果也非常好。所以平時教師要

隨時激勵學生，我可以，我有能力完成這件事。要讓學生隨時學會自我激勵，讓學生把即將去實踐的事情化成一種成功的動力，不斷進步。

幫助孩子透過控制呼吸緩解壓力，實現積極的自我激勵

心情的平靜和身體的健康是你以正確方式思維和感受的必然結果。心理學家和精神科專家都指出，當思想傳遞給潛意識時，在大腦的細胞中會留下痕跡，它會立刻去執行這些想法。讓孩子學會控制呼吸，能幫助孩子變得平靜，從而達到能用正確的思維思考問題的目的。

具體做法是：保持坐姿，身體向後靠並挺直，鬆開束腰的皮帶或衣物，將雙手輕輕放在肚臍上，要求五指併攏，掌心向下。先用鼻子慢慢地吸一口氣，大約數四個節拍，然後慢慢吐氣。用四個節拍每次連續做 4 至 10 分鐘即可。也可以閉上眼睛做，邊深呼吸邊想像一些美好的情景，效果會更好。

請孩子每天為自己設計一幅美好的藍圖

孩子為自己每天設計一幅美好的藍圖，是一種有效的、積極的心理激勵。這種設計最好具體一點，比如當孩子每天晚上睡覺前，或是每天早上睡醒後，讓孩子自覺地躺在床上，放鬆自己，然後想像一下自己今天、明天以及以後的目標和成功之後的美好前景，最後用積極的心理激勵對自己進行鼓勵。這樣的心理激勵是發自潛意識的、是真實的，也是最有效的。

一個人是否能幫自己喝彩，會不會自我激勵，影響著他未來的發展高度和空間。會幫自己喝彩的人，即使天賦平平，也能在挫折面前不低頭，遇到困難把它踩在腳下當臺階，這樣的人注定會走向成功。不會幫自己喝彩的人，因意識不到自己的能力，看不清自己的優勢，不會自我激勵，行為上也會表現出懦弱的特點，這樣的人沒有困難時不前進，遇到挫折時又

容易逃避，缺乏自信，將來可能會一事無成。

　　總之，外界的鼓勵再強大，也需要內心的自我激勵，如此，才能產生真正的力量。所以，父母對孩子的鼓勵再多，孩子自己沒有在內心形成一種強大的激勵機制，也終是無濟於事。

　　因此，讓孩子從小學會自我激勵，就是幫孩子打了一針預防針——預防他在未來的路上碰到困難時，沒有勇氣面對。這劑預防針可以讓他增強對困難的抵抗力，越早施打效果越好。有了這一預防針，等於給孩子提供充沛的原動力，讓他可以衝破重重障礙，成為一個自尊、自信、自強、敢作敢為的人生鬥士。

成功能激勵孩子的自信心

　　心理學家曾做過一個實驗：

　　把一條梭魚放養在有很多小魚的魚缸中，讓牠隨時可以吞食小魚。一段時間後，心理學家用一片玻璃把牠與小魚隔開。這樣，梭魚想再去吞食小魚時，自然就會遭到一次又一次的失敗，隨著失敗次數的增加，牠吞食小魚的希望和信心也隨之逐漸下降，最後完全喪失信心。在實驗的最後，心理學家把玻璃拿開了，但那隻梭魚依然無動於衷，最終餓死在魚缸裡。

　　接著，心理學家又做了同樣的一個實驗：

　　把一條梭魚放養在有很多小魚的魚缸中，在中間隔了一個玻璃板，當梭魚第一次、第二次要吃小魚時，心理學家並沒有採取任何行動，而是認真觀察，等到梭魚第三次游向小魚的時候，心理學家悄悄地拿走了那塊玻璃。於是，梭魚吃到了小魚。這樣的實驗在繼續進行著，之後，失敗的次數越來越多，但因為知道總有「吃到小魚」的可能，那隻梭魚始終敗而不餒，充滿了旺盛的鬥志。

　　心理學研究和生活經驗都告訴我們一個道理：一個人只要體驗一次成

功的喜悅，便會激起無休止的追求意念和力量，強化自己的自信心，弱化自己的自卑感，而一連串的成功則會使這個人的自信心趨於鞏固。反之，如果一個人體驗到的盡是失敗，嘗不到一點成功的回報，時間久了，勢必會像那隻備受挫折的梭魚一樣，變得灰心喪氣、毫無鬥志。因此，我們應充分利用個人的成功願望，在教育孩子的過程中，讓他們能得到成功的體驗，使每個孩子在不斷獲得成功的過程中，產生獲得更大成功的願望，從而促使孩子在原有基礎上得到理想的發展。

以下是球王比利的故事 ——

據說，球王比利曾經也是一個自卑的膽小鬼。

當得知自己被巴西最著名的俱樂部聖多斯看中時，比利緊張得徹夜難眠，他翻來覆去地想著：「那些著名的球星們會取笑我嗎？」

他甚至還無端猜測：「即使那些大球星們會願意和我踢球，也不過是想用他們絕妙的球技，來反襯我的笨拙和愚昧。如果他們在球場上把我當成戲弄的對象，然後把我像白痴似的打發回家，那樣的話，我該如何面對家人，如何生活下去？」

後來，在家人和朋友的慫恿下，比利才懷著忐忑不安的心來到聖多斯隊。比利自己後來形容說，自己當時的緊張和恐懼的心情簡直無法形容。等正式練球開始時，他已嚇得幾乎快要癱瘓了。

不過，球隊並沒有給他「畏懼」的機會，他第一次上場，教練就讓他踢主力中鋒。緊張的比利半天都沒回過神來，他的雙腿好像長在別人身上，每次球滾到他的腳邊，他都好像看見拳頭向他打來。他幾乎是被別人逼著上場的。但是，當他邁開了雙腿後，便不顧一切地在場上奔跑起來，也漸漸忘了是和誰在一起踢球，甚至忘記了自己的存在，只是習慣地接球、傳球和盤球。在快要結束時，他已經徹底忘記了害怕。

慢慢地，他發現自己完全能夠勝任這一角色，因此變得越來越有信心。

球王比利的故事同樣告訴我們，成功能催生成功，並激發一個人的自信。而成功的教育就像照明燈一樣，不會給孩子帶來心靈上的任何陰影，反而會滿足他們自我實現的需求，產生良好的情緒體驗，成為不斷進取的加油站。當孩子獲得成功後，因成功而釀造的自信心對其新成績的獲得會發揮進一步的推動作用。隨著新成績的獲得，心理因素再次得到優化，從而形成了一個不斷發展的良性循環，進而讓孩子不斷獲得成功。

　　想透過成功感來激發孩子的自信心，家長不妨從以下幾個方面著手：

▌為孩子創造學習成功的預感

　　心理學研究和生活經驗都告訴我們一個道理：如果一件事情有很大的價值，透過我們的努力後又可以實現，那麼我們肯定會對它產生興趣，並願意做出努力。培養孩子的學習興趣時也應注意運用這規律，那就是為孩子創造學習成功的預感。

　　小璐今年上小學五年級，她在五年級上學期末的考試中國語成績不及格，以前她的國語成績在班上通常也是最後幾名。小璐為此十分煩惱，她討厭國語課。

　　媽媽為了改變這種狀況，幫小璐制定了一項作業：每天抄寫《格林童話》一頁，並完成有關的字詞任務。家長告訴她只要耐心細緻地完成這項作業，就可以獲得有益的結果。孩子對這項作業很感興趣，因為它不同於平時完成的那些練習。她感受到，父母對這項新型的作業寄予很大的期望，相信她的讀寫水準一定能夠提高。這就幫孩子增添了力量，只過了一個半月的時間，就看出了初步的成績。她在童話原文裡發現了自己前幾年一直寫錯的詞，也學會許多新的語言表達方法，她現在也開始仔細地閱讀其他文藝作品，在裡面尋找好的詞彙、詞組及句式。這樣，小璐終於在國語默寫方面得到了滿意的分數。這一點更加鼓舞了她，增強了她把語文學好的信心。

積極鼓勵孩子從事有興趣的活動

正常的嗜好與充分的運動，不但有助於調劑生活，更可培養積極健康的人生觀。

所以，當孩子在例假日要求父母陪同玩遊戲時，父母大可不必嚴肅地說：「不准玩，快去做功課！」因為，遊戲不但能訓練個人的思考力與臨場反應，亦可提高其理解力，對前途也有莫大助益。反之，若孩子因缺乏理解力的訓練而無法領會課業的內容，必將隨年級的升高與課程的加深，更難產生學習興趣了！

因此，當父母發現孩子興趣廣泛並喜愛運動時，應當積極地加以鼓勵。

讓孩子發揮自己擅長的學科

有一位教育專家認為：「大腦猶如一條包巾：只要提起一端，便可帶動全體。為何擁有一技之長的人，通常其他方面也會有優異的表現呢？正因頭腦有如包巾般的特性，只要有一端被開啟，其他部位也會相對地活躍起來。因此，若對某一課題產生好奇心，集中精力去做，必能促進全腦的活性化。」

例如，有個學生數學方面表現不理想，但是他語文成績獨占鰲頭，卻是老師和同學們一致公認的。因此，他因擁有一門擅長的科目而充滿自信與快樂。

鼓勵孩子獲得成功

對孩子不提過高的要求，讓孩子獲得成功，體驗到成功的快樂，孩子才會對學習有興趣。比如，低年級的孩子學會注音和簡單常用文字後，可請他們傳個 LINE 給外地的親戚，並請求遠方的親戚抽空回覆孩子，讓他

們嘗到學習的實際效用，這樣能培養孩子的學習興趣。

讓孩子做老師

家長可以讓孩子做老師教自己，試著交換一下教和被教的地位，孩子站在老師的立場，會提高其學習的慾望，同時，為了讓雙方明白，自己必須深入地學習並抓住學習內容的要點，這對於其自身的學習會有很大的幫助。

多鼓勵，少批評，保護孩子的積極度

在孩子做錯一件事時，不要隨意批評、過度地指責他們，而是要以鼓勵為主，保護孩子的積極度。

對孩子的要求和期望值不要太高

當發現孩子在某些方面不如他人或達不到預期要求時，就要考慮根據孩子的情況和特點進行修改，提出適合自己孩子、經過努力能夠實現的目標。要一步一步來，不要急。要知道，培養孩子會有一個艱苦細緻的漫長過程，只有透過實行正確的、切實可行的教育，尊重孩子、幫助孩子、鼓勵孩子，並及時給予指導，讓孩子自己去探索、去完成、去體驗成功的喜悅，才能引導他們健康愉快地度過人生的啟蒙階段。

正確對待孩子的失敗與挫折

當孩子考試失敗或遇到其他挫折，他們需要的絕對不是家長劈頭蓋臉一頓訓斥，或者陰陽怪氣的嘲諷。他們也不需要家長沒有原則的安慰與同情。他們最需要的是生活中最重要的人的理解、支持與鼓勵。

很多家長，在遇到孩子考試失敗時，會因為「孩子讓自己丟臉」而生

氣。在這種情緒下，家長往往會失去理智地做出一些傷害孩子自尊心的行為，這對正承受失敗打擊的孩子來說，無疑是雪上加霜。因此，家長一定要正確、理智地對待孩子的失敗與挫折，具體做法是：

▶ 冷靜地對待孩子的挫折與失敗，心平氣和地和孩子談心，找出孩子失敗的原因。

▶ 理解孩子的心情與苦惱，讓孩子知道，失敗與挫折是人生必不可少的內容，是一個人成功之前一定會經過的過程，且身為父母，不會因為此事就減少對孩子的愛。

▶ 鼓勵孩子繼續努力。父母首先必須對孩子有信心，孩子才能對自己產生信心。當父母滿懷信心和熱情地鼓勵孩子時，會激發孩子克服困難的勇氣，恢復孩子的自信心。

允許孩子失敗，也是對孩子能夠成功的一種信任。

讚美可以提升孩子的信心

在兒童時期，每個孩子都是透過自己身邊的人，特別是父母對自己的評價來認識自己的。因此，想要你的孩子擁有自信，不妨多給予孩子正面的評價，多讚美與鼓勵孩子。對孩子來說，讚美與鼓勵是幫助他們樹立自信心、獲得勇氣的一個重要因素。

在日常生活中，家長應怎麼透過讚美提升孩子的信心呢？

家長應多了解孩子的優點，同時讓孩子認識自身的優點

家長可以告訴孩子他的優點所在。比如，「很有愛心，對小動物很好」、「很有禮貌，會主動和朋友打招呼」……等這些人格特質。還可以讚美孩子「學習很認真、負責」、「會自我督促唸書」等。多鼓勵和肯定

孩子，能讓孩子對自己有合適的自信心。

適時地鼓勵孩子

當孩子正因做一件沒把握的事而猶豫時，父母不妨由衷地對他說：「我相信你做得到的。」及時的鼓勵，會使孩子信心倍增。

在肯定孩子的同時，父母還要允許孩子犯錯。事實上，小孩子犯錯是不可避免的。對孩子的錯誤，父母需要做的，是讚揚孩子勇於嘗試的勇氣。讓孩子從犯錯的痛苦中走出來，而不是老盯著孩子的過失不放。

鼓勵孩子去獲得成功

當孩子試著做一件事但沒有成功時，父母應避免用語言或行動向他們證明他們的失敗，而應該把事與人分開，教孩子做某件事的技巧，孩子一旦掌握了技巧，就能把事情做好。比如孩子不會收拾自己的玩具，爸爸媽媽要做的不是指責他，而是告訴他怎樣才能收拾好玩具，緊接著鼓勵他：「這次收拾得真好，又乾淨又整齊！」鼓勵性的語言很多，應該多用、多創造。比如：「你真能幹！」「好孩子，你真棒！」「不要洩氣，再努力一下就會成功！」「沒關係，失敗是成功之母。」「我真為你驕傲！」

適當誇大孩子的進步

孩子即使沒有進步，家長也應該尋找機會進行鼓勵。如果孩子確實有進步，家長就應該及時誇獎他們「進步很多」。這樣通常都可以提升孩子心中的積極度，促使孩子期望自己得到更大的進步，孩子就有日能獲得「事半功倍」的奇效。

充分利用孩子的第一次成功

在孩子的一生中，最能幫孩子樹立信心、造成最好激勵效果的，就是他的第一次成功。哪怕是再小的成功，也能增強自信。當孩子學會第一個字、得到一張獎狀、解開一道題、縫好一顆鈕扣、擦乾淨一次地板、洗淨一雙襪子時，他都有成功的喜悅，會期待自己下次做得更好。在那種時候，得到肯定與鼓勵，會讓他對前景充滿信心，從而獲得自信。我們做父母的，若能幫助孩子獲得人生的第一次成功，讓孩子品嚐到成功的喜悅，他將來一定是個成功者！

另外，父母在培養孩子的自信心時，必須與老師配合，讓孩子在幼稚園、小學裡也得到成功的機會，能得到鼓勵而不是貶抑。

當然，要讓你的讚美發揮真正的效用，家長還應該注意以下幾點：

首先，讚賞的方法應正確。

▶ 挖掘孩子的優點，堅持每天都要表揚孩子，讚美他們，因為這是孩子心靈深處最強烈的需求。

▶ 要善於發現孩子的點滴進步，並不失時機地予以鼓勵，當孩子意識到自己好的舉止被父母注意到時，便會在內心調整行為方向，讓好的行為得以鞏固。

▶ 當孩子做錯了事，經父母的批評糾正後，他們改正了錯誤，父母要給予足夠的肯定，讓他們對自己的正確行為有信心。

讓孩子在愉悅中學習，總比在責備中學習要容易得多。因為每個人對別人的斥責和約束都有內在的排斥性。過多的責備與管束會讓孩子產生反感，會削弱效果，不如正面鼓勵效果好。

▶ 當孩子參加體育比賽時，父母要親臨賽場，為孩子「加油」，著名球王比利、籃球明星麥可・喬登（Michael Jordan）初上賽場時，他們的母親總是坐在第一排為自己的孩子高呼「加油」，孩子只要看一眼母

親，渾身便充滿了力量。

其次，讚美還要注意正確的方式。

讚美的詞句要真實。既然是對孩子由衷地讚賞，盡可能地將感謝、喜愛的情意流露於話語之中。避免內容貧乏而又誇張的讚美，這樣可能會讓他們的喜悅感消失，更有可能產生厭煩的情緒。

使用身體語言讚美孩子

在語言讚美的同時，再輔以動作，效果會更好。「摸摸頭」的讚美方式，可以收到立竿見影的效果。要有目的、有計劃地給予獎勵，最好讓孩子明白，要怎麼做爸爸媽媽才會喜歡。

「拍拍肩膀」會讓孩子更加真切地感受到父母對他的讚賞。爸爸或媽媽的手彷彿一條管道，把愛和關懷輸送到孩子身上。同時，由於感受到肩膀承受的重量，也會在孩子幼小的心裡深處留下印象，彷彿爸爸媽媽的手一直停在他們的肩上。

「擁抱」會讓孩子心中充滿幸福感。在西歐國家，經常可以看到這樣的小標語：「你今天有沒有忘記擁抱你的孩子？」

父親的讚賞更有用

一項調查發現，30％的國中生及 34％的小學生最希望獲得父親的稱讚，因為父親大都「很少讚美」、「很嚴肅」、「要求高」。由於多數父親吝於表達自己的感情，所以在孩子的心目中，父親是具有「權威性」的。如果能夠得到父親的讚美，多數孩子都會覺得「一定是自己做得很好」，而這種讚美對孩子而言是非常具有鼓勵效果的。因此，我們期望父親們能多給孩子一點讚美。

第三者的讚美更被看重

來自父親或母親的誇獎，對於孩子而言當然是一種鼓勵。但有時候，鄰居、老師、叔叔、阿姨等孩子周圍的人所給予的讚美，則具有更好的影響效果，往往也是促使孩子進步的最大動力。

家長平時要和老師保持一定的聯繫，利用老師對孩子的評價讚美孩子。比如，說某位老師告訴我，你最近在課堂上的表現好多了。孩子聽了，會從心裡感謝老師能注意到自己，因而更加注意自己在學校中的言行。又如，父母也可以借家裡年長的親屬，傳達對孩子的讚美和鼓勵。可以告訴孩子：「今天鄰居家的王爺爺跟我說，你的確長大了，也更懂事了！我也覺得你現在很懂事。」孩子一定會受到鼓舞。這種間接的讚美越是不留痕跡，對孩子的影響效果就越好。

家長的態度決定孩子自信的高度

他 45 歲就當上了美國奇異公司（General Electric）董事長和執行長，這是美國奇異公司自創立以來最年輕的一位董事長和執行長，也被譽為全球第一 CEO、當代最成功的企業家。他的名字叫傑克‧威爾許（Jack Welch）。

但是誰都沒想到，他在小學時不但沒有那麼出色，而且還是個口吃的人。因為口吃他時常被同學嘲笑。

一天，他又因為上課回答問題時，結結巴巴的，被全班同學哄堂大笑一番。他非常沮喪。

他回家後跟媽媽說：「他們都嘲笑我，我是不是很糟糕？」

媽媽當然更難過。

但，媽媽不是一個普通的媽媽。

這個孩子，在這種情況下安慰好像並不會產生很大的作用。

媽媽一臉歡笑對他說：「哦！原來你是為這個傷心呀？」

「這是因為你的嘴巴沒有辦法跟上你聰明的腦袋啊！難道你不知道你遠比其他孩子聰明嗎？」媽媽補充地安慰著孩子。

傑克‧威爾許頓時心裡一亮，他從此不再為口吃而自卑了，因為走出了自卑，所以他很快地就擺脫了口吃的毛病。

傑克‧威爾許說：「我們所經歷的一切都會成為我們建立信心的基石。」在整個學生時代，威爾許的母親始終都是他最熱情的啦啦隊長。所有的親戚、朋友和鄰居幾乎都聽過一個威爾許母親告訴他們關於她兒子的故事。而且在每一個故事的結尾，她都會說，她為自己的兒子感到驕傲。正是這樣一位偉大的母親，造就了傑克‧威爾許自信的性格。

可以說，每一位家長都是孩子性格的鑄造師，每個孩子的成長軌跡，都深深地烙印著家長教育的印記。那麼，培養孩子自信的性格，家長應如何落實自身的態度呢？

▍調整自己與孩子的關係

孩子自信的高度，很大程度上取決於孩子與家長的關係，如果孩子感受到父母愛他、尊重他、態度溫和，孩子就會活潑愉快、極度熱情、自信心強。相反的，如果孩子頻頻受到父母粗暴的訓斥，就會變得態度冷漠、情緒低沉，對周圍的事物缺乏自信心，再也無意上進了。

為此，家長有必要重新審視一下自己與孩子的關係是否有利於自信心的培養；注意為孩子創設一個培養自信心的良好環境。比如在孩子遇到困難時，多對他說一些鼓勵的話，「你一定可以的，你肯定會做得不錯的」。孩子的自我評價往往依賴於成人的評價，家長以肯定與堅信的態度對待孩子，這樣，「別人能做到的，我也能做到」的意識，就會在孩子幼

小的心靈中生根發芽，透過這種潛移默化的培育，孩子自然就會「自信」起來。

當孩子遇到挫折或失敗時，他們最需要的是有人能像知心朋友一樣關懷他、鼓勵他。這時的父母更應該和孩子共同面對困難，分析解決問題的方法，對孩子說：我相信你可以。

幫孩子樹立信心，愛護孩子的自尊心非常重要

缺乏自尊心的孩子，常常是自卑的，總是自我否定、缺乏自信，他們的心理脆弱、焦慮抑鬱，做事畏畏縮縮、害怕失敗，不願去嘗試、探索，甚至放棄成功的希望。認為自己是醜小鴨，沒人會愛他、沒人會理他，一些熱鬧的集體活動場合，在他們的眼裡無異於一座刑場。

因此，父母要特別注意保護孩子的自尊心，尊重孩子的意願，不要去諷刺和挖苦孩子；不拿自家孩子的不足來與別家孩子的優勢比高下；多傾聽孩子的想法和建議；不濫施權威，不在別人面前懲罰孩子，讓孩子留下增強自信心的空間。

避免拿別家孩子跟自己孩子比較

很多家長，為教育孩子，總是拿班上成績好的同學來和自己的孩子比較，或拿自己公司同事的孩子與自己的孩子比較，試圖讓自己的孩子能夠學習別家孩子的優點或激發孩子的上進心。這種做法對孩子的成長是極為有害的。

首先，家長經常拿自己的孩子與別人進行比較，會讓孩子產生「我」不如他人的感覺，這種感覺會讓孩子看不起自己，感到洩氣。

其次，家長經常拿自己的孩子與別人進行比較，還會讓孩子產生嫉妒的情緒，當一個人把精力用在嫉妒別人時，他就沒有足夠的精力把自己的

事情做好。

　　再次，家長的比較即使激發了孩子向別人學習的欲望，可是，盲目地學習別人，會使你的孩子失去自己的特點與個性，成為其他孩子的複製品。這樣的孩子永遠都難以趕上或超過別人，從而產生劣等感，最終喪失自信心。

　　每個家長都應該意識到，每個孩子都有他自己獨特的長處和與眾不同的個性，每個孩子只有從他自己實際的基礎上發展，才能成才。家長的首要任務是幫助孩子找出他的長處，發展他的個性。

讓孩子與自己比較，找到自信的資本

　　愛因斯坦（Albert Einstein）小時候在課堂上做手工，老師要求每個學生做一隻鴨子。全班同學紛紛把做出來的鴨子交給老師並得到老師的誇獎。唯有愛因斯坦遲遲才交出，老師看過之後高高舉起，用嘲笑的口氣對全班同學說：「誰見過世界上比這更醜的鴨子嗎？」全班同學哄堂大笑。愛因斯坦站起來大聲說：「有，同學們。」他從抽屜裡拿出一隻更醜的小鴨子高高舉起，「那就是我第一次做的鴨子」。

　　自信來自於哪裡？自信就是不跟別人比，只跟自己比，只要一次比一次進步，一次比一次好，就是一種成功。告訴孩子超越自己，就是在不斷地超越別人，做像愛因斯坦般那樣自信的人。

家長示弱能增強孩子自信心

　　現在的獨生子女更能享受到多個成人對他們的愛、對他們的照顧，卻很容易養成自私、自理能力差、不會體諒別人、缺乏愛心等缺點。如果我們成人能經常在孩子面前示弱一下，讓他們感到自己有時也很能幹，也能幫助成人做很多事情，相信孩子會慢慢有自信起來。

兵兵剛上幼稚園時，媽媽每次接他回家，走到樓下時他總會說：「媽媽，我好累！」媽媽一開始還真以為兒子剛上幼稚園中午休息不夠，回家時會感到疲勞。因孩了年紀小，加上心疼，媽媽毫不猶豫地就背起他爬上六樓。但接下來好幾天，只要一走到樓下，兒子就喊累，慢慢地，媽媽明白了兒子說累的真正原因：因為家住六樓，他怕累不想自己上樓。

有一天，快走到樓下時，媽媽靈機一動，何不在兒子面前示弱一下？於是媽媽學兒子平常撒嬌的樣子說：「兒子，今天媽媽也好累，你在媽媽心中是一位小小男子漢，作為小男子漢你能幫我做些什麼嗎？」兒子聽媽媽這麼說，上下打量了媽媽一下，用手抓抓頭，迅速將媽媽手裡的包包接過去說：「媽媽，我來幫你拿包包，我扶著妳上樓吧！」

說完就拿著媽媽的包，拉著媽媽的手「一瘸一拐」地上了樓。媽媽在後面裝出很沒力的樣子，一邊上樓一邊喊著：「兒子，慢一點，我爬不上去了。」兒子一副很照顧媽媽的樣子說：「我拉著妳呢，妳可以慢慢的！」以後的日子，媽媽時不時在兒子面前示弱，總是能收到意想不到的效果。

▋告訴孩了也警示自己，自信並不是「爭第一」

采采是個文靜而美麗的女孩，她說話語速總是慢慢的，音量也不大，但別有一種鎮定而睿智的力量，總能說到人的心裡去。

采采的生活平淡而又幸福。她嫁給了一個普通的男人，日子過得波瀾不驚；她每天定時吃三餐，做瑜珈，午睡，週末時和先生一起去探望父母，去郊外遊玩，生活很有規律；她從不嫉妒被嘉獎及升遷的同事，也從不刻薄偶爾犯錯的同事，只對小人冷眼旁觀；她冰雪聰明、心明眼亮，與周圍那些拚盡全力卻活得不盡如人意的人相比，她的人生似乎應該更加精彩，但她卻沒有這麼做。

其實，采采以前不是這樣的，小時候的她逞強好勝，覺得自己比別人聰明，就一定要獲得比別人更好的成績。小學時，她每每拿第一，她並不

覺得驕傲，只覺得是理所當然。進入國中以後，周圍的小男生們「異軍突起」，成績突然好了起來，采采的成績雖然也在進步，卻感到前所未有的壓力。其實，她已經做得很棒了，她的堅持與努力讓老師和同學對她刮目相看，可是因為不是每次都能拿第一，采采開始變得焦慮，她對自己產生了質疑，經常難過自責。與此同時，因為過度勞累，她的身體也變差了。

是爸爸的一句話改變了采采的心境。爸爸說：「為什麼一定要得第一呢？人生就是一場旅途，妳總是匆匆忙忙地往前走，總是為了更快達到下一個目的地而焦慮勞累，妳有沒有想過，妳已經錯過了路邊最美的風景？為什麼不把腳步放慢，去欣賞這些風景呢？其實妳不必追求『優秀』，但妳可以做到『良好』呀！」

爸爸的話如醍醐灌頂，讓采采的心情變得透亮。她聽從爸爸的話，輕輕鬆鬆地把每個功課都保持良好，同時她的身體也恢復到良好的狀態。高中畢業時，她給自己的定位是考上一所普通大學，但是因為壓力不大，反而發揮的更出色，她輕鬆地考上了頂尖大學。大學畢業以後，身為獨生女的她，拒絕了一家大型企業的邀請，回到父母所在的城市，進入一家與所學專業相關的公司，她的要求就是離家近一點，方便照顧父母。采采就這樣游刃有餘地做著每一件事，她覺得自己的生活幸福而充實。

很多人都以為，每次考試爭第一、處處逞強好勝的孩子就是充滿自信的孩子，這種看法其實是一個誤會。事實上，處處逞強好勝的孩子，可能正好是最沒自信的孩子。這些孩子為了爭第一而加倍努力，他們的內心可能在不斷地自我否定，這些孩子會以為，爭第一就是人生的目的，如果拿不到第一，他們的人生就沒有什麼意義了。但是，第一名並不是每次都能拿到的。結果往往是，成績下滑一點點，孩子的自信心就被打擊一次，長此以往，孩子還能有什麼自信心可言呢？培養孩子的信心，但不要給孩子太大的壓力，這才能讓孩子更順利地發揮自我，做到游刃有餘。

當然，幫助變得自信的方法還有很多，身為家長，無論我們採取什

麼樣的方式，出發點都是為了幫助他們走向自信，變得更有勇氣，更有魄力。

在幫助孩子樹立自信心的同時，家長還應該注意自己的言語，以下的話家長不應該說 ——

▸ **簡單的「不可以」**：許多家長主觀認定不好的事，都會直接跟孩子說「不可以」，卻從不告訴原因。在此提醒各位家長，在對孩子說「不可以」前，應先清楚說明為什麼「不可以」。或者以聊天的方式引導孩子相互討論、共同解決，透過協商的語氣來對話。專家建議：最好用正向提醒來代替負面的禁止。如：將「你現在不可以看電視」，變為「你的作業還沒做完，先去做作業吧！」

▸ **「你看你，再看看人家」**：在幼兒中使用橫向對比不利自尊心的成長。家長都期望自己孩子比別人強，當他們看見別人的孩子比自己孩子好，他們就會對孩子說：「你看人家多能幹，比你強多了，你怎麼都不爭氣。」這種教育方式是對幼兒自尊心傷害最直接的。長期對幼兒採取這種教育方法會讓幼兒有「我比別人差」的潛意識，使幼兒自尊心處於受傷狀態。

▸ **「你一定要」，「你必須」**：當父母經常說出「你一定要」或「你必須要」的話語時，不妨先省視自己為什麼這麼說。是不是把自己的期待加諸於孩子身上？如果是，那麼父母就要矯正自己的想法。因為孩子是獨立的個體，並非附屬品。控制與責罵雖然可得到即時性的效果，卻會產生最大的後遺症。影響孩子的判斷力，只知道盲從或因反對而反對。

第四章
放手，能讓孩子變得勇敢

　　生活中，有很多這樣的家長，因為擔心自己的孩子吃虧、犯錯，因此，總事事包辦、代勞，以為這樣便能讓孩子的成長變得順利些。豈料，家長的這種做法卻壓抑孩子的天性。其結果是把孩子的手腳和頭腦束縛起來，剝奪了孩子的自身體驗，使孩子失去獨立性。一個缺乏獨立性的孩子，只會變得越來越依賴大人，膽小怕事，經不起風雨，對生活缺乏基本的上進心、責任感與鬥志。

　　因此，想要你的孩子在成長的過程中經得起雨雪風霜的洗禮，身為家長應捨得「放手」，讓孩子獨自去面對人生的風雨，只有這樣，孩子才能擺脫對家長的依賴，變得勇敢、堅強起來。

放手，是一種信任

「媽媽總喜歡什麼都幫我安排好：衣服應該這樣穿，出去玩應該帶什麼吃的，每天應該幾點睡覺 …… 總之，我做的好像都不對，要是沒有照她的做，她就會很生氣」。

12 歲的劉東怎樣都想不通媽媽為什麼老是喜歡幫自己做決定，且一切都得按照她的意思去做。

家長喜歡幫孩子安排一切，初衷是希望透過自己的經驗教導孩子，讓孩子少走點冤枉路。其實這是一種保護心態使然。在家長眼裡，孩子總是弱小的，而自己幾十年的人生經驗可以幫助他們，可以間接減少孩子在生活中的困難和挫折。然而，對孩子來說，他們有時更願意透過自己的親身體驗，來獲得對事物的看法及了解處理事情的方法。這裡就有一個發人深省的故事：

一位年輕的父親抱著 2 歲多的小男孩，走到一個很多臺階的樓梯下面。父親放下孩子，想休息一會兒。男孩好奇地順著臺階往上爬，每爬一階都非常費力，要花老半天。父親看著孩子爬了兩階，就受不了了，抱起孩子咻咻幾步走到了最高處。孩子又哭又鬧，父親一臉茫然，罵道：「臭小子，你不是要上去嗎？我把你抱上來了，你哭什麼？」

一位老人走過去，對那位父親說：「你把孩子抱下去，讓他重新爬，他就不哭了。」

父親一臉不相信的樣子，但是孩子在哭，沒辦法，只好照做了。他把孩子抱到臺階下面時，孩子馬上停止哭聲，開始重新爬臺階。這位年輕的父親覺得很奇怪，問老人：「奇怪了，您是怎麼知道的？」

看了這則故事，你有什麼樣的啟發呢？兩歲的孩子都希望透過自己「爬行」來獲得生活的體驗，更何況是一些大孩子呢。身為家長，如果一味地要求孩子按照自己的意願行事，剝奪了孩子自己的親身體驗，對孩子

非但沒有幫助，還可能引發孩子的反抗心態。更有甚者，會讓我們的孩子因為家長的「不放手」而失去自己本該擁有的能力。黃寧就是這樣的範例：

黃寧已經是小學三年級的學生了，個子長得也高，儼然像個小大人，但是他做作業卻從不認真、不細心。黃寧完成作業的最後情景常常是這樣的：匆匆忙忙、飛快地將作業寫完，不管對錯，把鉛筆往桌上一扔，就急急忙忙跑向電視機或奔向門外。

書桌上攤著他的作業本、練習本、課本以及鉛筆、橡皮擦。通常是黃寧的媽媽，先把書桌整理整齊，把他的課本、鉛筆盒等一一放入書包，然後再將他的作業從頭到尾檢查一遍，用鉛筆把錯誤的地方勾畫出來（通常總會有錯誤，而且不會太少），再把孩子叫回來改正。

對媽媽指出的錯誤，黃寧連想都不想，也不問為什麼錯了，拿過來就改。時常，改過的作業還是錯的。當他再被叫來改錯時，他就會不耐煩，大聲地嚷著說：「妳說應該怎麼做？」

在這個例子中，媽媽的代勞，非但沒有讓黃寧改掉自己不認真、馬虎的學習態度，還助長了黃寧依賴的心理，抹煞了孩子原本應該有的責任感。一個缺乏責任感，對自己的事情毫不在意的孩子，今後怎麼可能在社會上立足呢？

與黃寧一樣，趙美美也是一個習慣家人包辦，缺乏自理能力的孩子 ——

趙美美是一名大學二年級的女生。從小到大，她過著飯來張口，衣來伸手的生活，自己的衣服從來不洗。每週回家一趟，她都把自己的髒衣服帶回家給她的媽媽洗。而每過一個月，趙美美的媽媽就會從家裡過來幫她家的「美美」換床套，然後把髒床套帶回家洗！趙媽媽說，她家的「美美」從小就聰明，但身體太柔弱了，做不了家事！

正因為趙媽媽的過度「呵護」，使趙美美失去了基本的生活自理能力，在生活中她不善於自理，而在與同學相處的過程中，更是備感艱辛，

一遇到事情，趙美美第一個想到的就是媽媽。

　　也許，趙媽媽並不知道，正是自己這種「過度保護」的愛，摧毀了孩子對生活的所有信心，也使得孩子失去了基本的生活能力。

　　其實，能力是需要靠實踐培養的，是需要機會鍛鍊的。如果平時孩子所有的事情都被家長包辦、代替，甚至是干涉了，那麼，孩子哪會有自己做事的信心與勇氣呢？身為家長，我們一定要知道，孩子是有思想的個體，是獨立的人，他們需要在寬鬆的環境裡才能健康地成長。干涉太多，只會讓孩子失去自我，失去獨立的人格與健康的心理，這對孩子的成長與發展是十分不利的！

　　此外，過度干涉還可能讓孩子產生叛逆心理，與家長起衝突，甚至自暴自棄來刺激父母，讓家庭和社會埋下隱患，甚至帶來傷害。這裡有個故事——

　　王宇航是某著名國中國三學生，他從小就是一個懂事的孩子，個性也很隨和、樂於助人，每到週六週日，就經常主動到爺爺奶奶家幫忙。

　　可是，自從上國二以後，宇航和父母，尤其是母親的關係日趨緊張，經常為了一點小事吵架。有幾次吵得太厲害了，索性離家出走，兩三天都不回家。到底是為什麼呢？宇航的媽媽非常擔心，所以就帶宇航去看心理醫生。

　　心理醫生與宇航交流後才知道，原來，宇航的媽媽是一個「干涉欲」很強的人，她動不動就會盤問宇航跟誰在一起，跟誰講電話了？甚至是宇航做作業的時間，她也很不放心，三番兩次地來「偷看」，這讓宇航非常反感，於是爭吵就爆發了！

　　為了表達自己的不滿，宇航就用逃課、離家出走來刺激母親！

　　宇航的這種情況正是家長過度干涉所引發的。在青春期，有很多孩子都會出現這種情況，是他們「自我意識」逐漸增強的表現。一方面他們渴

望被關注，另一方面，他們又不希望被過多地干涉！因此，對於家長的干涉、批評與責備，他們都會表現出越來越強烈的反抗情緒，故意與家長「唱反調」。同時，他們的反抗更多以潛在的形式出現，如對家長在生活和教育上的安排，採取不關心、不表態、無所謂的態度等。

那麼，對於孩子的教育，正確的做法應該是怎樣的呢？專家建議：想要孩子能在紛繁複雜的社會中堅持自己的信念，能對自己、對社會負責任，並能相信自己、接納自己，家長應該放開手，給孩子自己去體驗，引導他們自己去認識社會、了解生活、體會坎坷、波折，只有這樣，孩子才能在體察與感悟之後跨越生活中的一道道障礙，變得勇敢、堅強起來，也只有這樣，孩子才能經得起風雨的襲擊！

從分床開始培養孩子的膽量

育兒專家認為，讓孩子獨立睡眠不僅是衛生保健上的要求，對孩子的獨立性和健全的人格培養更有著極大的好處。一個從小習慣於獨自睡覺的孩子，必定有很強的獨立意識與應對「黑暗」的堅強意志。因此，讓孩子獨自睡覺勢在必行。然而，在現實生活中，我們卻經常聽到一些家長訴說與孩子分床睡覺的困擾。

一個家長這麼說：

我家的東東今年都 9 歲了，可是，他依然不敢自己睡覺，每天晚上都要跟我們擠在一起才能睡得著。

我們覺得孩子都這麼大了，這麼黏大人也不是辦法，於是幫他布置了自己的小房間，鼓勵他一個人睡覺。可是，他還是不肯一個人睡，說一個人睡覺害怕，老是睡不著。孩子的膽子這麼小，獨立性這麼差，這該如何是好呢？

另一個家長說：

我的孩子身體比較差，從小就習慣跟我們一起睡覺，現在長大了，依然有很強的依賴感，如果我們不陪在身邊，他就睡不著、睡不好。最讓人生氣的是，每天晚上上廁所前，他都要叫醒我們，要我們陪著才敢去洗手間，我和他爸爸為此非常擔心，孩子膽子這麼小，長大以後能有什麼出息呢？

　　……

　　為什麼這些孩子膽子這麼小，以至於不敢一個人睡覺，夜間不敢自己上廁所呢？專家分析，導致孩子不敢自己睡覺、膽子小的原因有如下幾點：

▶　在孩子幼兒時期，一些家長因為擔心孩子踢被子、晚上尿床，為了能在夜晚照顧孩子，而和孩子同床而眠。

▶　孩子從小就特別嬌貴，到了該跟父母分床睡覺的年齡，始終不肯離開父母自己睡。不得已，家長只好讓孩子跟自己一起睡，這麼一睡，就睡到了八、九歲，有的甚至十幾歲還跟爸爸媽媽「同床共枕」，而家長們也寶貝的不得了，每天晚上總是又摸又抱的，讓孩子養成心理上的依賴與情感上的依附。總以為跟爸爸媽媽一起睡覺才有安全感，才能睡得著。一分開睡就焦慮、不安，恐懼地難以入眠。

▶　孩子天生膽子小，且想像力比較豐富，一點小小的動靜都能讓他浮想聯翩。這樣的孩子在睡覺前如果聽了一些讓其恐懼的故事或者聯想到一些讓他（她）害怕的事物，就不敢一個人睡覺了。

　　綜上所述，孩子之所以缺乏膽量，不敢獨自睡覺，原因是很多方面的。身為家長不能光責怪孩子膽小，還應該了解是什麼原因導致孩子缺乏獨自睡覺的勇氣，這樣才能更容易地對症下藥，培養出一個敢獨自睡覺的孩子。

　　那麼，家長應如何培養孩子獨自睡覺的意識與勇氣呢？兒童心理學

家認為，在鍛鍊孩子獨自睡覺的膽量與獨立意識的過程中必定會遇到兩種挑戰，第一是孩子對父母的依賴心理，第二是孩子的恐懼心理。如何應對這樣的挑戰，可以借鑑以下經驗：

▶ **講明道理並做準備**：先要讓孩子明白獨自睡覺是一個人長大的標誌，一個「大人」是不能一直跟著爸爸媽媽睡覺的。此外，家長還應該告訴孩子，自己這樣做並不是不再愛他（她）了，而是相信他（她）是個有膽量、獨立性強的孩子。這能讓孩子在心理上戰勝對父母的依賴，慢慢變得獨立起來。值得注意的是，在孩子自己睡覺的時候，家長應多關注孩子，如夜間幫孩子蓋好被，孩子有需要，要及時出現在孩子面前等。這樣做能讓孩子感覺到被愛與關心，從而克服不安與無助的心理。

▶ **布置一個孩子喜歡的環境**：父母可以發揮孩子的主動性與想像力，和孩子一起布置他的小房間或者小床鋪，父母要盡可能地滿足孩子的願望。這樣，孩子會感覺他長大了，有自己的一片小天地，他自己可以說了算。首先是從心理上滿足了孩子獨立的需求，同時又為孩子創造了單獨睡眠的環境。

▶ **讓孩子保持愉快心情去睡覺**：父母與孩子分床睡時，要幫孩子創造好心情，尤其在晚上入睡前，可以講講笑話或故事給孩子聽，讓他心情放鬆。也可以和孩子一起聽輕柔舒緩的音樂，但不要講鬼怪故事或聽節奏過快的音樂。

▶ **幫孩子找個替代物**：這時如果孩子需要，可以幫他找一個替代物。例如，讓他抱著媽媽的枕頭睡覺，或者抱著自己喜歡的娃娃睡覺等。時間久了，孩子適應了一個人獨睡時，父母可拿掉替代物，但切不可操之過急。

▶ **給予安全感**：在和孩子分床睡的過程中，給孩子安全感非常重要。父母一定要注意遵守和孩子的承諾，給予及時的幫助和保護。比如，在

與孩子分床、分房睡覺時，家長可以打開孩子房間的門和自己房間的門，讓兩個小空間連接起來。這樣，孩子會感覺到還是和父母睡在同一個房間裡，只不過不是同一張床上而已。

▶ **循序漸進**：先分床，再分房，讓孩子慢慢適應。必要時給他一個抱抱熊當作替代物。誘導睡眠時，可講個小故事，可輕輕拍拍背，讓孩子有安全感，安靜入睡。有的家長分床後一見孩子哭鬧，就難以堅持，又讓孩子回來同睡，這樣不行！孩子和父母分床而居並鞏固成習慣，不是一夜就可以順利完成的，反覆也是難免的。但家長只要決心已下，就要持之以恆，好習慣才可能日趨鞏固。

▶ **滿足孩子依戀的行為**：在孩子最易發生依戀的時間裡，如臨睡前、生病時、疲勞時，盡量滿足他們的依戀行為，但同時要教他們一些自己適應的方法，如臨睡前告訴孩子躺在床上想想今天自己做了哪些事情，孩子會慢慢入睡的。

▶ **適時強化**：對孩子勇於一個人睡覺的勇敢表現，家長要及時肯定表揚。當孩子出現反覆時（這是正常的），家長要多鼓勵他好的行為，也可以在孩子入睡前多陪他一會兒，使孩子盡快地適應獨自分床睡。

總之，孩子的獨立意識與獨自睡覺的勇氣是從小鍛鍊與培養出來的。身為家長，只要從小特意培養孩子獨自睡覺的勇氣，孩子便能慢慢擺脫心理上的依賴，變得堅強、獨立。

扔掉依賴的拐杖，孩子才能變勇敢

在殘酷的現實面前，每個孩子都要學會勇敢地駕馭自己的命運，不要依賴他人。因為能夠充分發展自己潛能的，永遠都不是外援，而是自助；永遠都不是依賴，而是自立。只有自立的孩子，才能戰勝怯懦，獲得屬於自己的生命體驗。而家長的「幫助」只會讓孩子失去生存的能力和勇敢面

對生活的契機 —— 在飛蛾的世界裡，有一種名叫「帝王蛾」。帝王蛾幼蟲時期是在一個洞口極其狹小的繭中度過的。當牠的生命要發生巨大改變時，這天定的狹小通道對牠來講無疑成了鬼門關。牠嬌嫩的身軀必須拚盡全力才可以破繭而出。太多的幼蟲在往外衝殺時力竭身亡，不幸成了「飛翔」這個詞的悲壯祭品。有人懷著悲憫惻隱之心，企圖將那幼蟲的生命通道修得寬闊一點，他拿來剪刀，把繭的洞口剪大。這樣一來，繭中的幼蟲不必費多大的力氣，輕易的就可以從那個牢籠裡鑽出來了。

但是，所有因得到救助而見到天日的蛾都不是真正的「帝王蛾」。牠們無論如何也飛不起來，只能拖著喪失飛翔功能的累贅雙翅在地上笨拙地前行！原來，那「鬼門關」般的狹小繭洞正是幫助帝王蛾幼蟲兩翼成長的關鍵所在，穿越的時刻，透過用力擠壓，血液才能順利送進蛾翼的組織中；唯有兩翼充血，帝王蛾才能振翅飛翔。人為將繭洞剪大，蛾的翼翅就失去充血的機會，生出來的帝王蛾便永遠與飛翔無緣。

現在的孩子需要的就是這種磨練，他們懼怕那黑黑的隧道，總是渴望有一雙援助的手一路護送他們；現在的家長也多是「懷了愛憐之心」的父母，總是怕孩子吃苦勞累，於是把孩子的「生命通道」修得「特別寬敞」。殊不知，這樣培育出來的孩子，永遠也學不會勇敢與堅強。事實上，想培養出勇敢、堅強的孩子，首先家長要讓孩子丟掉依賴的拐杖。下面這個例子說的正是這個道理：

有一天，王先生帶兒子去醫院拔牙，兒子是個性怯懦的孩子，很害怕拔牙。

王先生就安慰孩子：「別怕，爸爸會守在你的身邊。」誰知進了診療室，兒子卻抓住王先生的手不肯放開，哭鬧著不讓醫生拔牙，醫生拿著工具站在那裡嘆氣。王先生努力安慰兒子說「別怕，不會痛」，但兒子依舊抓著他哭。

就在這時，有一個老醫生走過來對王先生說：「請你出去，離開你的

位置。」王先生問：「為什麼要這麼做？」

老醫生笑著說：「你出去一會兒就知道了！」

王先生說：「好吧！」

但兒子卻嚷嚷：「爸爸，你別走，我好害怕……。」

王先生忐忑不安地在外等待，過了一會兒，兒子平靜地走了出來。王先生急切地問：「兒子，會痛嗎？你哭了嗎？」

兒子說：「有一點痛，但我一聲也沒哭！」

王先生又問：「如果我在，你還會哭嗎？」

兒子笑著說：「我想，我會哭的！」

帶著疑問，王先生問了那個老醫生，老醫生回答說：「你知道當時我為什麼要你出去嗎？你守在孩子的身邊，孩子感受到依賴，就會撒嬌、任性。我讓你離開你的孩子，是要促使孩子自己去面對痛苦和磨難。孩子沒有了依靠，自然就會丟掉幻想，用自己的意志和毅力去戰勝怯懦和疼痛。」王先生恍然大悟，說道：「原來如此啊，我終於找到改變兒子怯懦性格的方法了！」

老醫生的話有深刻的哲理，讓人深思。不只怯懦的孩子總是依賴父母，生活中，那些過度依賴大人的孩子通常會表現出許多不成熟的樣貌：膽小、怕事；遇事退縮、沒有主見；總是要別人幫助，屈從他人；逆來順受，無反抗精神；缺乏上進心，意志力薄弱；害怕困難，在遇到問題時驚慌失措，忍受不了挫折和失敗；社交能力差，孤僻、自我封閉。

過度依賴父母，會養成一些特有的生活環境，使孩子缺乏社會安全感，總是跟別人保持距離；他們需要別人提供意見，經常受外界的暗示或指使，好像自己沒有判斷能力；他們潛藏著脆弱，沒有發展與機智應變的能力，更不會有創造性。

因此，身為家長，如果你希望自己的孩子可以真的成長，在今後的人

生中有所作為，不妨從現在開始讓孩子丟掉手中依賴的「拐杖」，學會自己獨立行走。要幫助孩子丟掉依賴的拐杖，家長應做到以下幾方面：

幫助孩子擺脫依賴心理

父母一旦發現孩子有依賴性，就必須及時給予糾正和改過。先了解孩子依賴心理的形成原因，以此為基礎，使用一定的策略。

如不少孩子每天早上的起床問題，讓父母費不少心思，一次又一次地叫孩子起床，但孩子總是賴在床上不起，一旦遲到了，反而會責怪父母沒有及時把他從床上拉起來。為孩子準備上學，成了許多家長的痛苦折磨。

小王也曾經歷這樣的折磨。後來，她知道自己要改變這種狀況，不能讓孩子再一味地依賴自己。首先，她把孩子上學能走的路線詳細地偵察了幾遍，幫孩子制定好可以安全到達學校的路線。在與孩子一起外出時，向孩子有意無意地講解一些交通常識。

這一切經過近半個月的精心策劃後，她找了一個機會跟孩子談心：「上學是你自己的事，晚上睡覺前設好鬧鐘，早上自己起床，沒有人再叫你了，以後如果再晚起床，就要自己去上學了，遲到了只能由你自己負責。」

第二天，鬧鐘一響，兒子果然立即跳下了床，做自己該做的事。

在對孩子施行教育的過程中，小王意識到，父母的包攬，會讓孩子失去鍛鍊的機會與對自己、對生活的責任感。比如，像小王的兒子那樣，大人越是不冷靜、越是督促、批評、越是替孩子著急，孩子就越磨蹭，越不著急。等到小王不再讓他依賴，要求他自己去承擔後果的時候，孩子開始意識到，起床上學，那是我自己的事情。因為沒辦法依賴誰，所以孩子克服了依賴心理。小王的做法是值得其他父母借鑑的。

家長要鼓勵孩子自己去尋找獨立鍛鍊的機會

鼓勵他們積極參加學校組織的活動，積極參加社會實踐活動。在活動中多承擔任務，使自己有機會獨立面對問題，敦促自己做決定，想辦法。鼓勵他們勇敢邁出第一步，當他們獨自完成一件事情後要及時鼓勵，增強孩子的自信心。當孩子遇到挫折時多給予幫助、理解，和他一起分析失敗的原因，研究解決問題的辦法。

讓孩子自己決策

自己決策是獨立性發展一個非常重要的部分，我們要從小培養孩子自己決策的能力。孩子的事應該由孩子自己去思考，自己去決斷。玩具放在什麼地方？遊戲桌怎樣布置？和誰玩？玩什麼？這些孩子的事，家長不要作決定，要讓孩子自己去動腦筋、想辦法，作出決策。家長可以幫助孩子分析，引導孩子決斷，但不要干涉，更不要包辦，替孩子決策。

讓孩子對自己做的事情負責

對一個孩子來說，尤其是自我意識還沒養成的小孩子來說，確實有點難，但這種意識要在點滴的生活小事中及早播種，及早萌芽，可以讓孩子自然而然養成一種良好的習慣。

主要方式有以下幾種：

▶ 家長每次帶孩子外出，可以讓孩子想想要帶什麼東西，經過幾次提醒，孩子便會主動想起要戴好帽子或穿好外套等。

▶ 孩子學會表達和思考以後，可以讓孩子試著安排一下一整天的行程，準備做些什麼等。家長可以幫助孩子分析這樣做的好處和不足之處以及可能性等。

▶ 出去之後，孩子如果發現自己要帶的玩具或物品忘記帶了，而生氣或發脾氣，家長不要自攬責任，而要讓孩子知道自己想做的事自己應該安排好，且養成負責到底的習慣。

▶ 家長要經常提醒孩子，自己的事情要自己做，自己做的事情自己要負責。時間久了，孩子就會逐漸養成這種「負責」的習慣了。

家長還要鼓勵孩子多讀好書

用古今中外有志之士自強不息的事例來組裝孩子的頭腦，激發他們樹立遠大的理想。同時，家長要鼓勵孩子多與自強向上的孩子接觸，向他們學習。因為青少年時期同伴的作用有時甚於父母的影響，把同伴當榜樣也能達到很好的效果。

總之，克服孩子過度依賴的方法很多，家長可以結合孩子的特質，根據實際情況，選擇適宜的方法，長時間的鍛鍊後，孩子過度依賴的心理就會減弱。慢慢地，孩子就能自己主動丟掉手中的「拐杖」而變得越來越勇敢，越來越獨立！

給孩子自由的空間

生活場景一：

> 文宇正跟他的同桌朋友發牢騷：「我媽真是的，無聊的要命，每天我回到家裡她都會盤查：『你今天跟誰一起回家了？』『別跟女孩子走得太近，容易分心』，你說她這樣是不是有病？這個世界上除了男人就是女人，我怎麼做到不跟女孩子走得太近呢？」
>
> 朋友一聽這話，撲哧一聲笑了：「別說了，我爸更嚴重，有一次我在打電話時，發現他居然在客廳偷聽我講電話呢！我真的很無言！」

生活場景二：

　　趙媽媽因為沒讓孩子參加學校的春遊活動，孩子一星期都不和她說話。原來班導為了讓孩子觀察植物，就安排全班同學週末時到植物園郊遊，這既是班上的活動，也是一次學習的機會。每位同學都拿著自己的「乾糧」，中午在植物園外面的草地上「野餐」。

　　孩子一回家就高興地說給媽媽聽，可是趙媽媽卻不答應，說孩子沒有去過郊外，還嫌郊外太髒了，中午在草地上吃飯，太不衛生，就不讓孩子去。孩子委屈地哭了，可是趙媽媽卻說週末會帶他去吃「海鮮」。趙媽媽還怕孩子週末悄悄溜走，就一整天都看著他。等到週一時，班上的同學都在回憶「野餐」的趣事，只有小趙一個人趴在桌子上發呆。放學回家後，孩子一句話也不說，甚至一個星期都不理他媽媽。

……

　　生活中，類似的場景並不鮮見。很多時候，家長總以為孩子還小，不自覺把孩子看成自己的附屬品，對孩子百般不放心，妄加干涉，過多支配。這樣做的直接結果是讓孩子變得畏手畏腳，不知該如何是好，更有甚者，還可能造成孩子叛逆、敵對的心理。這對孩子的成長是不利的。

　　事實上，任何事物都有其自身的發展規律，孩子的發展在於自身，而不是家長能夠完全決定和左右的。家長能做的就是為孩子提供一個自由的空間，讓孩子自己勇敢地去發揮，去努力，這樣才能培養出獨立性強、有承擔能力、勇敢、有責任感的孩子。

　　那麼，我們應如何做到給孩子真正意義上的自由、獨立空間呢？以下的做法可供家長們參考：

給孩子自由支配的空間

　　為孩子布置一間屬於他自己的小天地，孩子可以在這個小天地裡做自己想做的事，而不受大人的干擾。

當然，孩子還必須對自己的小天地負責，如打掃自己的房間，把房間整理乾淨，保持室內通風、整潔，此外，還應該讓孩子自己決定把房間布置成什麼樣子。這無疑會幫助孩子樹立主角的責任感，愛上自己的小天地。

給孩子自由支配的時間

一個具有健康人格的人是自由的人，而自由主要體現在這個人能夠自由地、有選擇性地支配自己的行為。這種自由不是憑空產生的，其中很大成分來自童年時期對自由支配時間的體驗。

自由支配時間，意味著兒童具有熱情地實現自我、用創造性的方法表達自我的機會。剝奪兒童的自由支配時間，實際上是在剝奪兒童成長和發展的機會。

有一位聰明的家長，他在孩子很小的時候，就每天給孩子一段可以自由支配的時間。孩子有時去玩，有時去看自己喜歡的書，有時畫畫，當然，很多時候是忙來忙去什麼事情都沒有做出來。但是，慢慢地，這個孩子懂得了珍惜時間，學會了做計畫！這比家長要求他一定要在某個時間點做什麼事情有效多了！

調查顯示：有更多自由支配時間的獨生子女，更有自信心，且比自由時間較少的孩子有更強的成就需求。因此，家長們應轉變觀念，給孩子足夠的自由支配時間，幫助孩子有效地利用時間，發現生活的樂趣，展示自己的才華，使其能夠更健康、更自然地成長！

對孩子的教育要適當

爸爸媽媽對孩子進行教育要適當，不要所有事情都包辦、代替，要多給孩子提供活動的機會，讓孩子自己活動，不僅讓孩子學習現成的經驗，

更重要的是放手讓孩子在實踐時去觀察、體驗、發現，在接受教訓的同時，接受經驗。

對孩子既不要多加限制，也不能放任自流，要對孩子進行適當的訓練，教孩子基本的生活知識和技能，多給孩子鼓勵。

鼓勵他們積極去學習、探索

要注意保持孩子良好的興趣，教給他們的生活經驗是他們能夠接受的，一旦孩子掌握了，要注意強化，也就是及時地表揚、鼓勵，並且要持之以恆。

讓孩子獨立交際

孩子是自己的，也是社會的，將來他要面對社會。所以，家長必須為他創造機會，讓他去與人接觸，與人交流，培養孩子獨立交際的能力。

比如，帶孩子一起去超市購物，讓孩子拿著商品和錢獨自去結帳；或者是讓孩子自己到小商店裡買東西等。此外，還可讓孩子學習接電話，與電話裡的人進行得體的交流。這樣的做法，不但能提高孩子的交際能力，還能培養孩子語言表達能力，對孩子的發展是有利的。

尊重孩子的興趣

家長不要把自己的興趣強加給孩子，對子女不溺愛也不過於嚴厲，管理的標準是逐漸開發孩子自己管理自己的能力；不能因為自己目標高，就把孩子的目標也強制拉高，不要給他們過多的負擔。因為孩子不是你自身願望的複製品。讓他有發展自己興趣的自由度，幫助他培養健康的興趣。

要允許孩子做決定，並讓他衡量結果

不論孩子是 2 歲、5 歲、10 歲或已進入青春期，要讓他覺得你尊重他，允許他有自己的決定，這是很重要的，孩子若不能自己做決定，成長就會受壓抑。他的決定若產生好的結果，他就會有成就感。反之，若決定帶來不好的結果，他就必須自己去承擔，讓他知道下次應該怎麼做。

如果試著讓一位個性倔強的孩子做切合他年紀的決定，可能你就會省掉很多工夫。因為他在這方面的需求特別強烈，一旦自己做出某些決定，他就可以很快「上道」，逐漸學會把握自己的生活。所以要盡量避免讓他做有關對錯的決定，把範圍界定到純屬個人好惡的事上，例如：

1. 衣服的顏色與樣式
2. 出外用餐時所點的食物
3. 如何花零用錢
4. 他渴望參與的活動
5. 玩具的選擇
6. 他房間的擺設與布置

當然，孩子也可能失敗，所以要做好這個心理準備。這時他需要的不是說理，而是一個能接納他挫折感並關心他的人。父母可以教他怎樣才能做好決定，借此幫助他提高在更重要的事上做決定的能力。要引導孩子仔細考慮一切可能的選擇，列出每一種可能發生的正反結果，下決心並動手去做，決定之後，予以評估。

尊重孩了的隱私權，允許他們有自己的祕密

這一點是最難做到的！很多家長以「保護孩子」、「我這麼做都是因為愛你」為名，漠視孩子的隱私，隨便翻看孩子的日記、簡訊、郵件，偷

聽孩子的電話。這樣的監視行為讓孩子煩不勝煩。在孩子心中，這是對他們的不信任、不尊重，因此，對父母的印象也會大打折扣！嚴重的話，還可能因此爆發親子間的衝突，對孩子的成長以及親子間的溝通、交流是不利的！因此，給孩子獨立的空間，最重要的是維護孩子的隱私權！

古印度有位哲人說：「把沙子握在手裡，握得越緊，從指縫裡流出的將會越多！」教育孩子也是同樣的道理。身為家長，我們要當孩子精神上的僕人而不是主人。也就是說，家長應該成為孩子成長道路上的引路人，給孩子自由成長的空間，幫助孩子勇敢地克服各種困難，讓孩子能夠自由地呼吸，快樂地成長。

自己的事情讓孩子自己做

一個獨立的孩子才能變得強大，才能在今後的人生中有所作為。「I can do it.」是美國孩子常說的一句話。對美國人來說，替孩子做他們自己能做的事情，是對他們能力的剝奪，是對他們積極度最大的打擊！

著名的教育家說過：「凡兒童自己能夠做到的，應該讓他們自己做；凡兒童能夠自己想到的，應該讓他們自己去想。」一句話，父母應該給孩子創造自立的機會。然而，在現實生活中，家長包辦的現象比比皆是：

事例一：

> 親朋好友一起外出郊遊。5歲的小麗很開心地坐在媽媽腿上，而其他孩子在一起開心地玩著遊戲。但小麗說什麼也不肯跟別的小朋友一起玩。這時候，有一個熱情的大姐姐過來邀請小麗一起去玩，但小麗緊緊地牽著媽媽的手。小麗的媽媽只好不好意思地說：「不好意思，這孩子就是這樣，依賴性很強，怕生！」說完，這位年輕的媽媽寵愛地捏了捏小麗的鼻子說，「這麼依賴媽媽，以後長大了怎麼辦呢？」

事例二：

> 　　曉宇今年已經是小學四年級的學生了，至今他仍然不會自己整理書包，每天晚上做完家庭作業，他把作業本一丟，就跑到客廳看電視去了，剩下的後勤工作，就都丟給家裡的「阿姨」去做了。於是，小到裝文具、削鉛筆、裝筆芯，大到第二天上什麼課，需要準備哪些書等一系列的事情，都是「阿姨」一手包辦的。至今，曉宇還是連自己的課外書到底放在哪個位置都不知道。

事例三：

> 　　馬明明今年是小學六年級的學生，從幼稚園開始，就是爺爺接送他上學、放學的。每天，爺爺都早早就起床幫他準備上課必備的東西，然後背著書包，帶著他擠公車，如果有人讓座，爺爺一定是讓馬明明坐，畢竟，孩子是老人家的心肝寶貝呀！他捨不得讓孩子受苦！直到現在，依然是爺爺背著書包站著，馬明明翹著二郎腿理所當然地坐著！不知道馬明明和他的爸爸媽媽是怎麼想的，但旁人看著，覺得一陣心酸：「這些孩子到底怎麼了？」

　　……

　　當然，生活中類似的現象還有很多，家長們不妨捫心自問一下，我是否也曾以呵護、疼愛的名義剝奪了孩子自己做事的權利？我是否因為擔心孩子做不好，索性就自己包辦、代替到底？如果你的回答是「Yes」，那麼，請不要把這種行為繼續下去。因為，包辦、代替只會讓你的孩子變得越來越喜歡依賴大人，越來越懶惰，缺乏魄力和勇氣。

　　因此，只有從小培養孩子的獨立意識，才能讓孩子徹底擺脫依賴的心理，樹立起自信心。一個有信心的孩了，永遠不會在遇到事情時手足無措，陷入孤獨無望的境地。在日常生活中，家長可以根據自己孩子的實際情況，有針對性地培養孩子的自立意識。以下是專家的一些建議：

尊重並培養孩子的獨立意識

　　一歲的孩子就開始有獨立意識的萌芽了，他們什麼都要「我自己來」，自己拿小湯匙吃飯，自己跌跌撞撞地搬小椅子。隨著年齡的增長，他們不僅要獨立穿脫衣服、洗臉洗手，而且還要自己洗手帕、洗襪子，自己修理或製作一些玩具，甚至還想自己上街買東西、自己洗碗。對於孩子正在增長的獨立意識，家長一定要予以重視，並支持、鼓勵他們：「你只要好好學，一定能做好！」千萬不要潑冷水：「你還小，做不到！」

讓孩子自己穿衣服

　　很多調查資料顯示，要讓孩子自己在三四歲之前完全學會穿衣服和脫衣服是不太可能的，但是孩子自己穿衣服、自己疊被子，學會自我管理，這種意識必須從小就開始培養。

　　研究證實，2 歲左右的孩子就已經有自己穿衣服和脫衣服的獨立意識了。這時，他們穿衣服、脫衣服雖然花費的時間比較長，也可能做得不合家長的意。但是，身為家長，我們非但不要覺得不耐煩、怕麻煩，還應該不厭其煩地鼓勵孩子慢慢地實行。當然，這個時候，家長可以在旁邊及時教孩子正確的穿衣和脫衣方法。

　　如果家長為了省事，不讓孩子動手，孩子一旦養成了依賴的習慣，他就不會自己動手去做自己應該做的事情了。

　　除了鼓勵孩子自己穿衣服、脫衣服之外，父母還應該透過言傳身教讓孩子養成冷了會加衣服，熱了會脫衣服的習慣。同時，還應該教會孩子自己疊自己的小棉被、洗自己的小手帕、小襪子等等。讓孩子懂得，自己的事情自己做，才是一個好孩子。

讓孩子自己整理玩具、物品

　　培養孩子自我管理的能力，自己整理自己的玩具是非常重要的一種方法。父母可以提供以下條件：

▶ 父母應該為孩子準備一個地方，讓孩子專門用來放自己的玩具和物品，讓孩子知道這些玩具和物品各有各的「家」，每次用完之後，都應該把這些東西送回它們自己的「家」去。

▶ 要讓孩子明白，收拾自己的玩具和物品是自己的事，自己的事情要自己做，父母偶爾幫幫忙，只是幫忙，應該獲得孩子的感謝。

▶ 父母要盡可能地用遊戲等方式去吸引孩子參與收拾整理自己的玩具、文具用品等事情，並且堅持不懈地不斷加強，最後使孩子養成習慣。

為幼兒獨立性的發展提供條件和機會

　　為了培養孩子的獨立性，必須解放孩子的手腳，放手讓他們去做那些應該做而且又是力所能及的事情，即使孩子做得不好，處理得不圓滿也沒關係。有些家長總怕孩子做不好，習慣幫忙，習慣指手畫腳，總以擔憂的眼光注視和提醒孩子，或者乾脆替孩子掃除障礙，鋪平道路。這種態度和做法，有意無意地束縛了孩子的手腳，阻礙了他們獨立性的發展。

教孩子獨立做事的知識和技能

　　孩子不僅要有獨立意識，而且還要有相應的知識和技能，即不僅願意做，而且還會真的自己動手做。例如，怎麼穿脫衣服、洗臉洗手，怎麼摘菜、洗菜，怎麼掃地、擦桌子，這些教育是在日常生活中自然而然進行的。而且獨立性還表現在孩子學習、交往等各個方面。家長要教孩子自己完成遊戲和學習任務，自己去和同伴交往，當孩子和同伴發生糾紛時，教他們用各種有效的方式去自行解決爭執。

父母要提一些要求讓孩子完成

在培養孩子動手能力的同時，要依孩子的年齡、能力的發展程度對孩子提出適當的要求，如果對孩子要求過高、難度太大，會讓孩子產生畏難情緒，甚至自卑心理；要求太低又不能激發孩子的興趣。事實上，在幼兒期間，伴隨孩子生理的發展，他們的肢體活動能力日漸增強，相應的自主性也開始得以發展，獨立性逐漸增加，這時是父母幫孩子養成良好習慣的適當時期。父母要堅持給孩子提出一些要求讓他們自己完成。當孩子看到自己完成了許多事情，他們的自信心和責任感便會增強，從而減少對父母的依賴。

給孩子安排任務

讓孩子從事一些力所能及的體力勞動可以避免養成孩子身體和心理上的惰性。因此，在日常生活中，家長可以經常請孩子幫忙。比如對孩子說：「幫媽媽拿東西」、「幫媽媽把床單拉平」、「幫媽媽把果皮丟掉」、「和媽媽一起打掃清潔」等。在孩子每次幫大人做完事情以後，家長應對他的好表現給予肯定、表揚。讓孩子享受到「勞動」帶來的喜悅與快感。

總之，孩子雖由父母所生，但終究是獨立的個體，父母對孩子的教育，最後也無非是為了讓孩子不再需要父母的教育。因此，我們在管教孩子時必須學會勇敢地放手，大膽地讓孩子自己往前走。但家長也不能事事都不管，要把握好標準。比如，孩子的書包亂了，我們不要急於去幫忙，只要嘴上提醒孩子自己去整理書包就行了，若孩子不整理，也可隨他。因為父母對孩子偶爾的隨意，也許像西方父母那樣，更能提高孩子自我管理的意識，提升其積極性，從而提高孩子自我管理的獨立生活能力。正如一些家長在教育孩子的過程中總結經驗所說的：「嘮叨指責，不如給孩子提供鍛鍊的機會。」「讓孩子親自做一次，勝過父母指導十次。」

家長們，讓我們從孩子幼兒時期起，就鼓勵孩子自己能做的事情自己做吧，只有這樣，孩子才能培養出做事情的「勇氣」與自信，變得有擔當、有魄力。也只有這樣，孩子才能獨立地翱翔在浩瀚的天空中，尋找到屬於他們自己的那份美麗！

授予孩子一定的家庭權利

黃媽媽與鄰居家發生了一些小衝突。晚上，黃爸爸一回到家裡，黃媽媽就絮絮叨叨地數落起來。

在一旁的黃曉航很想了解事情的原委，就在那邊插嘴。

黃爸爸狠狠地瞪了「多管閒事」的曉航一眼，暴躁地說：「去寫作業！大人的事情，你一個小孩子瞎攪和什麼呢？」

曉航不滿了，嘴裡嘀咕道：「什麼小孩子，每天都寫作業，一點人權都沒有！我再怎麼說也是國中生了！」說完，悶悶不樂地回到自己的房間寫作業、打電動去了！

生活中，像黃爸爸、黃媽媽這樣的家長還有很多，他們總是以「你還是小孩子，你不懂」剝奪了孩子參與生活的權利。久而久之，孩子對家庭事物的參與意識變淡了，對家裡的事情總抱著一種「事不關己」的態度。這對孩子責任感以及獨立性的培養都是不利的！

事實上，孩子的獨立性往往表現在他個人生活權利的行使上，但由於現實生活中家長擔心孩子不具備行使權利的能力，總是不敢把一些權利交給孩子，長此以往，孩子也就學不會獨立，對大人越來越有依賴性了。為了讓孩子早日走出這種家教盲點，早日學會獨立，當家長的有必要授予孩子一定的家庭權利，讓孩子自己學會承擔責任。

首先，要授予孩子一定的經濟支配權，培養孩子的理財能力

理財能力是個人獨立生活能力的基礎之一，而讓孩子擁有個人經濟支配權，則是培養孩子理財能力的前提。對於只會消費的孩子來說，他的經濟支配權無非是擁有家長賜與的一定數量的零用錢。當家長意識到這一點，且隨孩子年齡的增長和能力的提高，幫孩子安排一個合理的零用錢數目，並把支配權交給孩子，向孩子說明剩餘的錢歸他自己。這樣，不但能增加孩子的自主性，而且能讓孩子的經濟意識和理財能力提高。

　　其次，要授予孩子選擇權，培養孩子的自主能力和責任感

　　孩子的自主性往往表現在他對事物的選擇上，只是因為家長怕孩子選錯了，總是不敢把選擇權交給孩子。可是如果從來都不給孩子選擇的權利，他也就永遠學不會，永遠沒有自主性，更談不上有責任感，因為這不是他經過深思熟慮選擇的。因此，家長應學會把一些事物的選擇權交給孩子，並且在事前提供孩子有關情況，幫孩子分析各種可能。教育孩子自己選擇了，就要自己負責任。這樣，孩子的自主能力和責任感就能同時得到培養。如有一位家長想讓孩子學鋼琴，當他把孩子帶到學院準備報名時，竟然發現孩子在舞蹈組門口看得出神，於是，這位家長尊重孩子的選擇，並要求他對自己的選擇負責，要堅持把舞學好，結果這個孩子真的堅持認真學習舞蹈。

　　第三，要授予孩子一定的家庭發言權，培養孩子參與、合作的語言思維能力和交際能力

　　參與、合作是當今社會發展中對人們提出的要求，一個缺乏參與、合作精神和能力的孩子，他未來的發展一定不理想。因此，培養孩子參與、合作的能力就顯得極為重要。如家長授予孩子一定的家庭發言權，允許孩子參與大人的談話，參與決定家庭計畫。我們不要認為小孩子不懂事，殊不知，孩子將來參與社會合作的語言思維能力和交際能力都是在家庭這個搖籃裡，從小得到有效的訓練才培養出來的。

　　第四，給孩子當家的機會，使其體驗到當家的艱辛與不易

　　要改變孩子對家長的依賴狀況，讓孩子了解父母的艱辛與不易，使其將來能更適應社會，家長應給孩子製造一些機會，讓孩子試著當家看看。

　　「讓孩子當家一天」的活動除了安排在假期外，也可安排在週末。讓孩子為第二天的生活與活動做一個預算與計劃，然後從第二天早上起床開始，就由孩子上崗指揮與組織一天的家務與其他活動。父母則在孩子指揮下加以配合，需要多少錢、買什麼菜、到哪裡玩、坐什麼車，走哪條路線，均由孩子來籌劃；父母要放手、信任，不要干預。即使孩子安排得不是最合適的，也不要當即否定，而是等第二天再與他一起總結，先讓他自己提出改進意見，然後你再補充。孩子對這樣的活動必會興致高昂，也會十分用心和負責任，孩子在「當家」過程中的快樂與收穫必會出乎你的意料。

　　劉源現在 8 歲了，他經常埋怨爸爸、媽媽對他管得太緊，沒有自由。週末快到了，爸爸提出一個建議：讓劉源來當家一天。家裡的飲食安排、清潔打掃、休息時間、錢，他都有自由支配的權力，他要保證大家的生活正常維持。

　　劉源接到任務後很興奮，他想：終於自由了。早晨他睡懶覺到 10 點，大家也仿效他。他肚子餓了才想到要授權爸爸去買早餐。中午他點了家裡要買的菜，媽媽就拿錢出去了。一想到清潔工作還沒有做，就趕緊安排爸爸和自己打掃了起來。由於時間沒有安排好，劉源手忙腳亂的，還有很多事情沒完成，下午兩點才吃到午飯。

　　一天下來，劉源覺得太累了，他說原來過好獨立自由的生活並不是一件容易的事。

　　很多時候，孩子體會不到幸福，也無法明白責任、義務，是因為每天力所能及的事都被父母代勞，從未站在父母的角度感受過，也沒有體驗過換位思考。孩子覺得被父母照顧天經地義，所以也就事事依賴，沒有主見，也不想獨立。讓孩子當家能培養孩子的獨立意識、主角意識。從而讓

孩子明白肩負的責任和義務，學會珍惜自己正在享受的幸福。

培養孩子勇於提問的勇氣

一位人才學家曾經說過這樣的話：「凡是為人類貢獻過創造之果的人，他們渾身上下的口袋裝的都是問題。」兒童期是問題最多的時期，尤其是幼兒期，我們稱之為「提問期」。這一時期的孩子什麼都要問，有時候甚至會問出一些令父母、成人臉紅或不好意思回答的「為什麼」，而且還有打破砂鍋問到底的態勢，經常讓成人難以招架。這時候，有些大人可能會說，「小孩子不會懂。」或者不想回答孩子的問題，就說「走開，走開，怎麼問題這麼多？沒看到我正在忙嗎？」家長的這些回應，對孩子的自尊心、好奇心而言都是一種傷害。可能導致孩子自卑、不敢問問題、不敢發表自己的看法等。

實際上，孩子的提問是一種借助成人的力量對周圍環境進行認識的探究行為，是孩子求知的萌芽。他們透過提問來理解事物以及事物之間的相互關係，並從中獲得思維的方法，提高觀察能力。孩子的提問過程通常隱含著極強烈的探索精神。

對於孩子來說，敢問「為什麼」，並不斷地求解，可以豐富他們的知識；增強他們的理解能力；培養他們的創新思維；提高他們的自學能力。讓孩子從學習中獲取自己需要的答案，既培養了孩子的主動性和積極性，又讓孩子認知到獲取知識的手段。

因此，身為家長，應重視孩子的提問，從小培養孩子勇於提問的勇氣。一般來說，要保護孩子的「好奇心」、培養孩子「提問」的勇氣，家長要做到──

對於孩子的提問，家長的態度要積極

無論是學習中的問題還是生活中的問題，孩子一旦提問，父母都應該表現出積極的態度給予支持。做到認真傾聽，不厭其煩地解答，並耐心地用通俗易懂的語言幫孩子解釋，引導孩子看專門給幼兒看的《十萬個為什麼》。

切忌在孩子興致勃勃向你提問時表現漠不關心，或自己在忙就隨便搪塞，更不宜向孩子的這股求知慾「潑冷水」。如果家長讓孩子反覆感受到問了也是白問，長此以往，孩子碰到問題就會開「溜」，慢慢地，就會養成對任何事情都畏難而退的不良心理，這對孩子的健康成長極為不利。

偉大的文學家魯迅對於孩子提出的問題，總是非常有耐心，不厭其煩地給與解答。有一次，海嬰問魯迅：「爸爸，你是誰養出來的呢？」「是我的爸爸、媽媽養出來的。」「你的爸爸、媽媽是誰養出來的？」「是爸爸、媽媽的爸爸、媽媽養出來的。」「爸爸、媽媽的爸爸、媽媽，一直往前，最早的時候，人是從哪裡來的？」

孩子一直問到了物種起源問題。於是，魯迅就告訴他是從原子——單細胞而來的，但是海嬰還要問：「在沒有原子的時候，所有的東西都從什麼地方來的？」

這個問題可不是幾句話就能回答的，而且也不是五六歲的孩子能了解的。為了不讓孩子失望，魯迅就告訴他：「等你大一點讀書了，你的老師會告訴你的。」

魯迅教子的故事告訴我們，大人不厭其煩地回答孩子的提問，能夠培養孩子探索、求知的精神，促使孩子產生更加強烈的求知欲望，這對孩子的成長是有好處的。

鼓勵孩子提問

孩子從出生開始就對這個世界充滿了好奇，當他們開始向你問問題的時候，說明孩子已經在用自己的眼睛觀察這個世界、在用自己的大腦思考問題了。這時，家長千萬不能打消孩子的積極度，應該耐心地去回答孩子的問題。以下是一位年輕母親的教子案例，值得我們家長仿效 ——

我記得我家的小翼剛開始說話的時候，說的最多的就是問題：這是什麼？那是什麼？我總是耐心的告訴他。

他在不停地問，我在不停地回答。只要是我倆在一起總是有說不完的話。

小翼快 2 歲的時候。有一天，我驚喜的發現，小翼在問完「這是什麼」後緊接著就問「為什麼這樣啊？」哦，原來孩子開始思考問題了，我為孩子的思維成長感到高興。

每次小翼問「為什麼這樣？」的時候，我總是在自己的大腦裡搜尋著答案，如果實在是搜尋不到，我就會說：「媽媽也不知道，讓我們來查查書吧！」然後我們就會一起去查找有關書籍。

每次和小翼在一起玩遊戲、講故事、外出時，我都會抓住恰當的時間問孩子「為什麼這樣？」孩子剛開始總是答不出來，我就會幫他回答，然後問「是不是這樣？」孩子通常並不急著說是，他會擺出一副沉思的樣子，然後說「是吧，應該是這樣」。如果孩子能回答出我的問題，我就馬上表揚他，告訴他：「你真的太棒了！」

經過一段時間的培養，孩子的提問能力更強了，他不但懂得問問題，還能思考、分析問題。

以上的案例用生動的生活實例告訴我們：讓孩子多問為什麼。經常問孩子為什麼，可以擴大孩子視野、活躍思維、培養他們的創造性。如果，你能鼓勵你的孩子學會提問，那麼，你的孩子一定會變得日益聰明。

回答孩子的提問要真誠

你必須讓孩子感覺到，你很重視他提的問題，你對他的問題感興趣。即使孩子有時可能問一些沒有實際意義或讓你無法回答他，甚至有點荒唐的問題。但是身為父母，都不要計較孩子質疑的水準，要理解他們的幼稚，而不是加以指責。如果你實在很累或者很忙，你可以對孩子說：「你問的這些問題很有趣，可是爸爸現在很累、很忙，你先記著這些問題，爸爸明天專門回答你，好不好？」對於已經會寫字的孩子，你完全可以讓他把要問的問題一個一個記錄下來，等你有時間了，再一一去解釋給他聽。但記住，你對孩子承諾了，就千萬不能食言。

有一位父親，兒子上了幼稚園以後，每天晚上，孩子總纏著他提出各式各樣的問題。剛開始父親十分有自信的認為，一個大學生「對付」一個孩子提出的問題，不是小菜一碟嗎？誰知，孩子提出的問題並不那麼簡單。如「為什麼橡皮擦有彈性？」、「為什麼人傷心時會流眼淚？」為此，這位父親把兒子提出的「難題」用本子記錄下來，有空時就認真的準備，還會去圖書館、閱覽室尋找答案。

這樣做雖然辛苦一點，但幾年下來，兒子的知識能力大大地拓寬了，智力水準明顯地提高了，也養成勇於提問的好習慣。父親呢，也從中學到了不少知識，真是一舉兩得，樂在其中。

孩子的問題千奇百怪，成人也不是百科全書，當然不可能事事都知道。如果孩子的問題父母確實不知道，應如實地告訴孩子：「這個問題我也不清楚，等我查查書或問問別人再告訴你。」事後，想辦法查清楚，盡可能給孩子一個滿意的答覆。父母也可以與孩子一起找資料。對孩子的問題不要敷衍了事，尤其不宜把　些荒誕的、不科學的內容灌輸給孩子，以免養成他對事物的錯誤認知。給孩子一個錯誤的答案，還不如告訴他這個問題你也不會，需要查閱資料以後再告訴他。

此外，家長還可多帶孩子到大自然，讓孩子對一些物理現象產生興

趣。如果孩子沒有問題，家長可以主動告訴孩子，不要以為孩子小、聽不懂，其實在他們似懂非懂的年紀，也能了解許多知識。

總之，鼓勵孩子勇於提問是一種極佳的教子之法，身為家長，請允許你們的孩子多多提問，從小培養其勇於提問的勇氣吧！

鼓勵孩子獨立思考，消除畏難情緒

如果說行為的依賴是可怕的，那麼思維的依賴對人的成長更是具有殺傷力的。一個不會思考，不知道去思考的人，如同一具沒有靈魂的屍體一般，只能行屍走肉苟活於世。對於孩子來說，思考能力同樣重要，它是孩子在社會上生存以及進行創造性活動必備的心理素質，是孩子成材的基本前提。因此，家長要從小培養孩子獨立思考的能力，讓孩子學著自己去思考，讓孩子的思維活躍起來。

那麼，家長應如何培養孩子獨立思考與解決問題的能力呢？具體做法如下：

參與到孩子的「思考」中

要培養孩子獨立思考問題的能力，首先要善於發現孩子的問題。在孩子遇到問題、並表達給家長時，家長要積極參與。

獨立思考能力強的孩子，往往具有較強的好奇心。家長應該尊重孩子的好奇心，千萬不要因為孩子提的問題過於幼稚而加以嘲笑，以免傷害孩子的自尊心。隨著家教觀念的更新，有一些具有現代家教觀、教子有方的家長，注意創造機會，從小培養孩子獨立生活和獨立思考的能力。家長可以給孩子講一些科學家、發明家成長的故事，以激勵孩子從小立志，培養孩子對學習新知識、探索新問題的興趣。

　　5 歲的晨晨是個愛問問題的孩子。有一次，他從幼稚園回來，神祕地問他的媽媽：「媽媽，你知道唾液是什麼味道嗎？」

　　「不知道。」晨晨的媽媽坦白地說。

　　「唾液是臭的！」孩子肯定地告訴媽媽。

　　「你是怎麼知道的？」媽媽好奇地問道。

　　「我把唾液舔在手掌心，一聞，真臭！」說著，他還做了示範。

　　晨晨的媽媽煞有介事地聞一聞，皺著眉頭說：「果然很臭，這是一個重大發現！唾液在我嘴裡待了這麼多年，我怎麼就不知道呢？可能是『久聞不知其臭』吧！」

　　晨晨一聽媽媽這麼說，非常得意。

　　「可是，唾液為什麼會這麼臭呢？」媽媽不解地問晨晨，「媽媽也不知道，你說該怎麼辦？」

　　晨晨歪著腦袋想了想說：「那我們上網查一查吧！」於是，母子倆忙著查找……。

　　從此，每次從幼稚園回來，晨晨都要問媽媽一些莫名其妙的問題。

　　長大後，晨晨很有創意，做事也有自己的主見，從來不會人云亦云。

　　一個成功的家長，總是善於引導孩子去思考的！晨晨的媽媽無疑就是這種成功的家長！她在參與的過程中，充分提升了孩子「思考」與「發現」的積極度，讓孩子從思想上獨立出來！

▌讓孩子自己獨立去思考、去判斷

　　要培養孩子的獨立思考能力，就要提供一些機會給孩子自己去獨立思考、判斷：什麼是對，什麼是錯，什麼應該做，什麼不應該做。一個人與眾不同的表現，其中最有意義的莫過於能夠展示並表達其獨具特色的思

想。一位成功人士，也許有多方面的建樹，但最引人注目的應該是他那極具個性的思想，以及獨立思考與判斷的能力。能不能全面而深入地思考問題，決定了一個人的思維深度和廣度，也決定了結論的正確性。

美國物理學家瑞恩沃特（Leo Rainwater）小時候非常善於思考，他能夠從其他人視而不見的事物中想到一些更深層的問題。

瑞恩沃特上小學時，在一次語文課上，老師問道：「同學們，你們說1加1等於多少？」

「等於2。」同學們異口同聲地回答。

只有瑞恩沃特若有所思地看著老師，沒有回答。

老師有點疑惑，就問他：「瑞恩沃特，你怎麼不回答呢？難道你不知道這個問題的答案嗎？」

瑞恩沃特想了想，對老師說：「老師，我不是不知道1加1等於2，可是，您為什麼會問我們這麼簡單的數學題呢？您是不是有其他的答案？」

聽了瑞恩沃特的話，老師感到非常高興。因為，老師提這個問題的目的被瑞恩沃特說中了！老師微笑著對大家說：「同學們，瑞恩沃特說得沒錯。從數學的角度來說，1加1等於2，但是，從其他角度來說，1加1未必等於2。就像我們今天要學的這篇文章裡所說的，兩個人互相幫助，兩人的力量就大於他們個人力量之和。所以，我們要互相幫忙、互相關心，做個樂於助人的人。」

在鼓勵孩子獨立思考方面，家長有很多事情可以做，最簡單的就是傾聽孩子敘述自己的想法。儘管孩子的想法常常是天真、幼稚，甚至可笑的，但家長一定要按捺住想糾正他的想法，而抓住他談話中有趣的、有道理的論點，鼓勵他深入「闡述」，讓他嘗到思考的樂趣，增加自我探索的信心。

為孩子創造機會，培養孩子自己做選擇和處理問題的能力

讓孩子在嘗試的過程中感受失敗、碰釘子。這樣，孩子就會從失敗中汲取教訓而逐漸成長起來。

傑克在上四年級，班級集體到山裡參加為期兩天的露營。傑克驕傲地告訴媽媽說自己能準備行李，然而出發前，媽媽發現他沒有帶厚衣服，但山裡的溫度比平原低很多。傑克拒絕帶厚衣服，媽媽也沒有堅持。

兩天後傑克回來了，大家問他玩得怎麼樣，他說：「我該聽媽媽的，山裡很冷。」

媽媽問：「下個月我們要去佛羅里達，也帶同樣的衣服嗎？」

傑克想了一下說：「不用，佛羅里達很熱。」

媽媽說：「對了，外出前你應該先了解一下當地的天氣情況，再作決定。」

傑克說：「我知道了。我下次露營時應該先列個單子，就像爸爸出差前一樣，這樣就不會忘記帶東西了。」

與其說教，不如讓孩子親身體驗。只有在「親身體驗」之後，孩子才能更客觀地評價自己，更充分地思考問題。

讓孩子自主地學習

在孩子自己第一次學習時，家長就應該讓他們養成自己學的習慣，遇到問題讓孩子學著自己去思考；對已經養成依賴性的孩子，父母抱著逐漸放手的原則，不能指望孩子一下子就到位。孩子在學習的整個過程中，給孩子獨立的時間和空間，不要監管其學習過程，要看結果。

可以說，培養孩子獨立思考的能力，就要讓孩子自己的事情自己去想辦法解決。在訓練孩子思考的習慣時，家長可以給孩子一些提示，讓他自

己去動手、動腦，這可以讓孩子在不知不覺中養成獨立思考的習慣。

此外，要培養孩子獨立思考的能力，家長還可以給孩子講一些科學家、發明家成長的故事，以激勵孩子從小立志，培養孩子對學習新知識、探索新問題的興趣。

讓孩子擁有自己的主見

曉曉今年 5 歲了，無論在幼稚園還是鄰里間，大家都誇她是個乖巧、聽話的好孩子。在家裡，大人叫她做什麼，她就做什麼，要她怎麼做，她就怎麼做，表現得十分聽話；和小朋友一起玩時，曉曉也總是照別人的意願做事，順從別人的領導，很少有自己的想法。剛開始的時候，家長們覺得非常欣慰，因為孩子這種表現，讓他們省了不少心。但最近，曉曉的爸爸媽媽從老師那裡了解到：當老師教了一種解題的方法時，孩子從不懂得嘗試其他的方法解決。這讓曉曉的爸爸媽媽非常擔心。

是呀，孩子聽話、乖巧可以省卻父母許多力氣，而且不用操心他們在外面和小朋友吵架。但如果孩子表現得過於順從，凡事沒有主見，總是模仿別人，就不是一種好現象了，這對孩子今後個性的健康發展是不利的。

解決這個問題最關鍵的一點，就是給孩子「無條件的關注和愛」，建立孩子的自信心。孩子之所以時時刻刻要詢問媽媽，就是希望自己表現得更好，他想討父母的歡心，想做得更「正確」，想盡力做個好孩子。卻不料自己做「好孩子」的努力，反倒讓媽媽生氣了，這就會讓孩子左右為難。只有讓孩子感到自己無論做得好還是不好，父母都是愛他的，即便做了錯事，父母也不會怪罪他，他才敢去嘗試自己的方式。有了成功的經驗，孩子自然會越來越有主見。

讓孩子做主，並獲得成功的機會

一位媽媽曾介紹了她培養女兒有主見的方法：

女兒從幼稚園一直到上小學，她的事情都是我包辦，她樂得逍遙自在。可是，在學校這個大群體裡，孩子的弱點很快就顯現出來了，老師說什麼，她就做什麼；同學講什麼，她也就信什麼。

為了讓女兒對事情有自己的見解，我為她提供了許多實習的機會。買衣服時，讓她自己選擇款式、顏色；買書包時，無論是米奇卡通、公主系列的，還是史努比系列，都由她自己決定；買文具、課外書等都是如此。

剛開始時，她動不動就問我哪一種更好，我會告訴她：「自己的事情自己決定，自己喜歡哪一種就買哪一種。」

就這樣從買東西開始，女兒漸漸有了自己的主意。每當我們母女倆的眼光出現差異時，她都會對我說：「媽媽，我認為我選的這個款式比較好，因為……」，而且還會像個小專家似的說得頭頭是道。

可見，想培養孩子有主見的個性，媽媽就應該給孩子提供更多自己做主的機會。

▶ **吃的自主**：在不影響孩子飲食均衡的情況下，媽媽可以讓孩子自己選擇吃什麼。例如飯後吃水果時，媽媽不必強迫孩子今天吃蘋果，明天吃香蕉，而讓孩子自己挑選。

▶ **穿的自主**：媽媽帶孩子外出玩耍時，在保證安全的前提下，可以讓孩子自己決定穿什麼衣服，切忌隨自己喜好而不顧孩子的感受。

▶ **玩的自主**：不少孩子在玩遊戲時，並不想讓大人教他們遊戲規則，更願意自己決定遊戲的方式，並體驗其中的樂趣。媽媽可讓孩子自己選擇玩具和玩的方法，這麼做可以極大滿足孩子的自主意識，幫助他成為一個有主見的人。

幫助孩子建立自信心

自信心是一個人對自身力量的認知和充分的估算。它是自我意識的重要組成成分。有的孩子看不到自己的能力，認為自己做什麼都不行，總覺得不如別人，對自己力量的認知和可能達到的成就估算得很粗淺、不穩定，完全從屬於別人的評價。因此，無論什麼時候一定要對自己有信心。

不要讓孩子覺得你的回答是唯一標準的答案

開啟、喚醒孩子的大腦需要家長的耐心，面對孩子一次次的詢問，家長可表現出「無知」一點，讓他立即從你那邊得到正確答案的欲望被延遲。如可以這樣反問孩子：「你想怎麼做？」或者多給他幾個選項：「喝水可以用杯子喝；也可以用碗喝；還可以用嘴對著瓶子喝，你想怎麼喝？」

提高孩子分辨是非的能力

我們通常是照自己喜愛和厭惡的情緒來判斷人物和事物的是與非。控制能力差的孩子往往會看別人怎樣做，自己就跟著學，難免會沒有主見的表現。所以要透過成人對我們行為、言語的評價，逐步認知到自己行為的是非，從而提高分辨是非的能力。

讓孩子有參與的機會

孩子做事缺乏主見，通常與家長缺乏和孩子的溝通、做事武斷、不尊重他們的要求有關。因此，父母應該給孩子充分表達願望的機會；給孩子獨立思考的機會。

為孩子提供及時的幫助

讓孩子有主見並不是鼓勵他去盲目地做決定，而是讓孩子在掌握了事情的發展趨勢後再去做事情。因此，在孩子進行重大決定時，家長可以幫孩子蒐集資料，了解和熟悉各選項，這有助於孩子進行合理選擇。

如果孩子平時自主性很差，家長也可以和他一起分析資料，找出各選項的利弊，最後了解孩子作出選擇的動機。如果孩子平時就很有主見，家長則可以讓他自主完成選擇。當然，不同年齡階段的孩子具有不同的自主能力，家長這種把關的尺度也應該不一樣。

讓孩子學會說「不」

一位媽媽曾寫了以下這段話：

慢慢地，我意識到，兒子已經是大孩子了，應該有自己的想法了。於是，找了一個合適的時間，我開始與孩子聊天。

「如果你吃飽了，媽媽還叫你吃飯，你會怎麼做？」我問孩子。

「我告訴媽媽我已經吃飽了，不吃了。」孩子說。

「如果你正在寫作業，媽媽過來和你聊天，你會怎麼做？」

「我會告訴媽媽我正在寫作業，請不要打擾我。」孩子認真地說。

「兒子，今天你的回答都很對，都很精彩。你要記得，不要盲目地相信大人，有自己的想法就要大膽地說出來，大人們不會因為你的拒絕而不喜歡你，相反的，我們會認為你是一個很有主見的孩子。」

後來的很多事實都證明，我鼓勵孩子學會說「不」是正確的。

從此以後，孩子變得不再盲從。

一個不懂得拒絕別人的孩子，在別人眼裡永遠都是唯唯諾諾、沒有想法的。所以在日常生活中，媽媽要鼓勵孩子說出自己的想法，勇於對別人

不合理的要求說「不」。

　　當然，值得注意的是，培養孩子有主見不是要孩子不聽勸告、一意孤行，而是希望孩子在面臨選擇時，保持清醒的頭腦，不人云亦云，有自己的思考和判斷，這樣，可以有效避免或減少成長過程那些不必要的損失或失敗。

第五章
在與人交往中培養孩子的膽量

人際交往是孩子學習做人，從「自然人」轉向「社會人」的一個重要的途徑，良好的社會交往能擴大孩子的視野、增加孩子的膽量，使孩子變得大方、自然，善於應對陌生的場合。此外，社會交往還能讓孩子從生活中學習到一些書本上所沒有的，在實際生活中又確實需要的知識。

因此，家長一定要注意引導孩子學會與人交往，培養孩子與人交往的能力，為他們將來的個人發展做好充分的準備。

有朋友，孩子的膽量更加強大

　　每個家長都關愛自己的孩子，關心孩子的成長。但是，並不是所有家長都懂得如何去關心孩子。他們給予的關心，更多的是物質上的滿足，以為只要給孩子豐富的物質生活，做父母的就盡到了自己最大的責任，其實不然。對孩子來說，他們渴望的不僅僅是物質上的滿足，更多的是思想上的引導，精神上的體貼。身為家長，想真正從思想與精神上關心孩子，舒緩孩子的寂寞和孤單，遏制孩子的任性和專橫，使孩子變得自信而勇敢，唯一的方法，就是讓孩子多接觸同伴，使孩子在與人交往的過程中，變得樂觀、開朗、自信、勇敢起來。這對孩子的成長而言，意義重大。

　　5歲的陽陽並不像名字那般陽光，相反的，他性格沉悶，特別害羞、膽小。爸爸媽媽帶他出去拜訪親朋好友，他也只是一個人躲在一旁玩。為此，陽陽的爸爸媽媽很擔心，怕孩子得了自閉症。

　　不過，這種狀況最近有所改變。原因始於一次可貴的交往活動：

　　在一次手工課，老師要求孩子們製作小花和小蜜蜂，並請大家找各自的好朋友一起商量並製作。

　　老師宣布後，其他的小朋友都開始找自己要好的朋友一起商量，只有陽陽一個人在那邊發呆。老師發現了，對班上最有人緣的小茜耳語了一番。懂事的小茜馬上跑到陽陽面前，對陽陽說：「我們一起來做小花和小蜜蜂好嗎？」陽陽這才高興地點點頭。

　　接下來，他們便進行了商量和分工，小茜做小花，陽陽捏小蜜蜂。作品完成以後，他們請小蜜蜂和小花這對好朋友到草叢中去玩時，出現了問題，由於小蜜蜂比較重，用一根牙籤支撐怎麼也平衡不了，一時之間這兩個小朋友都顯得有點著急了。這時，老師在旁邊幫他們打氣說：「別急，動動腦筋，怎麼樣讓蜜蜂站立起來，不摔跤呢？」於是他們倆又嘗試著把牙籤插在蜜蜂不同的部位，但還是不行。最後，他們試著加上另外一根牙

籤，終於平衡了，兩個小朋友高興地抱在一起跳了起來！

最後，老師請大家一起來分享合作的快樂，陽陽在小茜的鼓勵下勇敢地舉起了小手⋯⋯。

這件事之後，陽陽的膽子明顯變大了，以後班上有什麼活動他也不再扭捏、閃躲了，總會主動找朋友一起玩。

陽陽的爸爸媽媽終於可以放心地鬆一口氣了。

故事中的小陽陽之所以變得勇敢、自信，應歸功於他第一次成功與人交往的經驗。在這次與人交往的活動中，小陽陽充分體會到了與同伴相處的快樂，並從中體驗到與人合作帶來的成功收穫，從而變得勇於與人交往。

專家認為，從小鼓勵孩子與人交往、多交朋友，不但能培養孩子的膽量，還有以下的好處：

▸ 朋友可以減少孩子的不安感、孤獨感、急躁感，讓他們處於穩定和歸屬感的狀態。

▸ 與同伴交往可以讓孩子獲得社交經驗、提高社交技能，增加孩子對社會的理解能力與觀察能力。

▸ 和小朋友交往也是孩子學習知識的好機會，透過交往，孩子之間可以互相答疑解難。

正因為如此，家長應鼓勵孩子勇敢地踏出與小朋友交往的第一步。在日常生活中，家長可以做到：

▸ **特意邀請一些孩子較熟悉的小朋友到家裡玩，讓孩子學做小主人**：比如邀請一些要好的同伴到家裡舉辦「禮物分享」派對，請每個小朋友準備一份小禮物，在歡樂的氣氛中互相交換禮物。孩子在送給別人禮物的同時，也得到了其他朋友的禮物，這種驚喜可以幫助他踏出與同

齡孩子正常社交的第一步。

可以讓孩子輪流表演唱歌、舞蹈或朗誦，最好是他有興趣或擅長的，鼓勵他和同伴們分享家裡的食物和圖書等。孩子會從同伴的微笑、家人的讚許中獲得快樂和滿足。同時，父母可讓樂於交往的孩子向自己孩子介紹他家的新玩具、新鮮事，讓孩子產生想玩、想看的欲望，使孩子主動提出到別人家玩的要求。

▶ **鼓勵孩子與其他孩子在一起進行各種有趣的活動**：幾次活動後，孩子通常都能大大方方地和小朋友一起玩了。如果剛開始孩子不敢過去和其他小朋友一起玩，家長牽著孩子的手，一起走到小朋友群中，教孩子說：「我們一起玩好嗎？」自己也加入遊戲中，這樣內向的孩子也會受到感染，很快放下膽怯的情緒，盡情投入遊戲中，如此幾次，孩子的膽子慢慢會變大，也不再內向了。

▶ **讓膽小的孩子與大膽的孩子一起玩**：孩子的一大特點是愛模仿，容易受影響。家長應讓膽小軟弱的孩子經常和大膽勇敢的小朋友在一起，跟著做一些平常不敢做的事，這樣，他不知不覺中就會受大膽孩子言行舉止的影響，從而得到鍛鍊，變得勇敢、堅強起來。家長也可以和老師商量一下，盡量安排孩子與開朗的孩子同桌，或進行小組合作活動，讓開朗的孩子帶動內向的孩子。

▶ **擴大孩子生活圈，使其變得大膽**：家長可以透過帶孩子外出旅行、拜訪親朋好友，來擴大孩子的交往範圍，這麼做有助於增加孩子的自信心。或與孩子們一起走進大自然，積極製造一種輕鬆、愉快的氛圍。在這種氛圍裡，孩子的個性可以盡情展露，也利於他高聲講話、笑鬧、蹦跳，無所顧忌。

▶ **鼓勵孩子與比自己小的孩子玩耍，讓孩子體驗到成功的快感**：家長可以讓孩子與小一點的孩子玩耍，這樣可以幫孩子創造更多的自我表現和獲得成功的機會。家長此時應多幫孩子創造有利條件，表揚孩子的

每一個微小進步，時間久了，孩子就會慢慢地解除心理障礙，日漸大膽甚至可能從容不迫地待人處世了。

總之，在日常生活中，父母應透過各種途徑和辦法啟發孩子加強與同伴間的交往，並及時鼓勵孩子積極的交往行為，體驗交往的樂趣，這樣培養出來的孩子就不會膽小怯懦。等孩子長大後，就不會處處害怕，如怕競爭、怕承擔風險、怕被人議論等等。一個勇敢的孩子，將比膽小怕事的孩子更容易獲得成功的青睞！

鼓勵孩子改變害羞、怕生的毛病

現今，孩子賴以成長的社會環境在不斷地發展和變化。生活在這一環境中的孩子，不但應該擁有現代化知識，還必須具備處理人際關係、適應社會的能力。因而從小培養孩子大方、得體的待人處世能力是家長的主要任務之一。

有很多家長發現，自己的孩子在家裡雖然能說會道，活潑、調皮又搗蛋，但是在外出場合或陌生的環境裡卻總是扭扭捏捏、不夠大方。要嘛面紅耳赤，本來會說的也說不清楚；要嘛乾脆閉口不言。究其原因，都是孩子膽小怕生的心理造成的。在這個越來越開放，越來越需要交流和表達的世界裡，這樣的孩子很容易被忽視和被邊緣化。他們在陌生人面前侷促不安、不敢說話，在帶有競爭性的活動中，他們總是畏縮不前、膽怯害羞。如果你想幫助一個羞怯、怕生的孩子，讓他變得自信大方，最好越早越好，因為害羞的殼關閉越久，就越不容易將它打開，這對孩子今後的人際交往與發展是不利的。因此，家長應幫助孩子克服害羞、怕生的心理。

要幫助孩子克服害羞、怕生的心理，家長首先要了解造成孩子害羞、怕生的原因，才能更容易地對症下藥。專家分析，導致孩子害羞、怕生可能有這三個方面的原因：天生氣質如此、缺乏安全感或缺乏與他人交往的

經驗。首先，每個人的天生氣質各不相同，有的外向活潑，有的內向拘謹；其次，孩子必須在他所熟悉的環境裡獲得充分的安全感，他才能把這種安全感轉移到陌生的人或事物上面去。如果家裡缺乏歡樂和溫暖，會對孩子的性格產生多方面的影響，孩子可能會因此變得膽怯怕生。另外，如果孩子從小就很少見到陌生人，缺乏在眾人面前露臉的體驗，也會使孩子難以適應陌生的環境和事物。

　　了解了孩子害羞、怕生的原因，就不難找到幫助他們的方法。專家給家長的建議是：

▶　容忍孩子的怕生：首先，接受他有害羞症狀的事實，每一個孩子都是一個有主見的獨立個體，他完全可以不按你的願望行事。不要因為他沒有聽你的話而發火，否則他會更退縮。

▶　家裡來了客人，家長也不必一定要勉強怕生的孩子向客人打招呼，也不要非得請孩子為客人表演節目，更不要覺得孩子怕生有失自己面子，不然孩子會更感到不安和焦慮，對於克服害羞、怕生的心理沒有好處。

▶　為孩子營造一個寬鬆的學習、生活氛圍：做家長的不要把自己的意圖強加到孩子身上，應給孩子提供一個寬鬆的學習生活環境，讓他們根據自己的興趣做自己喜歡、有益的事情。

▶　當孩子嘗試去做一些事情犯了錯時，不要急著指責他，不要動不動就批評孩子這也不好，那也不好，或者在孩子獨立完成某件事情的時候要求他不要這樣，不要那樣，雞蛋裡挑骨頭，而應給予正確的指導，幫助他們從失敗的陰影中走出來。

▶　此外，家長在批評害羞的孩子時，一定要注意措辭，盡量以鼓勵為主，不要在言語上無意傷害了孩子的自尊心，更不要在別人面前給孩子貼上「害羞」的標籤，這會誤導孩子以為自己個性就是內向、害

羞的。

▶ 先做好心理準備免除恐懼：如果孩子害怕陌生人，父母不妨在客人上門前先為孩子做好心理準備，如有多少客人、都是些什麼人、孩子應有的禮節等。父母也可先扮演客人角色，與孩子先進行模擬演練，降低孩子恐懼、怕生的心理。

▶ 創造機會讓孩子與陌生人交往：帶孩子散步的時候，停下來跟友善的陌生人聊幾句。在公園裡，鼓勵孩子和小朋友一起玩，漸漸地，孩子就會覺得陌生人並不可怕，而且很和善，能與他友好地相處。孩子長大一點以後，爸爸媽媽可以幫他請鄰居的朋友來家裡玩，讓他自由自在地交談和遊戲，不要因為吵鬧或弄亂了房間而責怪他們。在這種自由歡樂的氣氛中，孩子的天性自然地流露出來，漸漸就會變得活潑了。

▶ 不要譏笑孩子，順其自然與人交往：讓孩子明白，不被某些人喜歡和不喜歡某些人是很自然的，誰也不可能跟所有的人都相處得很好。這樣孩子就不會因為擔心自己會不受歡迎而不敢進入陌生的環境，也不會因為一兩次交往的失敗而對與他人交往心存畏懼。

▶ 透過遊戲了解孩子並建立自信心：拿孩子平時喜愛的布偶，陪孩子玩角色扮演的遊戲，透過一些已經發生或還未發生的小故事玩一場布偶劇，以增加其交往經驗，而父母也可以從遊戲中了解孩子的心理，並建立其自信心。

▶ 透過童話故事書啟發孩子：三歲左右的孩子已聽得懂故事，媽媽可以透過故事書內容，開啟孩子的心扉。如害羞的鴨子和沒有自信心的天鵝，如何勇敢地踏出第一步，結果變成美麗又受歡迎的成員。以富趣味的教育性對話說給孩子聽，讓他踏出害羞、怕生情緒。

此外，害羞、怕生的孩子總認為在一些場合，他是唯一心跳加速的

人，或是除了自己以外，其餘所有人都知道如何與陌生人交往。害羞的孩子要是知道每個人都有害羞的時候，他就能感受到寬慰一點。如果有人能夠「現身說法」，向孩子示範他是如何消除自己的緊張和羞怯的，孩子的收穫會更多。

每一個孩子都與眾不同，而只有家長才最了解他們，打開孩子心靈的金鑰匙也只掌握在家長的手中。想幫助孩子克服害羞、怕生的心理，最重要的一點就是要有耐心，耐心理解、耐心幫助，循序漸進。慢慢地，那些被羞怯心理困擾的孩子一定能夠從自我封閉的世界裡走出來，一定能夠充分地享受生活的樂趣。

讓「落單」的孩子融入群體

可以說，每一位家長都希望自己的孩子樂觀、開朗，生活豐富、多彩多姿，擁有愉悅的心情，真摯的友情。可是，在現實生活中，卻有一些孩子，他們個性孤僻、畏縮，整天躲在自己的「小天地」裡，皺著眉頭與天花板做伴。他們的生活圈也僅僅局限於跟自己的家人一起。小牧就是這些孩子的其中之一：

小牧的童年過得很孤單。因為爸爸在外地工作，媽媽又要每天上班，從牙牙學語開始，小牧的日常生活起居都是由保姆代辦。保姆畢竟不同於父母，他們能給孩子基本的照顧，但給不了孩子豐饒的內心生活，於是，可憐的小牧整天只能默默地跟玩具做伴。

在這種孤獨、自我且又寂寞的環境中，小牧度過了漫長的兩年時光。

後來，小牧終於上了幼稚園。媽媽發現，自己家的小牧跟別的小朋友相比，明顯不如人家活潑、開朗。他不敢靠近小朋友，更不敢跟小朋友交往。當別的小朋友在一起開心地玩遊戲時，小牧總是一個人躲得遠遠的，偷偷地觀察他們，眼裡充滿了羨慕與渴望，但就是不敢走上前去。老師跟

小牧說話，小牧也不敢正眼看老師，只會低著頭囁囁嚅嚅地在嘴巴裡說著什麼，一副瑟縮、不安的模樣。

小牧的情況，媽媽看在眼裡，痛在心裡。

調查顯示，生活中像小牧這種孤僻離群、沉默寡言、害怕與人交往的孩子還有很多。他們之所以養成這種個性，大多數不是緣自天生，而是因不當的家庭教育方式所致。如小牧這樣，因為從小缺乏與人交往，因此養成了孤僻、畏縮的性格，這種性格一旦養成，想要糾正必定有難度。

此外，如果家長對孩子過度溺愛，過度照顧和遷就，也可能讓孩子養成以自我為中心、孤僻的性格。比如蓁蓁——

蓁蓁的媽媽在 40 歲時才生下蓁蓁，對於這個女兒，她是「捧在手裡怕摔了，含在嘴裡怕化了」，寶貝的不得了。

因為擔心孩子萬一有什麼閃失，所以，家人很少讓蓁蓁出去玩，更不用說讓蓁蓁單獨與小朋友相處了。大部分時間，蓁蓁都待在家裡聽奶奶講故事或自己一個人扮家家酒。

小蓁蓁從小就習慣以自我為中心的「個人」生活，所以，對其他小朋友與外來事物都很排斥，很驚懼。

在幼稚園裡，蓁蓁從來不讓其他小朋友碰自己的東西，更不喜歡跟其他小朋友一起玩。老師反映說，不僅如此，蓁蓁對於團體活動也一點都不感興趣，總是自顧自地做自己的事，老師跟她說話，她也是一副冷漠、閃躲的模樣。

與小牧不同的是，從小習慣「中心人物」生活方式的蓁蓁，習慣於用自己的冷漠與閃躲來表現自己的孤僻、不合群。事實上，蓁蓁之所以迴避團體活動，不敢與人說話和交往，同樣也是內心驚懼所致，冷漠是孩子逃避新環境、拒絕新事物的一種方式。

當然，孩子的孤僻離群也有孩子自身的原因。比如，孩子本身的性格

特點：內向、拘謹、好獨處、不愛活動等，孩子本身具有這些特點，家長又很少讓他們出去與同伴一起玩耍，這樣容易養成孩子孤僻的壞習慣。孩子的挫折經歷可能是造成其孤僻離群的另一個原因，在與人交往中屢次遭到拒絕後，就會產生挫折感，因而尋求自我保護而不願與他人交往。

　　當今社會是一個群體合作的社會，任何一個人的成長與發展都離不開群體。對於孩子來說，同樣如此。因為，孩子個性和社會性的發展與完善，與其所在群體和所處的社會環境關係密切。如果一個孩子從小養成孤僻離群的性格，對其成長與發展是相當不利的。

　　首先，孤僻離群的習慣，影響孩子健康心理的養成，使得孩子難以應付各種複雜的人際關係，而變得自卑和羞怯，這在某種程度上一定會影響孩子成長。當這種孤僻的心理變得越來越嚴重時，孩子就會心理扭曲，對周遭事物產生「冷漠心理」，甚至是「仇視心理」和「報復心理」。不少走錯路的青少年就是因為心理的變化而逐步走向犯罪道路的。因此，家長應採取措施糾正孩子孤僻離群的壞習慣。

　　其次，孤僻、不合群的孩子難免被群體所排斥，失去被他人了解的機會，從而可能導致與成功失之交臂的結果。

　　另外，孤僻離群也影響孩子的社交能力。孩子與他人的社交能力也是在孩子參與社會交往的過程中，不斷得到鍛鍊和提升的。如果不及時改變孩子不合群的現象，那就會很大程度的影響孩子社會交際能力的提升。

　　總之，孤僻離群是孩子成長的大敵，專家建議，想讓孤僻離群、形單影隻的孩子融入群體生活中，家長應採取如下措施：

▶ **以身作則，為孩子創造良好的家庭環境**：良好的家庭氛圍主要表現在全家人的和睦相處上，家長疼愛子女，子女孝敬父母，彼此關心照顧，共同生活，這樣的家庭環境對孩子有一種凝聚力，孩子在這種氣氛中，潛移默化地學會與人融洽相處之道，其人格也會不斷完善。

▶ **鼓勵孩子走出家門，多與同伴交往**：家人不要太親近孩子，孩子應該與年齡相同的玩伴在一起，然後才能習得與人相處之道。如果總是與家人在一起，就會產生依賴式的自卑心理，將來步入社會就會感到很難適應。

從兒童身心發展的規律來看，一般孩子長到 3 歲時，就已經產生社會交往的欲望。這是孩子社會交往的萌芽期，在這個時期，家長應提供孩子與同伴交往的條件，鼓勵他們走出家門多與同伴交往，在交往中獲得豐富的社交經驗，得到社會生活的訓練，培養社交能力。

▶ **強化訓練，培養行為習慣**：可以安排一些活動，促進幼兒相互交往。如「對對坐，交朋友」活動，讓兩個並排對坐的幼兒結成一對，先交朋友，然後擴大交友範圍。這些坐在一起的幼兒相互接觸多，交往也就多了。另外在安排值日生時，也要考慮適當搭配，讓比較活躍的孩子與不合群的孩子組在一起，促進和帶動不合群的孩子轉化。還可以採用辯論、講故事、玩遊戲、畫圖畫等方法。當然，孩子的行為習慣、個性的養成不是一朝一夕的事，也不是一個故事或一項活動就能完成，要細水長流，持之以恆，反覆練習，不斷強化。

▶ **培養團體精神和集體榮譽感**：首先要讓孩子多參加一些團隊集體活動。讓孩子明白只有融入到團隊中，關心他人，關心團體，才能得到別人的關心，也才能真正變得快樂。

▶ **讓孩子克服害羞心理**：害羞心理，是孩子與他人良好交往的一個巨大障礙。害羞的孩子膽子特別小，不太愛表現自己，在社交場合顯得比較拘謹，與別人打交道時很少採取主動，不善於與別人進行有效的溝通交流。

▶ **培養孩子的自信心**：孩子只有與他人的來往多了，他才能更有自信心，才能更樂於與他人交往；孩子只有與他人的來往多了，他才能更有親和力，才能讓其他孩子更願意與他相處；孩子只有與他人的來往

多了，他才能較容易地學習和掌握交往的技能，才能避免在與人交往中的消極行為。因此，家長應該盡可能地為孩子打開生活空間，讓孩子與更多同齡夥伴進行交往。

▶ **特意教孩子交往的技能**：良好的社會交往技能對協調人際關係具有重要的影響。父母應重視培養孩子熟練地掌握、建立和保持友誼的社會技能，包括讓孩子順利地加入某個團體、對同伴表示讚揚和支持、恰當地解決衝突等等。如果父母重視培養孩子的社會交往技能，那麼孩子就會在社會性方面獲得較大發展。

研究顯示，合群的孩子在知識範圍、語言表達、人際交往等方面均明顯優於性格孤僻、不愛交往的孩子。因此，家長應抓住每一個教育的契機，讓「離群索居」的孩子融入群體，變得活潑、大膽、勇敢起來！只有這樣，孩子才能擁有一個美好的未來！

培養孩子與人分享的習慣

生活中，最受歡迎的孩子往往不是最漂亮的，也不是最會說會講的，而是有好東西能夠想到朋友，和朋友分享的孩子，也就是表現比較「大方」的孩子。因為孩子們對分享很在意，如果有人以分享的方式對他們示好，那個人將會受到歡迎，反之亦然。如果孩子們能夠從小學會分享，這將是他一生受用不盡的財富。

在獨生子女家庭中，很多孩子都表現出唯我獨尊、占有欲強，簡單來說就是「小氣」的特點。這些孩子不會分享，表現出「我的東西別人不能動」，「我的玩具別人不能玩」，「好吃的東西我自己獨食」等現象。他們不願意為別人設想，受限於「以自我為中心」的思考方式，無法顧及他人感受，以至於越來越利己，越來越自私。

現實生活中，沒有分享觀念的孩子並不少見。一旦孩子出現小氣行為

後，家長往往不分析原因就辯解：「家裡只有一個孩子，要是有兩三個孩子就知道分享了。」「長大就好了」。實際上，獨享在孩子小時候可能不是什麼大問題，但對孩子的發展不利。

首先，不懂分享影響到孩子的人際交往。小氣的孩子更容易孤獨。因為小氣，不願意分享，這些孩子往往陷入被孤立的情境中。他們的身邊鮮少有朋友，大家都不願意和他一起玩，這對孩子健康人格的塑造有深遠影響。

小氣的孩子本能地表現出一些自私、專斷的生活習性。對於接受與索取，他們欣欣然，但對於付出與分享，他們卻頗不以為然。即使表面上分享了，但實際上內心是極不願意的。於是，表現出不夠爽快、猶豫不決等現象。這樣的孩子讓人感覺缺乏魄力、沒有主見，從而讓人不信任，影響其今後的發展。

身為家長，我們應該幫助孩子改掉「小氣」的毛病。及早啟發孩子懂得分享、謙讓、溝通、心裡想著別人，這樣才有可能共享歡樂、互利互惠。也只有這樣，孩子在學校裡、社會上，才能更容易地與周圍人相處和合作；才能在當今這個資源共享的社會裡得到更大的發展空間。如果一個孩子從小就不懂得分享、專斷獨行，那麼，就很難擁有良好的人際關係，更談不上立足於社會。

那麼，家長應該怎麼讓孩子學會分享，並樂於分享，養成愛分享的習慣呢？

▌家長應該幫助孩子建立安全感

在物質比較豐裕的今天，這點不難辦到。因自我為中心的前提是匱乏，所以你給他滿足了，他在獲得安全感後，孩子自私的想法就會淡化。比如，若他只有一顆糖果，他當然不會想要把它分享給別人。但是如果他有很多糖果，他就會留下自己的部分，樂意讓別人去分享剩下的部分，當

他體驗到分享的快樂時，逐步減少他自己的分量，甚至與他人共享，是完全可以做到的。張媽媽經常在放學接兒子的時候，幫兒子帶很多小食物，要他分給小朋友們。剛開始兒子不肯，媽媽告訴他家裡還有很多很多，他才放心了。看到朋友們拿到東西時的喜悅，孩子慢慢開始變得熱心，會主動分發給每個小朋友。

家長對孩子應該加以積極正確的教育和誘導，樹立孩子正確的物質觀念

讓孩子學會與朋友分享一些東西，嘗試「給予」所帶來的快樂。告訴孩子，吃東西的時候，要把它分成三份，一份留給自己，一份留給爸爸，一份留給媽媽，等爸爸媽媽回家，就拿出來給爸爸媽媽吃，不要自己一個人獨自偷吃。如果家裡還有爺爺、奶奶和外公、外婆，那麼要把好吃的東西分成同等的幾份，讓每人都有一份。

透過換位思考，引導孩子與他人分享

從孩子懂事開始，家長就要讓孩子學著與別人分享東西。比如，在飯桌上，家長可以讓孩子學著幫長輩夾菜；鼓勵孩子幫爸爸媽媽拿東西；教孩子讓座給客人……讓孩子做這些力所能及的事，從中品味做有益於他人的事而帶來的喜悅。

有位母親是這樣教育孩子的：

週末，媽媽帶小小去公園玩。小小又累又渴，要求坐在路邊的椅子上喝點東西。

媽媽拿出了一袋餅乾和牛奶給小小。這時，媽媽看見一個小女孩也坐在旁邊，正看著小小吃餅乾。媽媽知道，小女孩也餓了，也許和她一起來的大人去幫她買吃的了。

媽媽對小小說：「兒子，給小妹妹吃點餅乾。好嗎？」

「不要，我要自己吃！」小小顯然有點不樂意。

媽媽耐心地引導小小：「寶貝，如果媽媽有事不在這裡，這位小妹妹有餅乾吃，你想不想吃呢？」

「想吃。」小小幾乎是毫不猶豫地回答。

「這就對了，現在你拿一點餅乾給小妹妹吃，下次媽媽不在你身邊的時候，小妹妹也會把好吃的東西分給你吃的。」

小小看了看媽媽，又看了看小妹妹，終於把自己的餅乾送到了小妹妹的跟前。

大多數孩子不願意把自己的東西分給別人，但他卻希望能夠分享到他人的東西。家長應該充分了解孩子希望獲得他人東西的心理狀態，透過換位思考，讓孩子站在他人的角度去思考問題，引導孩子與他人分享自己的東西。

家長可以讓孩子多結識大方的同齡朋友

大人有大人的世界，孩子有孩子的世界。與其說大人做榜樣是很重要的，那麼同齡人的帶領就更加重要！孩子會下意識地向同齡人學習和比較。如果孩子身邊的朋友大都是大方不計較的好孩子，那麼自己的孩子也不會太差！環境是很重要的因素。

讓孩子之間互通有無

有一個媽媽為了讓孩子學會善於分享，是這麼做的：

只要幫孩子買了他喜歡的玩具、畫本或圖書，這位家長都鼓勵孩子帶到學校去，且鼓勵他與其他孩子交換。媽媽教育她的孩子說：「只要你把自己喜歡的玩具借給別人玩，那麼，別人也會把好玩的玩具借給你玩，這

樣你們就會有很多好玩的玩具可以玩，也有很多的圖書和畫本可以看。」

慢慢地，這個孩子嘗到了分享的甜頭，以後，不用媽媽提醒，他都會把新買的玩具帶到學校，跟其他小朋友分享。

讓孩子與自己的家人一起分享

日常生活中，許多家長寧可自己受苦也不願讓孩子吃苦，有好吃、好玩、好用的，通通都讓孩子去享受。

我們經常會看到這種畫面：孩子誠心誠意地請爸爸媽媽或者爺爺奶奶一起吃好東西，家長卻堅決推辭，說：「你吃，你是孩子，我們是大人，大人不吃！」或者說：「叫你吃你就吃，裝什麼樣子！」就這樣，孩子與人分享的好意被父母給扼殺了。久而久之，孩子也就沒有了謙讓與分享的習慣了。

因此，想培養孩子與他人分享的習慣，最重要的是家長要先學會坦然地與孩子分享，成為與孩子分享的夥伴，讓孩子接受和別人分享的事實，讓孩子去發現分享過程中的樂趣和成就感。比如在家裡，父母可以讓孩子為每個家庭成員分蘋果、分橘子等，教孩子學會尊老，先分給爺爺奶奶等長輩，再分給爸爸媽媽，然後才分給自己。在分東西的過程中，孩子不僅學會了與人分享，而且明白了應該尊敬長輩、關心父母的傳統美德。

別讓孩子做「分享」的假遊戲

在生活中你是否經常見到這種畫面：

小寶貝正吃著自己最喜歡的東西，奶奶假意試探說：「乖乖，給奶奶吃一點。」小寶貝乖巧地跑到奶奶面前，拿著餅乾往奶奶嘴裡送，奶奶假裝吃了一口，說：「乖乖真乖，奶奶不吃，你吃吧！」孩子一看，自己的東西不但沒有被吃掉，還得到表揚，心裡喜孜孜。接下來，為了測試孩子

是否真的「大方」，爺爺、姑姑、爸爸、媽媽都會如此訓練一番。而孩子每次都很大方地配合大人們的「表揚」。他（她）料定，大人是不會真的吃自己的餅乾的。

因為知道獨享是自己的專權，孩子從小就不懂得有東西應該跟大人一起分享，從小就有了自私的觀念。這對孩子的成長是不利的。因此，想培養孩子的分享意識，家長請不要跟孩子玩「假吃真表揚」的遊戲。

在教育孩子學習與人分享時，家長要注意一定的原則和技巧。比如要讓孩子和別的孩子分享他所喜愛的玩具，切忌強迫，也無須向他講一些空洞的大道理。不妨可以這樣跟他說：「你玩一會兒，讓他玩一會兒，你們都高興高興的，不是很好嗎？」適當地引導孩子，積極有效地對孩子進行鼓勵、讚美，能讓孩子感到分享對他而言不是一種剝奪，而是一種增添更多樂趣的機會。當孩子較小時，家長不妨就對孩子進行這方面的「分享訓練」。比如，當孩子手中拿著畫本時。家長可以拿一個玩具，然後溫柔地、慢慢地遞給他玩具，並從其手中拿走畫本。透過這樣的反覆訓練，孩子便學會了互惠與信任。此外，家長還可以從側面出發，想一些比較特別的點子，讓孩子體驗到與人一起分享玩具可以玩出一些新花樣；可以體驗到更多的快樂，這樣做能吸引孩子自動嘗試與小朋友分享。

教育孩子學會與人合作

巴爾扎克曾說「單獨一個人可能滅亡，兩個人在一起可能得救。」林格倫也說：「在文明世界中的人們，真正需要學會的本領是有成效的合作本領，以及教會別人也這樣做的本領。」未來社會是一個競爭與合作並存的社會，「學會交往」、「學會合作」是時代賦予人才的基本要求。只有能幫助別人，與人合作的人，才能獲得生存空間；只有善於合作的人，才能贏得發展的機會。正所謂：「三個臭皮匠，勝過一個諸葛亮」、「三人

同心，其利斷金」。也就是說，一個人再有天大的本事，如果沒有合作精神，仍難成大事。對孩子來說，這個道理同樣適用。

歐洲心理學家阿德勒（Alfred Adler）說：「假使一個兒童未曾學會合作之道，他必然走向孤僻之路，並產生牢固的自卑情緒。」現在的孩子大多是獨生子女，家長的過度寵愛，容易讓一些孩子養成以自我為中心的習氣，而缺乏與人交往更讓一些孩子不懂得如何與人合作，這對他們今後的發展是不利的。因為，一個缺乏合作精神的孩子，不僅在事業上不會有所建樹，就連適應社會都很困難。身為家長，應從小培養孩子的合作意識和合作能力，使他們「在合作中學習；在合作中獲得勇氣；在合作中快樂成長。」

那麼，家長應如何教育孩子學會與人合作，培養其成功的潛能與爭取成功的勇氣呢？

激發孩子的興趣，培養合作意識

每個孩子天生就有很強的好奇心，家長要充分利用孩子的這一點，讓孩子感覺到與人合作是一件有趣的事，從小培養他們合作的意識。

注意培養孩子良好的性格

心理學家研究發現，一般情況下，有良好性格的孩子合作意識與合作能力都比較強，這種良好性格包括開朗、自信、友愛、平等以及探索精神，具有這種特質的孩子會主動與別人合作，而且會合作得很好。所以，培養孩子良好的性格是邁向合作的必備條件。

培養孩子的愛心、友愛、互助等品德

由於家長的溺愛、縱容，導致許多孩子處處以我為中心、任性、攻擊性行為較多，不願與人合作。還有的孩子受家長不良教育思想的影響，對其他小朋友不友善，如家長告訴孩子，別人打你你就打他，使孩子在與人合作中處處爭強、霸道。所以，發現孩子這方面有問題時，就要及時採取恰當的方法，配合糾正孩子的不良習慣。

讓孩子學會悅納別人

所謂悅納別人，是指自己從內心深處真正地願意接受別人。從實質上來說，合作是雙方長處的珠聯璧合，也是雙方短處的相互遏制。因此，只有相互認知到對方的長處，欣賞對方的長處，合作才有真正的動力和基礎。所以家長要常和孩子說「金無足赤，人無完人」這個道理，不能因為別人有這個缺點或那個毛病，就嫌棄他、疏遠他。在日常生活中，家長要教育孩子多看並善於發現別人的長處，對於別人的長處要誠心誠意地加以讚美。此外，家長自己平時在工作和生活中，也應堅持這種態度來對待他人，成為孩子的表率。

讓孩子多參加有利於合作關係的活動

家長可以讓孩子玩一些如共同搭積木、拼圖等需要協作的活動，還要鼓勵孩子參與如足球、籃球、排球、跳繩等體育活動。這些活動既有團體之間的對抗與競爭，又有團體內部的協調與一致，這就更有利於培養參與者的合作精神。

幫助孩子養成很好的合作態度

一般來說，在體育遊戲和角色遊戲中，孩子們的合作都比較好，但是在建構遊戲中，往往會出現合作的不愉快。究其原因，便是合作態度的問題，因為衝突往往發生在遊戲材料比較缺乏時，孩子們會將一部分遊戲材料據為己有，擔心一合作，自己的就沒了。這時，就需要家長與老師及時引導，幫助孩子消除顧慮，必要時家長或老師可以參與到遊戲中，示範合作，引導拒絕合作的孩子與自己一起游戲，讓孩子逐步養成良好的合作態度。

教孩子正確的合作方法

合作不是一個人的事情，所以不能隨心所欲。為了讓孩子更融洽地學會合作，家長應在具體的活動中教孩子正確的合作方法。

有一位幼兒老師是這麼教孩子的：

在一次教學活動延伸中，我讓孩子們分組合作做畫，要幫一棵大樹添畫樹葉，結果只有一組孩子在真正地合作，他們在商量分工，分別完成大樹的某一部分。而其餘幾組幼兒雖然都在同一棵樹上做畫，但卻在各行其是，並未真正合作。我便讓合作得較好的孩子向大家介紹他們的方法，然後再進行示範合作，結果孩子們馬上明白該怎樣和別人合作了。

由此可見，在活動中教孩子正確的合作方法非常重要，這能讓孩子更容易學以致用，以在今後的活動中懂得如何合作。

幫孩子解決合作中遇到的問題

如果在遊戲活動中，孩子大多遇到糾紛時得不到很好的解決方法，不是告狀就是吵鬧，這時就需要家長幫助孩子解決孩子之間的爭端。解決這樣的問題時，需要採取一種孩子喜歡並樂於接受的方式，不要傷害孩子的

自尊心。

▍向孩子充分展示合作的成果

家長應充分肯定孩子的每一次合作，哪怕是一點點成果，也要展示給孩子，讓他們體驗合作的快樂和成功，激發孩子們還想合作的願望，在家長與老師的積極引導和充分肯定中，孩子的合作意識和能力才能得到有效的培養。

綜上所述，孩子合作交往能力的培養在孩子發展中產生非常重要的作用。因此，身為家長要鼓勵孩子學會合作，不能太溺愛，要積極地創造條件，引導孩子去交往、去合作，多啟發他們，讓孩子從小與同齡孩子接觸，適應團體生活，讓孩子具備積極向上的心理，活潑、快樂、健康的茁壯成長！

培養孩子傾聽的習慣

人的一切活動都離不開「聽」，「聽」是孩子直接獲得資訊、提升自我最為重要的方式。很多時候，我們的孩子之所以驕橫任性，一方面是由於他不願傾聽，另一方面更是因為他不會傾聽。因此，要改變孩子驕橫、任性的不良個性，家長應從小培養孩子良好的傾聽習慣和傾聽能力。對孩子來說，良好的傾聽習慣，能讓他們一生都受益無窮。

首先，有效的傾聽能讓孩子理解他人的語言，從而更容易表達自己，以達到自身的目的。如果孩子不願傾聽，不善傾聽，不但有可能錯失良機，還有可能讓他們留下自滿、任性的不良印象，從而影響到他們的人際。

其次，有效的傾聽能幫助孩子博采眾長，彌補自己思慮的不周；也能使孩子觸類旁通，萌發靈感。善於傾聽的孩子通常學習能力都強，成績都

比較優異。而一個總在他人說話時插嘴的孩子，通常沒有認真聽課的習慣，注意力不集中，所以總在老師真正問問題時，什麼都不會。這樣的孩子，通常學習成績都比較差，思路跟不上課堂的進度。

第三，善於傾聽的孩子能獲得朋友的信任，是真正會交際、有教養的表現。善於傾聽的人能夠給別人充分的空間訴說自己，幫助他人減輕心理壓力。每當人們遇到不如意的事，總想找個人一吐為快。我們的傾聽，在別人不如意時往往會發揮意想不到的緩解作用。同時，善於傾聽，還可以了解到他人的心理想法與需求，能夠提出合適的建議。從而獲得友誼與信任。

第四，善於傾聽的人，常常會得到意想不到的收穫。蒲松齡因為傾聽路人的述說，記下了許多聊齋故事；唐太宗因為善聽而成明主；齊桓公因為細聽而善任管仲成就春秋霸業；劉玄德因為恭聽鼎足天下。

所以，從小培養孩子的傾聽能力，讓孩子養成良好的傾聽習慣，對孩子人生將產生不可估量的作用，對孩子素養的提升也會造成巨大的推動力量。學會傾聽，也就學會了尊重別人，學會了真誠處事，學會了關心，也學會了與他人合作。這樣的孩子能不讓人傾心嗎？

那麼，家長應如何培養孩子的傾聽習慣呢？一般來說，要培養孩子的傾聽習慣，家長可以從幾個方面入手：

▶ **利用「照指令行事」法發展孩子傾聽能力**：好動是孩子的天性之一，也是身心發展的一個階段。為此，家長可以用照指令行事的方法來發展孩子的傾聽能力。如：要求孩子聽指令做相應動作；在日常生活中交給孩子一些任務，讓其完成，以鍛鍊孩子對語言的理解能力；讓孩子根據某種音樂或節奏等，一邊看著大人的手勢，一邊完成某些動作或相應的行為等。

▶ **利用「聽辨錯誤法」來發展孩子的傾聽能力**：生活中，有的孩子聽一

件事時，只聽到其中的一部分就聽不下去了，這就說明傾聽的品質不高，聽得不仔細、不專心和不認真。因此，家長應有目的地讓孩子在日常生活中，判斷語言的對錯，吸引孩子注意傾聽，並加以改正。比如說「玉米棒長在地下，葡萄長在樹上」等錯誤語句，讓孩子傾聽後，挑出錯誤並改正。

▸ **利用「傳話法」發展孩子的傾聽能力：**傳話法可訓練孩子的記憶力和傾聽力，比如，請爸爸每天告訴孩子一句話，再請孩子告訴媽媽，這樣就逐漸培養了孩子仔細傾聽的能力，激發幼兒傾聽別人說話的興趣。

▸ **以身作則，用榜樣的力量影響孩子的傾聽：**身教重於言教，這是每一位家長都非常明白的道理，但在實際生活中，家長要真正做到這一點卻非常不容易。你要培養孩子養成認真傾聽的好習慣，理所當然自己要先有認真傾聽的習性。

▸ **在活動中加強、鞏固：**多讓孩子參加各種有益的活動，既要孩子聽清楚活動的內容、要求、規則及其他事宜，又要鼓勵他們尋找表現自己的機會，在適當的時機表現自己的才能。幼稚園可開展形式多樣的表演會、演講會、故事會、小新聞發布會等類似的活動，引導孩子認真聽同伴說話，鼓勵他們大膽踴躍參加表演。

▸ **讓孩子明白「傾聽」是表示自己尊重他人的道理：**在人與人交往的過程中，不能心不在焉，要嘛目標轉移，要嘛四處走動，應該認真傾聽。學會傾聽，不但能給他人自信，使自己獲得更多的信賴和友誼，還能更容易了解一個人！

當孩子慢慢地學會傾聽之後，必能認真思索他人的語言，以更努力反省自身的行為，獲得啟發與進步。這樣，孩子才會更容易地與人相處！

鼓勵孩子大膽表達

　　嚴浩是個內向、害羞的孩子，從小就不太愛說話。通常都是爸爸媽媽問一句，答一句，從來不會主動跟爸爸媽媽說話。在學校裡也總是自己一個人玩自己的，同學們在一起，大家都七嘴八舌地討論，而他總是保持沉默，問他為什麼，他總是低著頭，害羞地說：「我也不知道該說什麼。」有時，老師甚至都忘了班上還有一位叫嚴浩的學生。為此，嚴浩的爸爸媽媽很著急。

　　心理學家分析，許多內向型的孩子之所以不善言語，不敢在人多的場合說話，即便說話了，也可能詞不達意，或是說得斷斷續續，這與孩子的個性是大有關係的。因為，一般內向的孩子都害羞、膽怯、自卑、缺乏自信心，這些因素導致孩子不愛說話，也不敢說話。事實上，孩子的語言表達能力是訓練出來的，不管是內向型，還是外向型的孩子，都具有語言表達的潛力，就在於家長怎麼去挖掘了。只要引導得當、訓練有素，即便是內向型孩子，也同樣能夠變得開朗、健談。

　　那麼，家長應該怎麼訓練孩子的語言表達能力呢？

給孩子大膽的表達機會

　　想讓孩子膽子變大，身為家長就必須給孩子一個大膽的表達機會。如利用各種機會讓孩子說話；帶孩子到陌生環境中，鼓勵孩子與陌生人交流；到餐廳吃飯，請孩子去要餐巾紙，請孩子去找服務生要佐料；到超市買東西，請孩子付錢等。給孩子多一點與陌生人交流的機會，孩子自然就會勇於表達自己的想法和要求，同時也能增加孩子對陌生環境的適應能力。還有，大人之間說話，能讓孩子傳遞的就讓孩子傳遞，既顯得家庭氣氛活躍，也是鍛鍊孩子說話的大好機會。

給孩子足夠的信任

當孩子講話遇到困難時，請相信這只是暫時的；當孩子的口才鍛鍊遭遇「瓶頸」時，請相信他依然有潛力；當孩子失敗的時候，請相信他會用加倍的努力來獲得成功。對孩子來說，沒有什麼比父母的信任更能鼓舞他的勇氣、更能讓他保持自信了。

在孩子因為好奇而提一些稀奇古怪的問題時，耐心地跟他一起查找資料，解開他腦袋中的疑惑。在孩子吞吞吐吐、詞不達意時，給他一個溫暖的笑容，輕聲提示下面要說的內容。

適當給予引導

如果孩子無話可說，家長可用問題引導孩子：你最喜歡看哪個兒少節目？為什麼？這個動畫片裡你最喜歡誰？為什麼？你最喜歡幼稚園的哪個活動？你看怎麼辦？你的想法是什麼？…… 等。給孩子一個獨立思考並表達意見的機會，從而不斷提高孩子勇於講話的勇氣。

此外，家長還應做到不要滿足於孩子用手勢來表達自己的要求，而要引導孩子用語言表達自己的意願。透過實物和詞語對照的方法，便於孩子記憶；讓孩子經常重複發音；當孩子有需求時，鼓勵他用語言表達出來。

想讓孩子做到大膽發言，父母還應該耐心地傾聽孩子說話

孩子的思維經常是跳躍式的，想到什麼就說什麼，所以有時候他可能一句話裡說好多件事，表達好多個意思，或者自己胡亂把幾個意思糅合為一個意思。父母要耐心地聽他說完，如果你實在不明白他在說什麼，可以要求他再說一遍。你對他的話表現出興趣，他是非常樂意再複述一遍的。你在聽他說話時，留心他的表達方式，對於表達不準確的地方加以糾正。當然，要先聽完，再來糾正錯誤，不要隨便打斷他。有時孩子太急於告訴

你，說話語速過快，在表達過程中常常含糊不清，要停下來想一想，才能把自己的想法表達清楚，這時父母要有足夠的耐心去傾聽，不能因為嫌他說話費力而替他表達，或是打斷他的話語，甚至責備他。父母耐心地傾聽孩子說話，無形中也是對他積極說話的鼓勵。

激發孩子說話的興趣

鼓勵孩子玩遊戲或參加有興趣的活動，引導孩子觀察周圍不同的事物，認識一些新東西，豐富家長與孩子間談話的內容，孩子才會有興趣。在遊戲中，父母要多與孩子交流，引發孩子說話的興趣。

此外，家長還可以和孩子一起玩語言遊戲。家庭當中的語言遊戲很多，比如繞口令、兒歌、看誰說得快、你說我猜等。這些語言遊戲對於孩子語言能力的提升是有很大幫助的。

在孩子年幼時，家長要多說故事給孩子聽

教育家說過：「故事與兒童的情感有交流作用。很明顯的，故事中所描述的對象，大都是有生命的。尤其是『擬人』或『擬兒童』的方式最為普遍。人性的表現，往往讓故事中的人物與讀者、聽者或講者之間發生情感上的交流。這種情感的接近與交流，把故事中人物的喜怒哀樂，他的奇遇，他的危險，他的成功，他的失敗，所有這一切，都轉化為我們自己的喜怒哀樂，自己的奇遇，自己的危險，自己的成功與失敗，把自己的情感投射到故事之中，便是兒童乃至成人所以愛好故事的原因之一。」

講故事的時候，家長不要一味地想把故事講完，而是要注意孩子的情緒和反映，跟著孩子的反映來調整講故事的語言和速度。

比如，剛開始時，家長可以這樣說：「今天，我們來講一個故事。很久很久以前，有一個 ⋯⋯」中間故意停頓，然後問孩子：「有一個誰

呢？」有些孩子可能會說：「哪吒！」這表明孩子想聽哪吒的故事，或者孩子對哪吒很有興趣，這樣，父母就可以講哪吒的故事給孩子聽。在講的過程中，還可以故意停下來，讓孩子自己想像，這樣，既激發了孩子的思維，又促進了親子溝通。

德國詩人歌德年幼時，他母親就常常講故事給他聽。但是，母親每天都是講到最驚險處就停下來，以後的故事讓歌德去想像。

年幼時期的歌德為此做過多種設想，有時他也和奶奶一起談論故事情節，然後再等待第二天故事情節的發展。

第二天，母親在講故事前，先讓歌德說說自己是如何設想的，然後，母親再把故事情節講出來。這樣，歌德與母親的情感非常融洽，同時，想像力和思維能力都被培養出來，這也為他以後創作小說打下了良好的基礎。

孩子所編的故事往往能夠反映出他對什麼樣的事情感興趣，家長聽了孩子編的故事，可以從中了解孩子的想法。

▍透過音樂培養孩子的語言能力

音樂的強烈感染力可以幫助孩子豐富詞彙，學會語言的各種表達方式。父母可以為孩子選擇一些優秀的兒童歌曲或童謠，讓孩子在音樂的幫助下學習語言。可以讓孩子一邊聽，一邊跟著唱，從而促進孩子語言的發展。

除了以上的語言訓練法以外，家長還應注意尊重孩子的表達習慣。因為，內向型的孩子總是出言謹慎，他們在經過深思熟慮之後才會開口表達。因此，身為家長要尊重孩子的言語習慣，不要心急去打斷他的話，也不要一下子提很多的問題，這會讓他緊張而語無倫次。試著跟孩子聊一聊你一天的生活，如果你表現出輕鬆隨意，那麼他也會比較有自信，且樂於

與你交流。

總而言之，要提高孩子的語言表達能力，父母是關鍵。只要父母們重視培養孩子的當眾講話能力，運用合理有效的訓練方法，循序漸進，持之以恆，就能培養出一個勇於且善於表達的孩子，收到令人滿意的效果。

教孩子與人交往的禮儀

在生活中，我們常常看到一些孩子，因為不懂得社交禮儀，不懂得基本的文明舉止，在公共場合，他們總是肆無忌憚地跑來跑去，大吵大鬧；見到熟人不會打招呼、不會禮貌用語、不懂得致謝；一到正式的社交場合就不知所措；此外，還有一些孩子會用粗話罵同學、去同學家作客隨便翻東西 …… 孩子之所以出現以上的行為表現，與家庭教育有非常緊密的關聯。

首先，家長缺乏引導。

在孩子的成長過程中，很多家長只關注孩子智力、學業的發展，忽視了孩子禮儀、禮節、禮貌的教育。致使一些孩子不懂禮貌，蠻橫無禮！

還有許多家長雖然能意識到培養孩子禮貌的行為，讓孩子學會跟別人打招呼、問好、道謝等，但沒有告訴他這麼做的重要性和意義。這樣，孩子缺乏目的指引，自然不會養成自覺的行為習慣。

其次，家長自身的行為缺乏說服力。

如果家長平常不注意用「禮貌」去要求自己的言行，反而告訴孩子要懂禮貌，這對孩子而言，是強人所難。但如果家長自己有禮貌，家長互相之間有禮貌，之後要求孩子也這麼做，孩子自然而然很容易就學會了。

第三，家長忽視了「禮貌」的重要性。

孩子年齡尚小，分辨「對」「錯」的能力不強。而家長們往往以為孩子說髒話、亂翻別人東西等都是一些小事情，不需要斤斤計較。只要孩子

功課好，這些小問題都可以忽略。於是，在生活中，這些家長對孩子不禮貌的行為總抱持睜一隻眼閉一隻眼的態度。正是家長的這種態度，導致孩子的行為越來越惡劣！

第四，教育方法失當，讓孩子體會不到遵守禮儀的快樂。

父母教育方法不對，使快樂的禮儀學習變成了一件讓孩子痛苦的事情。孩子由於以往痛苦的經驗，一方面痛恨社交，一方面更排斥所謂的禮儀。

得體的禮貌、文明的行為舉止是孩子與人交往的前提。是他們能否與人成功交往的關鍵因素。從小培養孩子文明的舉止和得體的禮貌，對孩子良好素養的培育有很大幫助，能為孩子今後的發展奠定基礎。

對於孩子來說，基本的社交禮儀必須從小學起，在生活中一點一滴建立。家長可以從以下幾個方面入手：

▸ **父母要為孩子樹立榜樣**：古語說：「己正而後能正人。」身為父母若要孩子禮貌待人，首先自己要做表率，父母對孩子的影響最直接、最深刻。父母的身教是對孩子最生動、最實際的教育。父母應充分利用家裡來客的有利時機提醒孩子，示範給孩子看，使孩子在親身體驗和實踐中理解文明、禮貌、熱情的含義，並透過父母的行為潛移默化地影響孩子，使孩子在耳濡目染的環境中，逐步養成禮貌待人的品德。

▸ **為孩子講解待客的「規矩」**：父母要為孩子講解待客的「規矩」，讓孩子懂得一定的行為規範。如親友來訪時，聽到敲門聲要說「請進」；見到親友要照稱謂主動親切問好；拿出點心，熱情地請客人吃，不應表露不高興的樣子或獨自去吃；當大人談話時，小孩不應隨便插嘴；有小客人來，應主動拿出玩具與小客人玩；共同進餐的人未完全入席前，不得動餐具自己先吃；客人離開時要說「再見」，並歡迎客人再來。

▶ **鼓勵孩子直接參與接待**：家裡有客人，孩子通常很興奮。我們不能冷落孩子，要讓孩子感受到自己是家庭中的一員，是小主人，待客要禮貌、熱情。可以讓孩子參與一些力所能及的待客活動，透過直接參與，讓孩子待客的動作和技巧得到練習並逐步養成行為習慣。

▶ **對孩子的表現做出評價**：別人的反應通常是刺激孩子學習的最佳催化劑。客人在時，父母對於孩子良好的表現可做出表揚、鼓勵的表示；客人走後，父母也可以對孩子的表現做出評價，肯定做得好的地方，指出不足以及今後要注意的地方。這裡需要指出的是，孩子在接待客人中出現了失誤，如打碎了茶杯、弄髒了飯桌，父母千萬不要當面批評，要保護孩子的積極度，對待孩子的過失要重動機輕後果，要原諒他們由於缺乏經驗而出現的失誤。

▶ **要幫助孩子確立自尊與尊重他人的意識**：自尊就是自己尊重自己，不容受到侮辱和歧視，維護自己的人格和尊嚴，爭取獲得好的社會評價。一般人都有自尊心，欲自尊須先尊重他人，遵守社會秩序，注意文明禮貌。

▶ **要幫助孩子掌握必要的文明禮貌常識**：這包括兩方面的內容：語言和行為。文明禮貌語言要求不說粗俗的話，日常用語包括「您好」、「早安」、「見到您非常高興」、「歡迎光臨」、「晚安」、「再見」、「歡迎再來」、「對不起」、「沒關係」、「謝謝」、「請」……等等。文明禮貌行為包括交往行為和環境行為兩種。交往行為包括見面或分手時打招呼、握手、與人交談時眼神、體態和表情要表現出對對方的尊重；與別人說話時要用眼睛看著對方，這也是一種禮儀，如果與別人說話眼睛卻看著旁邊，是不禮貌的行為。文明禮貌的環境行為，像是要求遵守公共秩序和社會道德，如愛護公共衛生、不隨地吐痰、不亂丟紙屑果皮；穿著樸素大方整潔、頭髮乾淨整齊；不打架罵人；待人態度熱情和藹；遵守交通規則；乘車時主動購票，讓路讓座給老、幼、

病、殘、孕婦及師長，不爭不搶座位；購物時照順序排隊；愛護公共設施、文物古蹟；觀看演出和比賽時，不起鬨擾亂，做文明觀眾等。

▶ **教孩子學會準時**：準時是一項很重要的基本禮儀，教孩子準時要靠言傳身教。即使由於某種原因而遲到，也是對等待者的不尊重。如果父母經常遲到，孩子也會跟著仿效。「言必信，行必果」，孩子如果從小就在這樣的氛圍中長大，就會養成準時、守信、負責的好品格。

▶ **讓孩子學會餐桌禮儀**：父母應讓孩子學會飯前洗手，就餐時不隨便亂跑，聽從主人的安排，不可隨便挑食，也不能隨便亂吐東西，更不要在餐桌上隨便亂說話。

▶ **教孩子學會讚美和被讚美**：很多人都想要獲得別人的讚美，自己卻吝嗇稱讚別人。一般來說，那些經常接受讚美的人更願意讚美別人，而更願意讚美別人的人擁有更好的人際關係和幸福指數。父母可以透過捕捉孩子成長中的點點滴滴，多多讚美和表揚孩子，這樣會激發和樹立孩子的自信。當然，教會孩子禮貌面對讚美也是非常重要的，如當孩子受到讚美時，應教孩子說聲「謝謝」。

此外，還應讓孩子懂得，直接否定別人的讚美是不禮貌的行為。如「你的這件衣服很漂亮」，回答：「我一點都不喜歡」。

文明禮貌習慣看起來是一種外在行為表現，實際上它與人的內心修養，尤其是與一個人是否具有自尊與尊重他人的意識有十分密切的關聯。身為家長，要根據孩子的實際情況，從小處著手，把孩子培養成一個謙遜溫和、懂禮儀的人。

放手讓孩子自己解決與同伴之間的衝突

和成年人一樣，孩子們在一起玩耍時也經常會遇到一些小爭端、小衝

突。而這也是大人最為頭痛的一個問題！在應對這種問題時，許多家長會採取兩種比較極端的方法來解決，一是極其維護自家的孩子；另一是極力要求自家的孩子學會謙讓。這兩種方法都不能達到真正的教育目的。前一種做法可能會引起另一方家長的不滿，使爭端更嚴重，從而傷了兩家大人的和氣，還有可能是自己的孩子變得無法無天或怯懦、事事都依賴大人；後一種做法可能會傷害自家孩子的自尊心，使孩子變得自卑、怕事、缺乏安全感。這兩種方法對孩子的成長都是不利的。

其實，孩子們在一起玩耍，有衝突、爭吵是普遍而自然的現象。現在的孩子絕大多數是獨生子女，他們個性倔強，是每個家庭中的「特殊人物」，所以容易養成不合群、只顧自己、獨占一切的壞習慣。他們在一起玩耍，爭吵是難免的，從孩子心態而言，他往往以自己為中心，不了解別人的心理和要求，不容易接納同伴的意見，常常是透過爭吵的形式來爭辯說理，來了解對方的想法。另一方面，孩子透過爭吵來激發自己表達內心世界的語言，從爭吵中學習說話，學會忍讓、寬容、接納別人。孩子通常不會像大人一樣因利益衝突而記恨對方，他們爭吵以後會馬上和好，往往大人氣還沒消，孩子又一起玩了。

因此，家長應該放手讓孩子自己去解決糾紛。對於孩子來說，解決衝突的過程，正是他們健康成長、走向成熟的過程。

在一家肯德基裡，3 歲的冬冬和 28 個月大的妮妮在爭搶一輛購物手推車。推車是冬冬和媽媽剛在大賣場裡買的，在餐廳就餐時，被妮妮看中了就推去玩。當妮妮把車推到冬冬可以容忍的範圍之外時，冬冬便上前試圖要拿回車子。他並沒有開口，只是伸手來拉車子；而妮妮似乎還不太會用語言表達自己的意願，於是抓著車子不放手。妮妮的外婆立刻出面喝斥她：「怎麼這麼霸道？小哥哥要拿回去，趕快放手！」妮妮顯然不願意就此放棄，對外婆的話充耳不聞，兩個寶寶就僵持不下，一輛小推車在他們倆中間移來移去。

冬冬的媽媽請妮妮的外婆退下來，留空間給他們自己解決問題。僵局持續了大約 5 分鐘，冬冬向媽媽求助：「媽媽，我要回家。」媽媽微笑著上前，給兩個寶寶提出一個建議：讓妮妮送小哥哥，倆人一起把車推到餐廳大門外，然後告別。

兩個寶寶都表示同意，齊心協力把小車推到餐廳門外。走出餐廳幾步，妮妮便自動鬆開了手，冬冬大大方方地對她說：「再見」，就推著小車跟媽媽一起回家了。妮妮的外婆點頭稱讚：「還是這位媽媽有辦法。」冬冬對媽媽的做法很滿意，承認自己本來想憑力量搶奪是不能解決問題的，因而對媽媽更信任了。這樣的結局可謂皆大歡喜，既讓兩個孩子都開心，又沒給對方的家長增添麻煩，自己也能順利從爭端裡走出來。

每個孩子對於自己感興趣的東西都是不願輕意放棄的，孩子對自己物品的捍衛也是執著的。如果家長採用強制手段迫使他放棄，孩子根本不明白「謙讓」的道理，只會覺得委屈而大哭。

故事中，冬冬媽媽的做法非常正確，她很巧妙地給出一個中立的建議，讓兩個孩子一起推這輛車，且給出一個限定的距離。這個中立的建議得到了衝突雙方的認可，給兩個孩子一個臺階下。於是，本來相反方向用力的兩個孩子，朝同一方向使力。妮妮達到了推一會兒車的目的，孩子也如願很快地拿回了車子。

其實，孩子之間的衝突未必有多大，反而是家長的不正確介入會使爭端由小變大。因此，當孩子之間出現衝突時，家長最好的做法就是鼓勵孩子去面對它，放手讓孩子自己去解決，而不是迴避它。

引導孩子自己解決與同伴之間的衝突時，家長可以做到：

引導孩子，傾聽對方的陳述與觀點

要培養孩子自己解決衝突的能力，家長應考慮怎樣引導孩子，應注意培養孩子化解爭端的責任感和能力，使孩子在調解衝突的過程中學會傾聽對方的陳述和對方的觀點。一旦孩子學會傾聽多方面的意見和觀點，就具備了解決問題和化解衝突的能力。當孩子能夠順利地解決爭端，而不是採取被動或侵犯的方式時，就懂得了必須照顧每個人的需要。這樣，各方就能在最小衝突的情況下和平相處。

幫孩子認知發生衝突的原因，以想辦法解決問題

孩子間起了紛爭，家長可以先讓孩子說出發生爭執的原委。一旦了解事情的真相，家長可以針對性地幫助孩子們認知他們之間發生衝突的原因，尤其是他們各自存在的問題。可以告訴孩子，哪些行為是不友好的表現，不能因為別人先做錯了，自己就可以做不好的事情。然後在孩子們都認知到自己的問題後，讓他們學會向對方認錯、道歉。

在這個過程中，家長應多用「你有什麼好的意見？」「你覺得你們應該怎麼做？」等提問，讓孩子感受到自己有權利也有責任去思考如何解決自己的問題。

讓孩子自己面對衝突，教孩子使用一些較合理、較成功的方式來協調關係

公園裡，3歲的林林見茵茵小姐姐在鞦韆上玩得不亦樂乎，他也想玩，但茵茵就是不肯下來。沒辦法，林林只得到媽媽那邊求助，希望媽媽叫茵茵下來，讓自己也能玩一會兒。

孩子之所以喜歡找成人解決問題，主要是他們害怕與其他小朋友打交道。其實，孩子很多時候比成人想像中的還更懂道理，只要家長告訴他

們：「玩具要和大家分享。」或者讓受委屈的孩子直接對小朋友提出「我們應該怎麼做」的建議，這樣會讓他更有自信。下一次，他也就有勇氣自己去處理和小朋友之間的衝突了。

對孩子來說，自己解決衝突和糾紛，正是自我鍛鍊的絕佳機會。孩子們正是透過辯解、說理和爭吵，了解自己和他人，學會進攻與忍讓、鬥爭與妥協的藝術，學會如何去面對勝利與失敗。在解決與夥伴間衝突的過程中，能更獨立自主思考，使自己的交際能力不斷提升。同時，在解決糾紛的過程中，孩子慢慢地了解「自我」與「他人」的關係，知道蠻橫、不講理，任性和霸道，在社會上是行不通的。並從中學會與人相處、妥善處理問題的方法。

其實，每個孩子說到底都屬於社會，總有一天他會走向複雜的世界，到那時人際間的各種衝突遠比現在小朋友之間的糾紛要複雜得多。做父母的不可能永遠充當孩子的「保護傘」。

因此，應拒絕替孩子「善後」，要及早放手，自己做事自己當，靠自己的智慧去解決與同伴之間的衝突和糾紛，這才是家長最明智的做法。掌握解決人際衝突的藝術，是成功人生必備的本領。

第六章
孩子的勇敢是「鼓勵」出來的

　　每個孩子都有膽小、畏縮的時候，面對孩子膽小、畏縮的表現，很多家長都會唉聲嘆氣。埋怨自己的孩子過於怯懦，沒出息；抱怨自己的孩子缺乏膽量，錯失良機；更有一些家長索性認定孩子的生性「膽小」，成不了大事，從而置之不理。

　　其實，孩子勇敢的性格不是一朝一夕就能培養出來的，它需要的是家長的信任和鼓勵。對孩子來說，家長的信任和鼓勵是他們獲得自信和勇氣的最佳營養品，在家長適當的引導與鼓勵下，孩子必定能夠戰勝怯懦，在人生浩瀚的大海中力挽狂瀾，勇往直前。

賞識孩子「勇敢」的表現

每位家長都希望自己能有一個勇敢的孩子，然而，並不是所有的家長都懂得用適當的方法將孩子培養成一位勇敢、遇事有主見、有魄力的人。這是生活中常見的一個事例——

4 歲的敏敏正和小朋友們在一起玩耍，奶奶非常不放心地盯著她，就怕她不小心摔倒了、受傷了。

這時，小弟弟侯亮不小心推了敏敏一下，敏敏一個踉蹌，摔倒在地上。倒地之後，敏敏皺著眉頭，才剛想自己爬起來，不遠處的奶奶就心急如焚地跑了過來，十分心疼地抱起敏敏，一邊反覆詢問她痛不痛，一邊抬起頭惡狠狠地責備侯亮。侯亮嚇哭了，而敏敏見有奶奶幫自己「說話」，也索性大哭了起來。小朋友們看到敏敏與侯亮都哭了，便也驚慌得四散而去，剛才孩子們玩耍，大人們看著的溫馨場面頓時無影無蹤。

以後，小朋友們再也不喜歡跟敏敏一起玩了，因為她有一個「壞奶奶」。

上面這則故事在現實生活裡可以說屢見不鮮，正因為家長過度的關心和保護，讓孩子變得越來越脆弱，這樣的孩子一旦離開家人，就會變得膽小、畏縮，不知道該如何應對困難與挫折，更不懂得如何與自己的朋友們相處。長此以往，對孩子的成長非常不利。與敏敏的奶奶不同，同樣是孩子摔倒，小戴的爸爸媽媽卻採取了不同的教育手段：

3 歲的小戴正和朋友們在一起玩耍，他們的父母就站在不遠的地方，一邊聊天，一邊不動聲色地觀察著小戴的表現。

這時，小戴跑著跑著，突然腳下一滑，摔倒在地上。倒地之後，小戴撇著嘴巴，「哇哇」大哭起來。爸爸媽媽聞聲而來，在小戴的面前站著，爸爸鼓勵小戴：「寶貝，自己站起來，爸爸知道你是一個小小的男子漢！」

小戴抹去眼淚站了起來，媽媽開心地稱讚道：「小戴真是一個勇敢的孩子！媽媽為你驕傲哦！」小戴聽了媽媽的表揚，終於破涕為笑了。

小戴的父母無疑是明智而有方法的。同樣身為家長，他們對孩子的愛顯然不會比敏敏的奶奶還少。但是，在孩子摔倒之後，他們不是急著去追究別人的責任，過度去呵護孩子，而是鼓勵孩子勇敢地去面對自己遇到的問題，對於孩子勇敢的表現給予充分的賞識，這樣做，比一味地保護要有效得多。

那麼，家長應如何做到賞識孩子的勇敢呢？

首先，對孩子的事切忌包辦、代替。

許多情況下，父母的過度照顧、擔心和保護，成了孩子的沉重負擔。因為怕摔倒，孩子十幾歲了，還不讓他們學騎腳踏車。尤其是許多母親，孩子一離開自己的視線，就會想像出各種危險可怕的情景：一會兒在路上被汽車撞；一會兒游泳被水嗆到。總之，一百個不放心。

古人說，世上不會有怕孩子摔跤而不讓孩子學走路的媽媽。然而，現在真有不少因噎廢食的父母。因為怕孩子跌倒、撞到，怕車禍，怕走失，於是給孩子設置了許多禁區，不許摸電器；不讓碰爐灶；老大不小了，還不許單獨外出；已經上國中了，還不許單獨坐公車；不許自己去公園等。

在過度保護中長大的孩子，往往會優柔寡斷、膽小怕事，沒有勇氣面對困難的精神，也缺乏獨自處理實際事務的能力。

要了解孩子在各個年齡階段普遍具備的各種能力。知道在什麼年齡，孩子應該會做什麼事情了，那麼就可以放手讓孩子自己去做。只有獨立自主的孩子，才會變得勇敢。

其次，對於孩子勇敢的冒險精神，家長應給予欣賞並加以適當的引導、保護。

有一次，軍軍看到建築工人在屋頂上施工。回到家，他對爸爸說：

「我想到屋頂上去！」

「到屋頂上幹什麼呢？」爸爸問他。

「那裡高，我想到高處去！」

「喔，你的想法不錯，而且很勇敢，那你想怎麼上去呢？」

「我爬梯子上去啊，爸爸幫我裝好梯子，我就可以上去了！」軍軍很自信地說道。

「嗯，爸爸可以幫你裝梯子，不過你要答應我一個條件。」爸爸說。

「好吧，你說什麼條件？」

「爬梯子和到屋頂上都很危險，小孩子不能自己來，所以爸爸必須和你一起上去，保護你不受傷害，你說怎麼樣？」軍軍想了一會，答應了爸爸。

在爸爸的保護和幫助下，軍軍終於爬上了屋頂。他站在屋頂上興奮地大聲喊叫，臉上洋溢著成功的滿足。

這裡需要提到的是，家長在對孩子進行性別角色教育時，應注意鼓勵男孩子勇敢剛毅的表現。男孩子喜歡登梯爬高，家長不應該拒絕，更不要大聲嚇唬孩子：「掉下來就沒命了！」這樣會讓孩子的膽量越來越小。這時，家長應該對孩子的勇敢精神大加讚賞，同時要讓孩子清楚了解到只有在大人的保護下才能爬高的道理。這樣既培養了男孩子勇敢的性格，又讓孩子增加了安全意識。

第三，在賞識與強化孩子勇敢行為的基礎上，主動去培養孩子的勇氣。

有一次，媽媽帶 4 歲的強強到公園玩。強強高興地在公園的草地上跑來跑去，像一隻脫韁的野馬。一會兒，他跑累了，就躺在草地上，打滾起來。突然，聽到強強尖叫一聲，媽媽趕快跑過去，只見他臉色慘白，一把抱住媽媽，驚恐地叫：「有一隻蟲，我害怕！」媽媽走近那塊草地，仔細

找了半天，才看見有一隻 2 公分長的綠色蟲子。

媽媽把蟲子抓起來，放在掌心，然後對兒子說：「這隻蟲沒什麼可怕的，牠不會咬人，是隻草蟲。」

聽到媽媽這麼說，強強才敢湊過去，仔細地看著蟲子。

「來，把蟲子抓起來。」媽媽說。

強強一聽，嚇得倒退了兩步，一邊揮手一邊對媽媽說：「我不敢，我不敢！」

「不用怕，你是男子漢，還害怕一隻小蟲？」媽媽鼓勵強強。

強強聽到媽媽的話，鼓起勇氣走過去，小心翼翼地用手碰碰媽媽手心裡的蟲，見牠沒什麼反應，慢慢地抓了起來。

「強強真勇敢！」媽媽高興地對強強說。這時，強強看著被自己抓在手中的蟲子，也高興地笑起來。

父母是孩子最好的老師，父母的表現對孩子的影響是最深刻的。在培養孩子自信勇敢的這方面，父母必須做好表率，不但不要自己表現出驚懼與害怕，更應該讓孩子克服膽小，變得勇敢。

總之，孩子的膽量，要從小培養；孩子的勇敢精神，應從小訓練。要鍛鍊孩子勇敢的個性，家長應該多鼓勵孩子去探索，而不是處處阻攔，什麼事都嚴格控制。更不要對孩子百般不放心，總以為他們做不好事情。應該信任孩子，給孩子適當的引導與鼓勵，賞識孩子的勇敢行為，並糾正其盲勇的表現，這樣，才能讓孩子得到鼓舞，並培養出勇敢堅強的性格。

給你的孩子貼上勇敢「標籤」

上文我們提到，孩子對自己的認知往往依賴於周圍的人，尤其是家長對自己的評價。對孩子來說，家長是他們最親近、最信任的人，家長說的

每一句話，都會對孩子的心理產生舉足輕重的影響。正如日本腦科專家七田真教授所言：「每個孩子都會成長為父母們想像中的樣子，積極的態度塑造出積極的孩子，而消極的態度，也一定會塑造出消極的孩子。」因此，想要孩子獲得「勇敢」的性格，家長還可以給孩子貼上「勇敢」的標籤，這能讓孩子從內心裡產生勇敢的自我評價，從而忘記怯懦。

以下有一個有趣的故事——

第二次世界大戰期間，美國政府曾招募了一批行為不良的年輕人到前線打仗，這些人紀律散漫、不聽指揮，讓指揮官們頭疼不已，為此，美國政府特派了幾個心理學專家幫助他們。經過觀察後，心理學專家便召集這些士兵，告訴他們家裡的親人十分掛念他們，特別強調他們每人每星期都要寫一封信給家裡，信的內容是告訴親人，他們在前線如何勇敢，如何服從指揮和建立戰功。為了讓士兵們減少麻煩，心理學專家幫他們擬好了信的內容，他們只需照抄一遍即可，每次的內容都幾乎相同。

幾個月之後，令指揮官們大為頭痛的士兵竟一個個都變了樣，變得像信中說的那麼勇敢和守紀律。

是什麼力量使這些士兵奇蹟般地都變「好」了呢？就是那「勇敢」、「守紀律」、「立戰功」等標籤的激勵作用。在心理學中，這種把某人貼上某種「標籤」，容易導致此人產生與標籤一致行為的現象，稱為「貼標籤效應」。這些標籤不一定能從客觀上反映這個人是什麼，但它卻能在某種程度上決定這個人將會「變成」什麼。美國心理學家貝克爾（Howard Saul Becker）說過：「人們一旦被貼上某種標籤，就會成為標籤所標定的那種人。」

對孩子來說，他們的性格尚在剛成形階段，他所接受的每一種資訊都是養成他性格的因素。如果家長給孩子貼上「勇敢」的標籤，就能激勵孩子養成勇敢的性格，而給孩子貼上「膽小」的標籤，則容易讓孩子膽小的性格更難改變。所以，在家庭教育過程中，為了讓孩子變得更加勇敢、大

膽，父母就應該給孩子貼些具有激勵勇敢作用的標籤，而不應給孩子貼那些會讓孩子膽小的消極標籤。

以下的兩個例子足以說明這個問題：

事例一：

> 門鈴響起，媽媽打開門，進來的是同事張阿姨。媽媽請張阿姨進門。這時，4 歲的小唯正高興地玩著遙控汽車。他拿著遙控器，追著玩具汽車跑，從阿姨和媽媽之間穿過。媽媽一把抓住他：「你這孩子，這麼不懂禮貌！快，向阿姨問好！」
>
> 小唯嚇了一跳，傻傻地愣住了，囁囁嚅嚅地，一時不知怎樣開口打招呼。
>
> 媽媽很尷尬，一股腦兒抱歉地對阿姨說：「這孩子一向是這樣，見到陌生人都不敢說話，膽小的要命。唉，真不知道膽子這麼小的孩子以後會有什麼出息。」說著兩人進了屋，留下小唯一個人愣在那，沒心思玩了。
>
> 從那之後，只要家裡來了陌生人，小唯都會膽怯地躲到一旁去。這讓小唯的媽媽更加確信自己的孩子是個膽小、沒有出息的人。為此非常挫敗！

事例二：

> 有一次，一位媽媽去幼稚園接孩子，順便向老師問起孩子在校園裡的表現情況。老師對這位媽媽說，您的孩子很聰明，只是有一個習慣不太好，就是本來會做的事、會唱的歌，但只要老師請他到同學面前做，他就會找各種理由拒絕，即使勉強答應，也是扭扭捏捏，或很小聲，或不敢向前看。
>
> 就在這時，孩子從教室往這邊跑來，這位媽媽便對孩子說：「你看，老師正在誇你呢！說你現在進步好多喔，非常勇敢，老師問誰幫大家唱首歌？你就會把手舉得高高的，然後勇敢地到前面去唱，老師還要你當『小歌星』呢！」老師也連忙附和稱是。
>
> 這時，媽媽發現孩子臉上呈現出很得意的神情，沒想到後來這番話出現了意想不到的效果。從此以後，孩子果真變了樣，過去那種忸怩的神態不見了，後來還代表幼稚園參加聲樂大賽。

同樣是孩子膽小的表現，兩個媽媽的教育態度卻迥然不同，小唯的媽媽只盯著孩子的缺點，在他人面前公然認定自己的孩子膽小、沒出息，這讓小唯也認為自己就是這種人，長期生活在這種消極的評價之下，孩子不但會變得越來越膽小、自卑、怯懦，還可能因此心生怨意，影響了親子之間的感情。而第二位媽媽就顯得智慧多了，她沒有因為老師對孩子的消極評價而惱羞成怒，反而透過「失真」的誇讚引導孩子向自己希望的方向發展，從而讓孩子變得勇敢、大膽。

　　以上兩則故事告訴我們，做家長的，與其蠻橫地對孩子的行為做出以偏概全的論斷，讓孩子心理受創傷，進而影響行為，不如給他一些好的評價，讓他鼓起勇氣，改正不足。比如，希望孩子大膽活潑些，就別老當著孩子的面和別人訴苦：「他就是太膽小，一有陌生人就什麼話都不敢說了。」這些話沒辦法真的幫孩子改正缺點，卻等於已經給孩子貼上「標籤」了，孩子受到這些影響，他表現出來的行為往往與大人實際期望的正好相反，真的變成了「膽小、內向的孩子」。孩子怕黑，晚上不敢獨自去洗手間，家長可以說：「你就像警察叔叔一樣勇敢，警察叔叔可從來都不怕黑喔。」（把孩子標定為不怕黑的「警察」）孩子可能會慢慢地，變得勇敢起來。

　　可以說，家長積極的語言是孩子成長的「正標籤」，肯定孩子的優點和長處會讓孩子感受到自己的行為是正確的，是值得欣賞的，從而強化了孩子的自信心；消極的語言則是孩子成長的「負標籤」，強化了孩子的弱點和不足，最終孩子很可能以否定的態度來對待自己，從而喪失信心。

　　總之，勇敢的孩子是「貼出來的」。多發掘孩子的優點，給孩子貼個具有激勵作用的標籤，讓孩子在標籤的激勵下，不斷變得勇敢起來。

鼓勵孩子大膽去嘗試

「樂樂！小心點！不要弄傷了手！」

原來，6歲的樂樂正打算幫媽媽收拾桌子，他剛拿起桌上的一個玻璃杯，就遭到媽媽「善意」的提醒。

「寶貝，你會把杯子摔破的，要是割到你的手指，會很痛的。」樂樂的媽媽一邊說，一邊奪下樂樂手中的杯子。樂樂悻悻然走出了廚房，沮喪地問正在看報紙的爸爸：「爸爸，我是不是很沒用，一點小事都做不好？」

爸爸愣住了，一時不知該如何回答樂樂的話。而樂樂的媽媽更是有些不知所措，她不知道自己對孩子的保護居然傷害了孩子的自尊心。

事實上，孩子在成長的道路上，必然要嘗試許多事情。在不斷的嘗試中，他才會獲得成功的歡樂與生活的體驗。如果家長出於保護孩子的目的，剝奪孩子嘗試的權利，那麼，孩子就永遠無法獲得成功、得到進步，他就會越來越沒有自信。

以下的故事同樣為我們揭示這個道理：

14歲的女孩黃丹自幼溫順、孤僻、膽小、怕狗、怕貓、還怕小老鼠。在家裡，爸爸媽媽非常寵愛她，外婆更視她為「掌上明珠」，處處關心、事事包辦。平時爸爸媽媽上班後，黃丹就一個人待在家裡，看書、聽音樂，她很少出門，鄰居們都誇黃丹是聽話的好孩子。

然而，令人不解的是，這麼「聽話」的孩子卻不太懂得禮節。平日裡，家裡來了客人，無論大人還是小孩，黃丹都不理不睬，也不同桌吃飯，獨自到房間裡。在學校，她也是一個人獨來獨往，鮮少有朋友。別人以為她傲慢，實際上，黃丹自己知道，是因為自己太膽小、太懦弱了，她總是沒有膽量和勇氣去做自己沒有做過的事，沒有勇氣主動跟別人打招呼、說話。正是這種不敢，讓黃丹陷於「孤獨」的境地。

黃丹的故事值得許多家長深思。試想，如果我們的孩子從小生活在家長的庇蔭下，什麼都不去嘗試，凡事縮手縮腳，有了好想法，也是瞻前顧後、猶豫不決、畏首畏尾，這樣的孩子怎麼可能會有大的作為，有出息呢？

　　現實生活告訴人們，任何成功都離不開嘗試，而且不妨多試幾次。從古至今，一切的成功都來自於勇敢嘗試，有膽量去嘗試是成功的基石。瑪里‧居禮（Marie Curie）由於敢嘗試發現了鐳，牛頓由於敢嘗試發現了牛頓定理。做任何事都有第一次，但並不是每次都會成功。只要勇於嘗試，什麼事都會有轉機。因此，家長應從小培養孩子「敢」字當頭的勇氣，要勇敢地去做事、勇敢地去嘗試。一個什麼都不敢去嘗試的孩子，不會有多大出息的。

　　那麼，家長應如何鼓勵孩子學會嘗試呢？

家長應該鼓勵孩子多嘗試，多體驗

　　日常生活中我們不難見到這樣的情景：孩子看見紅紅的辣椒，吵著要吃，成人馬上做出「辣椒很辣，小孩子不能吃」的回應，然後趕忙把辣椒挪開。媽媽買鳳梨回來，孩子從沒見過這個東西，一下子就被吸引了，伸手想去摸一摸，媽媽飛快地把鳳梨拿進了廚房，說：「鳳梨會刺傷你的小手，等媽媽削好了再給你吃。」晚餐結束後，媽媽收拾桌子，孩子主動幫媽媽端盤子、收筷子，媽媽說：「快放下，你會打碎它的，等你長大以後再幫忙，出去玩吧！」孩子拿著杯子顫顫巍巍地走過來，一下把水潑在沙發上，媽媽馬上把孩子拉開，一邊收拾殘局一邊心疼地說：「你還小，還不能自己喝水！要是換成熱開水，那可不得了！」每次吃飯時，孩子都想自己拿湯匙舀飯吃，但媽媽怕弄髒地板、衣服，不准孩子自己動手，而是一勺一勺地餵孩子吃。

　　著名教育家陶行知老先生說過：「不要擔心挫折，應該擔心的是，怕

挫折而不敢讓孩子做任何事情。」有膽量嘗試對孩子是有益無害的。事實上，在孩子成長道路上，有很多第一次，如果家長不讓孩子嘗試，那麼孩子永遠長不大。在孩子嘗試過程中，他會獲得成功的快樂和生活的體驗。

家長要為孩子提供嘗試的機會

如，在玩遊戲、玩玩具、做手工、參加競賽及做家務等活動中，鼓勵孩子大膽嘗試，適當引導，讓孩子可以透過努力而品嘗到勝利的喜悅。比如，當孩子躍躍欲試想幫媽媽洗碗時，不要嫌麻煩，或是怕他打碎碗而拒絕他，不妨幫他搬個高度適中的椅子，替他穿上圍裙、戴上袖套，告訴他該怎麼輕拿輕放，如何沖洗乾淨。當孩子洗好一個碗時，大聲誇讚他做得真棒，孩子會很快樂，對自己的能力充滿自信！

孩子嘗試的過程中，並不會一帆風順，他們會經歷失敗，所以家長要在孩子失敗時給予支持。比如孩子想試著自己剝蛋殼，結果，把雞蛋都捏碎了，你可鼓勵他：「不錯，下次會更好的。」切忌在孩子失敗時諷刺、挖苦孩子，那會讓孩子的探索熱情被熄滅掉；也不要在孩子失敗時可憐他，那會讓他喪失克服困難的勇氣。

家長還要在孩子嘗試的過程表現出創造力時，予以讚賞。比如孩子拿西瓜皮當帽子，拿起手電筒當話筒，鑽進紙箱裡玩「坦克大戰」等，這些都是孩子創造力的萌芽，你不但要表現出你的欣賞，還要表現出你有極大的興趣來了解他是怎麼做的。你的鼓勵會讓孩子繼續創造、樂於創造。

家長要教會孩子不要被定式的思想束縛

所有的事情只有在嘗試過後，才能得以驗證。不嘗試，只按照定式的思維思考問題，是不會獲得成功的。

如果你的孩子總被慣性的思維束縛、限制，家長要鼓勵孩子放開顧

忌，學會自己去嘗試，唯有如此，孩子才有可能獲得成功。

讓孩子在嘗試中體驗成功的快感

　　一對夫妻帶著兒子去遊樂場玩。當男孩對鞦韆產生好奇，爸爸就把他抱到鞦韆上。男孩剛坐上鞦韆，鞦韆就搖晃起來。男孩嚇得大叫：「爸爸，我害怕，我會掉下去的！」

　　爸爸鼓勵男孩說：「你抓住兩邊的繩子，就不會掉下來了。」

　　「不，我害怕！」男孩縮起身子，一動也不敢動。

　　「那好吧，我抱你下來。但是，我要先玩一會兒了！」說著，爸爸把男孩抱了下來，自己卻坐上去。只見他抓住繩子，來回晃動幾下，鞦韆就開始搖盪起來，不一會兒，就盪得很高很高。

　　「爸爸，你真厲害！」男孩看到爸爸盪得這麼高，高興地歡呼，並露出了羨慕的神情。

　　爸爸見兒子心動了，建議他：「要不要你再來試試？」

　　男孩高興地同意了。

　　這一次，男孩儘管有點害怕，但是，仍然勇敢地坐到了坐板上。在爸爸的示範與鼓勵下，盪起了鞦韆。鞦韆隨著他的動作搖擺起來，小男孩的歡笑聲也迴盪在天空中。

　　每個孩子在嘗試做一件事的時候，都會有恐懼的心理，害怕自己做不好。這時，如果家長出於保護孩子的目的，說：「算了，多危險，不要做了！」「小心點，你會傷到自己的！」「你不能做這個，太危險了！」這樣，孩子想要嘗試的微弱願望，一下子就會被家長的喝斥趕跑。如果家長對孩子說：「沒事，來試試吧，但是要注意……」鼓勵孩子嘗試，同時教孩子必要的防護方法和知識，就可以防止孩子出現一些不必要的傷害。

　　孩子在嘗試的過程中，如果表現出缺乏自信的樣子，父母可以拿自己

與孩子相比，儘管父母會比孩子強，但是，善意地對孩子說：「孩子，你比我強多了！」這又會對父母有什麼傷害呢？且實際上，對孩子來說，這會給他極大的信心。他會認為自己並不比別人差，只要再努力一點，甚至會做得更好。

當孩子表現出想嘗試某件事的時候，你應該說：「真棒！很多小孩都不會做這件事呢！」你還可以說：「做得不錯，爸爸第一次做的時候可沒你做得好，你比爸爸厲害多了！」相信孩子這時能夠鼓起極大的信心和勇氣。

除此之外，家長還要讓孩子嘗試維護自己的權益。

有以下這個有趣的故事 ——

一個小男孩正專心致志地拼裝玩具超人。當他把超人拼裝好時，被一個高大的男孩一把搶走，並被推倒在地。小男孩從地上爬起來，跑到老師面前哭訴。

老師了解完事情的真相後，對挨打的男孩說：「不要哭，你去把屬於你的東西要回來。」

於是這個小男孩就跑上去奪回自己的玩具，還跟高大男孩打了一架。雖然過程很辛苦，但他最後勝利了。

在生活中，我們往往教育孩子要學會謙讓，或者透過成人的干預，幫孩子解決難題，但我們忽略了孩子應該從小懂得維護自己的權利和尊嚴，並在這一過程中獲得自信。其實，當孩子嘗試維護自身權益並給自己帶來好處後，不但會變得自信，更會因此變得勇敢而獨立。這對孩子的發展意義重大。

值得注意的是，家長在放手讓孩子嘗試時，要盡量避免一些錯誤：

▸ **強迫嘗試**：孩子成長是有時間表的，即什麼階段的孩子會做什麼事，但也有個體差異，也許有的孩子兩歲時已能獨自入睡，但膽小的孩子

仍和父母擠在一起。如果父母不顧孩子的個性特點，強迫孩子獨睡，那麼孩子可能長時間難以入眠，甚至會受到驚嚇，在心裡留下陰影！

▶ **盲目嘗試**：很多家長求好心切，讓兩歲的孩子嘗試學這又學那。如果不夠了解孩子，對孩子施行盲目、不切實際的早期教育，可能導致孩子對學習產生厭倦情緒，得不償失。

總之，只有把握「嘗試」的準則，孩子才能因此變得越來越勇敢，越來越堅強、獨立！這是所有父母的共同心願。

允許孩子冒一點「險」

這是來自農村的一個三口之家，父母正在不聲不響地吃飯。突然他們的唯一寶貝兒子亮亮說：「我今天找到了一個鳥窩。」

母親抬起頭來，注視著兒子；父親也聚精會神地聽兒子說話。小亮亮很興奮，眉飛色舞、繪聲繪影地說：「今天下午在我趕著老黃牛回家的路上，一抬頭，忽然看見一隻金翅雀從一棵大松樹樹冠裡飛出來。我仰著脖子在濃密的樹裡搜尋半天，終於發現在樹頂高處的一根樹枝上有一團烏黑的東西。那就是鳥窩！」

兒子說到這裡，年近不惑的父母眼睛裡也露出了興奮的神采。

亮亮受到鼓舞，繼續手舞足蹈地說：「我就把牛拴在旁邊的一棵楊樹上，脫了鞋開始往松樹爬。大松樹又粗又高，我身體緊貼在樹皮上，慢慢地往上爬，每爬一段都要分兩次進行，先用手臂抱住，接著兩條腿盡量蜷曲，最後才停下來，四肢牢牢抓住堅硬的樹幹……就這樣，一段一段地往上爬，花了很長的時間才爬上去。」

聽著兒子的「歷險記」，父母都非常驚訝，但誰也沒有出聲，依然一聲不響地聽兒子更精彩的描述：「爬到樹頂鳥窩周圍，我探頭一看，啊！

窩裡只有一個鳥蛋。我騰出一隻手，拿起那個可愛的鳥蛋，情不自禁地吻了牠一下。奇怪，蛋殼碰到我的嘴旁時還有熱氣，突然從中間裂開了，探出一隻毛還沒有長齊的金翅雀的頭。我小心地把牠放到毛茸茸的鳥巢裡，從樹上滑下來。這時我的肚子一直咕咕叫，就牽著牛回家了。」

如果你的孩子就像小亮亮一樣，為了找鳥蛋而爬上高高的樹頂，或做出一些冒險舉動，你是否會拿一根藤條狠狠地教訓他一頓呢？的確，孩子也太大膽了，爬到高高的樹頂上，如果刮起一陣風，樹頭搖動，摔下來的危險隨時可能發生，這還得了，不揍他一頓才怪呢！

但是，亮亮的父母並沒有喝斥、懲處兒子，他們反而用靜靜的傾聽表達了對兒子冒險行為的默許和認可。因為長期的生活經驗告訴他們：孩子的成長過程中，不可能一點危險都不發生。如果有誰拒絕任何危險，那就難以生活了。所以，對孩子自己做主的冒險行為多一點寬容，鼓勵孩子適度地去冒險，有利於培養他們的勇敢精神和自立能力。

勇敢的特質對孩子一生的成功尤為重要。縱觀歷史，為什麼有些人的人生道路越走越寬，而有的人越走越窄？為什麼有的人會在失敗中奮起，而有的人卻在勝利即將來臨時退卻？因為上天偏愛勇敢的孩子，偏愛勇於冒險的孩子。一個勇於冒險、勇於接受挑戰的孩子，往往敢說敢做、意志堅強、銳意進取、富於激情、勇於創新。在他們漫長的人生歷程中，會以壓倒一切的魄力和勇氣去沖決一切困難和阻力，爭取事業的成功，創造人生的輝煌。

因此，當孩子大膽地去做一些有風險的事情時，父母應該寬容和鼓勵。對於那些明顯有點膽小的孩子，父母更應該給他們創造鍛鍊的機會，放手讓他們大膽地去做一些力所能及的事，培養他們遇難直進的勇氣。

要培養孩子勇敢的精神特質，建議家長做到：

家長自己應該表現得很勇敢

如果大人遇到困難或帶有危險的活動就害怕，很容易想像這樣的家長會帶出什麼樣的孩子。有時家長僅僅是為孩子的安危擔憂，因此剝奪了孩子鍛鍊的機會。事實上這麼做是很自私的。

增長孩子的見識

孩子的膽識，不僅僅包括勇敢，而且還有智慧和謀略。因此，做個有膽有識的人必須以見識作基礎。增長孩子的見識是培養孩子膽識的一個重要途徑。

培養孩子敢拚搏的精神

有人說過，對孩子，一是要管，二是要放。什麼是管？不好好學習，品性不好，要管。什麼叫放？吃苦耐勞的事情，經風雨見世面的事情，都要放手讓孩子去做。這樣可能會受點傷，但只有這樣才能讓他們得到鍛鍊。孩子的膽識只有在現實生活中磨練才能增長，如果孩子要去運動，怕他摔倒；要去游泳，怕他溺水；要去探險，又怕他被嚇到；把他像籠中鳥一樣關著，孩子哪來的膽識呢？

因此，當孩子們自己集合要去露營、登山活動時，除了告訴他們應該注意一些危險情況外，父母應盡可能放手讓他們去做，只有讓孩子去闖，才能培養孩子戰勝困難的勇氣。

鼓勵孩子參加探險活動

英國人鍛鍊孩子勇氣的重要辦法是鼓勵孩子參加探險活動。

英國西南部的威河畔，有一所少年探險訓練中心，專為少年兒童提供探險活動的機會，以訓練孩子們的勇氣和堅強的意志。

　　孩子們每天一早離開營地來到河邊，先由教練教授水中安全及救護方面的基本知識，然後小學員們練習登艇和划艇本領。登艇並非易事，每一次練習，都有孩子落入水中。划艇就更加困難，在激流中划艇要有很強的勇氣和堅強的意志，儘管孩子們都穿著防水服和救生衣，但還是很危險。孩子們在這裡不僅僅是學習划艇技術，更重要的是鍛鍊意志，培養勇敢精神，懂得互助互愛和團結合作。

　　英國人被稱為「約翰牛」，意指英國人做事有一股堅韌的牛勁，既倔強又執著，這與該民族倡導對孩子的勇氣和意志的訓練不無關係，是英國人性格養成的重要人文因素。

　　當然，要冒險就有可能遇到困難和危險，這是家長們不願意看到的，但是，如果家長因為孩子的某些冒險做法而責備他們、訓斥他們，孩子就漸漸地變得畏手畏腳。也許孩子的一些行為看起來單純、簡單，甚至有點「愚蠢」，但是只要家長經常給孩子鼓勵，多讚揚和引導他們的行為，就能讓孩子克服盲目的衝動，變得理智而勇敢。

鼓勵孩子克服怯場、緊張的心理

　　和成年人一樣，孩子也常常會遇到怯場、緊張、衝突及困惑的情況，在這種緊張的心理狀態下，孩子的意識活動就會受到干擾，思維不清、判斷失常，使本來很容易達到的目的變得難以實現。更為嚴重的是，他們往往無法順利、正確地找到自行調節的方法，從而讓這種怯場、緊張的情緒加劇。如果孩子長時間處於緊張的狀態，就會變得膽怯、畏手畏腳、不敢嘗試，這對孩子的成長與發展極為不利。

　　以下是生活中常見的場景：

　　英語大賽幼兒組初賽現場，5歲的琪琪剛走到舞臺邊就停下來不再往前走了。一位老師把琪琪帶到舞臺的麥克風前，但站在臺上的琪琪竟抽泣

起來，把化過妝的紅臉蛋都弄花了。琪琪媽媽急得連打手勢，後來乾脆衝上舞臺關掉了音響，想讓女兒不受干擾地清唱，無奈琪琪已哭成淚人兒。

　　時間到，比賽成績為零。琪琪媽媽臉色難看地拉孩子過來說：「剛才在下面不是唱得好好的嗎？怎麼上去就不行了？妳真讓媽媽傷心！」

　　其實，大部分的孩子都有過緊張、怯場的情緒，這是孩子心理發展過程中一種正常的表現。當沒考好，害怕老師或父母批評而忐忑不安時；當考試來臨，面對許多功課要複習時；當遇到難題而又迫切想把它做出來時；當上臺面對大家表演時 …… 這些情況下，孩子都會緊張。此時家長的態度尤為重要。琪琪的媽媽把孩子參加比賽的經歷與願望同時畫上了等號，因此，在孩子出現失誤時，她沒有意識到孩子已經很傷心，需要家長的撫慰與鼓勵，反而當眾訓斥琪琪，讓孩子背上了沉重的負擔，從此更加害怕，甚至拒絕在公眾場合表現自己。與琪琪的媽媽不同，巧巧的媽媽是這樣做的——

　　巧巧因為緊張，上臺鞠了一個躬，報完名字後，就小臉通紅地跑下來再也不肯繼續表演，巧巧媽媽把孩子攬在懷裡，輕聲地說：「寶貝，這是妳第一次參加這樣的比賽，肯定有點緊張，媽媽相信妳下一次會做得更好！」

　　與琪琪的媽媽相比，巧巧的媽媽顯然只把這次參賽作為巧巧在眾人面前展現自我的一個起點，因此，在巧巧因為緊張而放棄比賽時，她用一句鼓勵的話讓孩子由失落轉為激動，從而產生戰勝自己的勇氣，從此會更加期待並樂意參與到類似的活動裡。

　　對於孩子緊張、怯場的表現，身為家長，與其責備孩子的「不爭氣」，不如把它當作一個訓練孩子膽量的最佳時刻，撫慰孩子的情緒，鼓勵孩子克服怯場、緊張的心理。

　　專家建議，要幫孩子緩解緊張的情緒，消除怯場心理，家長們平時可以這樣做：

▌別讓自己的「緊張」影響孩子的情緒

張女士的孩子快考試了，她怕孩子會因為緊張而影響成績，心裡非常不安。她反覆告訴孩子「不要緊張，千萬不要緊張」，每天都叮囑孩子「快去複習，別玩了！」，「注意身體，別感冒了！」在孩子複習時，她忙著幫孩子查資料、找例題、檢查練習。

最後，孩子對她說：「我本來不緊張，被妳這樣整天嘮叨著，反而更緊張了！」

聽了孩子的話，張女士愣住了。

面對考試或比賽，每個孩子都會有一些壓力和緊張情緒，有時甚至會因為緊張而影響發揮，陷入「學得好考不好」的狀態。身為家長，為孩子分憂解勞的心情可以理解，但是不能把「弦」繃得太緊，這樣只會增加緊張氣氛，讓孩子壓力更大。

在孩子考試或比賽之前，父母不僅要讓孩子擁有一個寬鬆的環境，也應該關注一下自己的心理健康，別嘴裡說不緊張，行為卻處處透露著緊張，以致影響了孩子的考試或比賽。

明智的父母要從賞識孩子的角度出發，積極地鼓勵和安慰孩子，透過對孩子的賞識和鼓勵，讓孩子樹立「只要努力，我一定能考好」的信念，緩解孩子的壓力，增強孩子的自信心，讓孩子盡快從緊張情緒中走出來，從容面對考試。

▌充分地鼓勵與欣賞孩子

每一個孩子都需要鼓勵，就像植物需要陽光、雨露。當孩子遭遇挫折時，家長要有足夠的信心和耐心鼓勵並引導孩子走出困境，要讓孩子認知到偶爾的失敗絕不是一件壞事，只有在失敗後站起來的人才是真正的強者。尊重、欣賞、誇獎在孩子的成長過程中，永遠都不嫌少。

借助偶像的魅力來鼓舞孩子

孩子雖小，但心中已經有了自己崇拜的偶像，如巧虎、佩佩豬等卡通，或是「YOYO電視臺」的哥哥姐姐們，都讓孩子著迷和喜愛。家長可以告訴孩子，即使這些有著豐富表演經驗的哥哥姐姐們，在他們最初面對觀眾時，也同樣需要克服緊張的情緒。孩子知道這些後，就會覺得原來怯場並不是什麼可怕的事，並透過對偶像的追隨與模仿來努力塑造和完善自己，最終徹底地擺脫怯場心理。

制定合理的目標和期望值

有時候孩子的怯場，是因為家長事前盲目制定了過高的目標所致。家長不切合實際的苛求往往造成孩子不必要的精神負擔，越怕輸就越緊張，越緊張當然就越怯場。孩子的成長總是要有一個過程，有其自身的成長規律，家長們要多聽聽孩子心裡的想法，讓孩子從每一次展示中體會到快樂。

多給孩子創造表現自我的機會和空間

實驗證明，經過多次考驗和鍛鍊的孩子，能夠逐步改善直至完全消除怯場心理。平時家長可以利用一切機會讓孩子充分表達自己的想法，鼓勵孩子在課堂上積極發言，主動和人打招呼等等。閒暇時可以召集親戚朋友舉辦小規模的聚會，鼓勵孩子表演唱歌跳舞、朗誦詩詞、講講故事，讓孩子漸漸喜歡在眾人面前展示自我的遊戲活動。

父母以身作則，冷靜面對孩子的緊張、焦慮

小武要參加運動會了，這是他第一次參加運動會，他報的項目是跳遠。賽前幾天，小武很緊張，連做夢都在「跳遠」。

早上起床，爸爸問小武：「快要開運動會了，你做好準備了嗎？」

「這需要做什麼準備嗎？」小武疑惑地問爸爸。

「那當然啊，只有做好了準備，比賽的時候才不會緊張，你現在緊張嗎？」

「緊張，我怕自己跳不好，同學們會看不起我！」小武說。

「不用擔心，讓爸爸教你幾招，保證你跳出好成績，爸爸以前可是跳遠運動員呢！」

「好啊，那你快教我吧！」小武拉著爸爸的手臂，著急地說。

「好吧！首先你要有信心，其他同學都不如你跳得遠，你才是最棒的！然後呢，這幾天你要多做運動，把身體活動開來，到時候才能跳得更遠；另外，你應該先在沙坑練習跳跳看，熟悉一下場地環境，這樣到比賽的時候就不會覺得陌生了。最後再告訴你一個方法，那就是要把助跑的步伐算好，你可以從起跳線往回跑，在速度最快的時候停下，並記下那個位置，下次助跑的時候就從那個地方起跑。你照爸爸說的試試看，如果不明白再來問我，好嗎？」爸爸耐心地說道。

「好的。可是如果我都照你說的做了，到時候還是跳不好，那該怎麼辦呢？」

「不用擔心，相信你一定能拿到滿意的成績，即使今年拿不到好成績，明年還可以再比，到時候還可以拿冠軍！」爸爸把手放在小武的肩膀上，認真地說道。

「嗯，我明白了，我一定會照爸爸說的做！」

果然，小武照爸爸說的練習了幾天，越來越有信心。在幾天之後的比賽中，小武跳得非常棒，還獲得了第一名。

當孩子緊張不安的時候，父母要以身作則，冷靜面對孩子的焦慮，幫助孩子分析所面臨的形勢和困難，給孩子一些賞識和指導，讓他明白，勝

敗乃兵家常事，即使失敗，父母還會一如既往地愛他、支持他。這樣，可以讓孩子正確面對考驗，以積極的心態迎接挑戰。同時，要給孩子一個寬鬆的環境，不要對孩子提過高或過嚴格的要求，要允許孩子出現失誤，並對他的失誤表現出寬容，這樣不僅可以緩解孩子的緊張情緒，而且可以更加堅定孩子的信心。

當孩子面臨考試，或比賽前出現緊張情緒時，家長應該告訴孩子：「只要努力，就一定會獲得滿意的成績，我們相信你！」

如果孩子擔心自己考不好，你可以說：「不要擔心，以平常心面對，即使這次考不好，下次還有機會！」

當孩子缺乏必備的準備時，應該給孩子適當的幫助和指導，讓孩子有更充分的準備。你可以說：「孩子，讓我來教你幾招！」

綜上所述，孩子的膽量是鼓勵出來的，只要家長引導得宜、方法得當，孩子一定能夠克服怯場、緊張的心理，勇敢地面對生活中的各種挑戰。

引導孩子做一個負責任的勇敢者

責任是我們每個人都必須承擔也是無法逃避的，責任能讓我們的人生變得有價值，沒有責任的人生是蒼白、乏味的。儘管在我們承擔責任的過程中，不可避免地會承受壓力和面對各種困難，但一個真正能夠承擔責任的人，一個真正有責任感的人，是不會對這些感到畏懼的。責任能夠賦予人克服困難的勇氣和決心。

在森林中，有一隻虎媽媽正在幫小老虎餵奶，因為太過專注，牠沒發現獵人正悄悄地靠近。當牠終於感覺到危險時已經來不及了，獵人已舉起手中的長矛。虎媽媽本想馬上逃跑，但是牠又立刻想起自己的孩子也處於危險之中，為了救孩子，牠放棄了逃跑，而是轉身朝獵人怒吼而去。虎媽

媽發狂是非常凶猛的，這讓獵人們大吃一驚，因為平時，老虎看到獵人拿著長矛都會直接逃跑。看到虎媽媽凶狠的樣子，獵人知道，今天想戰勝老虎是不太可能了，於是趕緊抽身而退。

就這樣，虎媽媽憑自身的勇敢，救了孩子。那麼，到底是什麼讓牠在一剎那改變了想法，沒有選擇逃跑而是選擇勇敢地迎向危險呢？那就是責任，是責任讓牠變得如此勇敢。一位著名的企業家曾說：「當我們的公司遭遇到前所未有的危機時，我突然不知道什麼叫害怕，我只知道必須依靠我的智慧和勇氣去戰勝它，因為在我身後還有那麼多人，他們可能因為我，就會因此倒下。但我不能讓他們倒下，這是我的責任。」

在現代社會中，許多父母過於注重孩子的智力和身體發展，而對孩子責任感的教育培養卻不太重視，一味地寵愛、縱容。沒有責任感的孩子一定是軟弱，缺乏競爭力的。如果讓這樣的孩子投身到未來競爭與合作並存、機遇和挫折交錯的社會中，恐怕會被淘汰。

趙小天是家中的獨子，在家百般受寵，從小就過慣了備受疼愛、被人服侍的日子。

現在，小天已經是小學四年級的學生了，可是，他依然什麼事情都不會做，連削鉛筆、整理書包、穿衣服、綁鞋帶這種小事都還由媽媽和奶奶代勞。

小天把這種「惡習」帶到學校，班級的事情，他從來都不管、不顧，有什麼事情問他，他也總是一問三不知，有時，甚至不知道自己當天的作業是什麼。輪到他做值日生，但他還沒放學就已經跑得不見蹤影了，老師批評他，他也總是擺出一副滿不在乎、不負責任的模樣，翻了翻白眼，漫不經心地說：「關我什麼事呢？我是來學校學習的。」

由於小天太沒責任感，所以同學們都不喜歡他，而他的成績更是差得讓人吃驚……。

美國心理專家 —— 素有「領導教父」之稱的丹尼斯．韋特利（Denis

Waitley）說過：「如果想讓孩子成為一個合格的人才，你必須讓他（她）從小就有責任感，在個人發展空間和個人責任之間達到平衡。」一個有責任感的人，當他面對困難或錯誤時，會爆發出比以往強大若干倍的能力和勇氣。因為他知道，有可能因他的膽怯和逃避，會讓更多的人承受損失，只有勇敢地面對，才有可能真正擔當起責任，不讓更多的人遭受不必要的耗損。唯有責任感會讓人超越自身的懦弱，真正勇敢起來！

因此，希望你的孩子變得有擔當，變得勇敢、堅強，家長應該從小培養孩子的責任感。而要培養孩子的責任感，家長必須讓他們養成對自己的行為結果負責的習慣。具體的做法如下：

▶ **讓孩子學會對自己的事情負責**：在家中哪些事情是由爸爸、媽媽來做，哪些事情可由爸爸、媽媽幫孩子做，又有哪些事情則必須自己做，這些都應該明確。對應當自己做的事必須給孩子一個明確的要領和範圍，比如讓他自己整理自己的房間，讓他自己完成作業。孩子只有學會了對自己的事情負責，才能逐步發展為對家庭、對他人、對團體、對社會負責。

▶ **鼓勵孩子勇於對自己的錯誤行為負責**：當孩子犯了錯後，要鼓勵孩子敢做敢當，不要逃避責任，應該勇於承擔後果，如果父母替他承擔一切，久而久之，則會淡漠孩子的責任感。孩子跟著父母去朋友家做客，如果不小心損壞了物品，這時應該讓孩子知道，是因為自己的過錯，才造成了這種後果，應當給與賠償，之後一定要帶孩子一起買東西去朋友家道歉。再比如，把洗青菜這個家事交給孩子做，要是沒做好，便不能吃所有的菜。這樣，孩子才知道每個人都要對自己的行為負責。

▶ **讓孩子品嘗挫折，學會承擔**：要培養孩子的責任感，家長可以適當地讓孩子品嘗一下做事不負責任的後果，教孩子怎麼去面對並接受這次失敗的教訓，從中獲得成長。如孩子在學校違規受罰，一定要支持老

師的做法，不要想方設法替孩子解圍。孩子接受到懲罰的後果，同時承擔能力也就增加了。

▶ **給孩子一個好的榜樣**：孩子有對自己喜歡和崇拜的人模仿的心理傾向，而父母在小孩子心目中通常都具有絕對的權威。父母的言行舉止對孩子的影響是深遠、巨大的。家長的一些所作所為，孩子會看在眼裡、記在心裡，長期的耳濡目染下，孩子不可能不受影響。父母只有在生活中嚴以律己，給孩子做好表率，才能更從容的去影響和教育孩子。

▶ **約定責任內容**：家長應該和孩子約定責任的內容，讓孩子明白該做什麼、怎樣做，否則將會受到哪些懲罰。孩子做事往往是憑興趣的，要讓孩子對某件事負責到底，必須清楚告訴他做事的要求，並且與處罰連結在一起。

▶ **要求孩子做事有始有終**：良好的責任感是要靠堅強的意志力和持之以恆的態度來維持的，而這恰恰是許多孩子所缺乏的。孩子好奇心很強，興趣愛好很廣泛，但是缺乏堅持度、自制力，遇到一點困難和挫折就打退堂鼓，不願意再堅持下去。這是孩子成長中會遇到的問題，並非孩子沒有責任感。因此，為了加強孩子的責任感，家長平時就應當注意培養孩子做事有始有終、負責到底的良好習慣。比如，你在交代孩子事情時，哪怕只是很小的一件事，都要有檢查、督促及對結果的評價過程，以培養他持之以恆、認真負責的好習慣。

▶ **讓孩子學會幫助他人**：父母要教育孩子幫助別人，因為每個人有需要別人幫助的時候。孩子有麻煩時，往往需要他人的幫助，同樣的，當別人遇到困難時，也需要孩子伸出援手，提供幫助。當孩子感受到被幫助的感激之情時，會體驗到自身的價值，提高責任感。

近代思想家梁啟超說過：「凡屬我受過他好處的人，我對於他便有了責任，凡屬我應該做的事，而且力量能夠做到的，我對於這件事便有了責

任，凡屬於我自己打定主意要做的一件事，便是現在的自己和將來的自己立了一種契約，便是自己對自己加了層責任。」責任感對於培養一個人的勇敢精神來說是極其重要的，也是必須要面對的，因此家長要學會在點點滴滴的小事中培養孩子的責任感，讓孩子充當一些有意義的角色，讓他們感到自己的行為對團體所產生的重要性，加強孩子的主角感。這樣，孩子才會變得越有責任感、勇敢、自信！

鼓勵孩子用正確的方法戰勝怯懦

小卓的膽小特別小，上課不敢舉手發言，家裡有客人，也不敢主動與陌生人談話、打招呼，更別提在陌生人面前表現自己了。每天放學回家總是一個人玩，不敢與周圍的小朋友來往。

以上是孩子性格怯懦的表現。孩子的這種怯懦性格如果不加以矯正，對將來的發展十分不利。即使滿腹經綸，將來也可能因心理素質太差而難以有所出息。可以說，怯懦是制約孩子發展的巨大絆腳石。那麼，家長該怎樣教孩子戰勝怯懦呢？

俗話說，「授之以魚，不如授之以漁」，想讓孩子從內心戰勝怯懦，家長應教育孩子具體戰勝怯懦的方法。以下的這些方法家長可授予性格怯懦的孩子：

1. 讓孩子直接迎向讓自己害怕的人或物，同時輔以積極的自我鼓勵、自我激勵。如「這區區小事不值得害怕」，「別人能做到我也能做到」，從而為自己打氣、壯膽。在困難與阻力面前要有一股敢拚的勇氣和氣勢，從而戰勝自己的畏懼怯懦，面對困難與壓力，邁出關鍵的第一步，並義無反顧地大膽往前走。

2. 引導孩子訓練自己盯著對方的鼻梁，讓人感受到你在正視他的眼睛。

3. 開口時聲音宏亮，結束時也會強而有力；相反的，開始時軟弱，那麼

閉嘴時也就軟弱。

4. 學會適時地保持沉默，以迫使對方講話。

5. 會見一位陌生人前，先列一張話題紙條。

6. 想方設法接觸大人物，與比自己年紀大、比自己強的人交往，這樣、你會學到知識，同時還可以觀察強者和弱者的缺點，從而增強信心。

7. 如果自己都不知「難為情」的點是什麼，心中的忐忑不安只是來自莫名其妙的感覺，那麼，說明孩子的性格內向和社交經驗不豐富，為此，家長應該特意讓孩子多參加一些社交活動，多與人接觸。教孩子在與人交往的過程中，盡量展示自己的優點，克服自己的缺點，這樣能幫助孩子變得自信。

8. 如果孩子因不愉快的交往經驗而把自己封閉起來，那就應該端正對社交的認知。一般來說，在正常的社交中是不會出現嘲笑、冷落、暴力、爾虞我詐和弱肉強食現象的。所以，家長應該告訴孩子：不必「一朝被蛇咬，十年怕草繩」。而應該學會在新的、正常的交往中醫治過往的內心創傷。

9. 告訴孩子，不要把對方估算得太高，而把自己看得太低，計算對方名譽、地位都較高，也不應妨礙自己與他大大方方地接觸。

10. 讓孩子增加勇氣，大膽走出個人的小天地，模仿和學習一些泰然自若、活躍開朗的人的言談舉止，讓自己養成鎮定、從容、落落大方的習慣。只要能這樣做，在今後的各種社交場合裡，孩子才不會臉紅心跳、瞠目結舌、言不達意了。

11. 讓孩子重新樹立信心。信心的力量就好像身體裡的腎上腺素，可以在危機中發揮出你未有的、令人驚異的潛力來。恐懼之所以能打敗我們，使我們不敢前進，自覺虛弱渺小，那是因為我們的心智受到了恐懼的左右。但一旦危機出現，信心就會讓我們冒出一種以前一直隱藏著而沒有發揮出的超級力量，使我們做出前所未有的事來。

12. 教孩子正視自己畏懼的事物，認清它的真面目，並且堅定地抗拒它。採取堅強的行動，站起來面對畏懼，下定決心，永遠不讓畏懼左右自己，即使平常的生活中，也不要受畏懼的罪惡感來支配。

13. 鼓勵孩子，在感到畏懼的時候，去做自己畏懼的事，只有用勇往直前的行動，去攻擊恐懼。攻擊的力量越大，畏懼消失得也就越快。

14. 讓孩子時時刻刻保持內心的平靜。心中不要有任何妄念和衝突，用正常自然的態度來處理情況。事前做一些準備和採取預防措施，相信自己，也相信別人，然後正常地毫無畏懼地做自己該做的事。

15. 教孩子不要把憂慮和懼怕隱藏在心中。許多人有憂慮與不安時，總是深藏於心裡，不肯坦白說出來，其實，這種想法是很愚昧的。內心有憂慮煩悶，應該盡量坦白講出來，這不但可以幫自己從心理上找出一條出路，而且也有助於恢復頭腦的理智，把不必要的憂慮排除，同時找出消除憂慮，抵抗恐懼的方法。

16. 激勵孩子不要怕困難。人遇到困難，往往是成功的先兆，只有不怕困難的人，才可以戰勝任何的憂慮和恐懼。

17. 引導孩子把自己力所不及之事暫拋一邊。因為每個人的能力都是有限的，且每個人的擅長不同，不能相提並論，對於自己力所不及之事，何必去想它呢？常常想去做一時所辦不到的事，就會令人憂慮不安，因此不妨先暫時罷手，把它拋在一邊。

18. 告訴孩子，不要在別人面前訴苦。當然心中有什麼苦悶，是可以向要好的親朋好友訴說，可是向他人訴苦過多，博取別人的同情，更會覺得自己遭遇不幸。

　　總之，孩子只要掌握了以上的方法，就能逐漸戰勝內心的怯懦，走向成功。

第七章
性格磨礪，讓孩子學會勇敢

　　21 世紀的世界舞臺處處充滿了競爭，充滿了風險，一個人只有具備不怕困難、不怕挫折、不怕失敗的勇敢精神，才能爭得一席之地。

　　身為家長，希望孩子踢開「缺乏勇敢、膽小懦弱」這塊絆腳石，就應該從小特意磨礪孩子的性格，培養孩子的勇敢個性，使其具有勇於競爭、勇於挑戰、面對困難的勇氣。只有這樣，戰勝失敗、戰勝挫折，才會變得更加勇敢、堅定。

用經驗磨礪孩子的膽量

兒童心理學家研究證實：孩子之所以膽子小，缺乏勇敢的一個重要原因就是太少鍛鍊，經歷的事太少。因為他們要做的很多事都被大人包辦、代替了。可以說，家長對孩子的包辦、代替越多，孩子的膽量就會越小。

那麼，家長應如何用經驗鍛鍊孩子的性格呢？

首先，應給孩子自己成長的空間。

小龍是個膽小的男孩子，他什麼都怕，什麼事情都不敢嘗試，不敢做，朋友們都嘲笑他是「膽小鬼」。為此，小龍很沮喪、很自卑，小朋友們一起玩的時候，他總是一個人躲在一旁自己玩自己的。

老師跟媽媽反應這個情況，小龍的媽媽似乎並不意外，她對老師說：「我們家的小龍小腦有問題，從小就膽小，所以，我從來不讓他出去跑、跳、爬高……萬一受了傷該怎麼辦呢？」

老師聽了媽媽的一番話，似乎明白了，其實小龍之所以膽小，是因為媽媽過度保護造成的。

為了鍛鍊孩子的膽量，班上只要有集體活動，老師就鼓勵小龍去參加。

有一次，班上的小朋友一起玩「爬樓梯」遊戲，老師剛把他放上去，小龍就很害怕，拚命地喊：「救命啊，救命啊！」在老師的演示與小朋友的鼓勵下，小龍終於嘗試爬了第一個階梯，接著是第二個、第三個階梯，後來孩子竟然能爬到最高的地方了。

站在樓梯上，小龍自豪地笑了！

事實證明，小龍的小腦並沒有問題。他之所以膽子這麼小，都是媽媽的態度與個人經歷太少造成的。因此，要培養孩子的膽量，家長應該讓孩子多去體驗生活。孩子在生活中體驗的東西、經歷的事情越多，膽子就會

越大。因為，人的膽量、自信、勇氣是練出來的。

其次，家長要幫孩子多創造體驗生活的機會。

比如孩子不敢與人來往，不妨請他到鄰居家去借東西，到附近商店買東西；孩子害怕蟹，不妨教他捉蟹的方法，只要捉住蟹身體的兩側就不會被蟹鉗夾住了；孩子害怕走夜路，做父母的最好帶著他走走看夜路，他走幾次夜路之後，不但膽子會變大，可能還會欣賞夜色的美麗。總之，只要讓孩子多鍛鍊，他慢慢就會變得大膽。哪怕能力弱的孩子也會變得能力強。

對於害怕黑暗的孩子，家長可以和孩子一起在黑暗中玩遊戲，讓他們能逐漸適應黑暗，並適應物體在黑暗中的影像。家長可以輕鬆地說：「來吧，今天我們家停電，我們關燈一起來玩躲貓貓。」家長也可以讓孩子在黑暗中尋找某件家具或者某個物品，增加孩子觸摸、感受黑暗中物體的機會，熟悉黑暗中的物體，與黑暗中的物體建立親和性。在黑暗中多次遊戲後，孩子也就不怕黑暗了。

如果孩子不敢獨自進空房，做家長的，不要強行逼迫孩子進去，可以先陪孩子一起進去，讓孩子到房裡看看確實沒有什麼可怕的，以消除孩子的疑慮。下一次，家長可以送他到房門口，讓孩子自己一個人進去拿東西，當孩子進房後，回頭看父母還在門口，他們就會較放心地進去拿東西，這時家長應表揚並鼓勵他。慢慢孩子的膽量就會變大。

第三，家長還可以根據孩子的膽怯情況，設計一些遊戲，讓孩子在輕鬆的氣氛中認識膽怯的對象。像有些人平常總用「大灰狼」、「妖怪」等來嚇唬孩子，讓孩子變得非常膽小。這時，家長可以認真地告訴孩子，那些都是別人開的玩笑。然後，刻意在遊戲裡，讓孩子扮演故事中的獵人、西遊記裡的孫悟空等角色，讓他們分別戰勝「大灰狼」、「妖怪」。這樣做，可以讓孩子獲得良好的心理體驗，也能讓他們留下深刻的記憶：我曾戰勝過「大灰狼」，打敗過「妖怪」，它們並不可怕。他們擁有了這些體

驗與記憶，就能增加他們的膽量和勇氣。

第四，家長還可讓孩子做自己能做的事情。為了讓孩子培養自己做事的膽量，可以選擇孩子能做的一件事，告訴他應該怎麼做。他自己不敢去，家長不妨陪他去，但事情讓孩子去做。由小事到較大的事，由簡單的事到較複雜的事，幾次下來，孩子的勇氣和能力都變大了。

此外，家長還應該帶孩子到大自然中，去豐富孩子的視野，要讓孩子多觸外界的事物，多認識世界，鼓勵孩子去探索與嘗試，從實踐中培養孩子的勇敢精神。

總之，要培養孩子的膽量，就必須讓孩子多體驗生活。在體驗中，孩子才能發現自己的潛力，實現自己的潛能，從而變得大膽。

激發孩子面對困難的勇氣

為人父母，誰都希望孩子的人生道路能走得順暢，平坦一點。然而，人生之路從來都不是一條坦途，無論是李嘉誠的兒子，還是比爾蓋茲的千金，在成長的過程中，都要經歷這樣或那樣的困難與挫折。面對人生路上的泥濘與坎坷，一個只會逃避、毫無抵禦之力的孩子是不可能獲得成功的。只有那些勇於面對困難，勇於接受挑戰的孩子，才能在生命的風霜雪雨到來時處之泰然！身為家長，與其千方百計地要為孩子規避困難，不如激發其面對困難的勇氣。對孩子來說，培養其面對困難的勇氣有益終身。

在 19 世紀中期，法國里昂舉行的一個盛大宴會上，來賓們正在對一幅畫爭論，他們爭論的焦點是：這幅畫到底是表現古希臘神話中的某些場景，還是真實地描繪了古希臘的歷史？這時，主人請一位侍者來解釋一下。

當這位侍者解釋完後，爭論很快就平息了。每個人都認為這位侍者的

解釋是正確的。後來，一位紳士問這位侍者：「先生，請問您是在哪所學校接受教育的？」

這位侍者回答：「我在許多學校接受過教育，但是，其中學習時間最長、學到最多東西的那所學校叫做『逆境』。」這個侍者就是讓雅克‧盧梭。後來，他成為法國著名的思想家。

苦難是一所學校，因為苦難能夠磨練人的意志。眾所周知，一旦雛鷹能夠起飛，老鷹便會立即把他們逐出巢外，讓牠們在空中做飛翔的鍛鍊。正是有了這種鍛鍊，雛鷹才能展翅飛翔得更好，才能做追逐獵物的高手，將來成為百鳥之王。

困難與挫折能夠磨練人的意志、激發人的潛能，讓一個人能最大程度地發揮自己的價值和潛力。許多人因為沒有經歷過苦難，因而無法發揮自身的潛能。

蘇霍姆林斯基說過：「一個孩子，如果從未品嘗過學習勞動的歡樂，從未體驗克服困難的驕傲 —— 這是他的不幸。」對孩子來說，經歷苦難往往能激發他們克服困難、抵制困難的力量。這就好像森林裡的橡樹，經過千百次暴風雨的摧殘，非但不會折斷，反而越來越挺拔。

困難總是無處不在的，身為父母，我們不可能永遠替孩子解決困難，而應該培養孩子克服困難的能力，讓孩子自己去解決困難。

里度‧艾科卡（Lido Anthony Iacocca）的一生充滿著挫折與坎坷。

工作一段時間後，他選擇推銷員的工作，開始了艱辛的職業生涯。艾科卡努力工作，終於在福特公司獲得了晉升的機會。可是，好日子沒過多久，1950 年代初期，美國經濟的不景氣也影響了福特公司，公司大批裁員，艾科卡又重新做起推銷員的工作。

後來，艾科卡憑著自己的努力當上了費城地區的銷售經理助理。與公司共患難度過了幾年後，福特公司決定把主要精力放在汽車的安全設備

上，艾科卡是這次改革的主要發起者。但是，艾科卡這次失敗了，他遭受了沉重的打擊。

失敗並沒有影響到艾科卡積極創新的精神，他越挫越勇，又開發「野馬」跑車，創造了汽車銷售史上的奇蹟，艾科卡也被稱為「野馬」之父。

正當艾科卡在福特的職業生涯越來越輝煌時，他受到亨利‧福特二世的排擠，艾科卡被解僱了。不僅如此，由於受亨利的威脅，朋友也不敢和他來往，這位汽車奇才和他全家都陷入了極大的痛苦之中。

但艾科卡沒有向命運屈服，決心再次尋找施展才華的機會，他接受了瀕臨破產的克萊斯勒公司的聘請，擔任總裁。經過幾年的拚搏，克萊斯勒公司走出了困境。

在艾科卡小時候遇到困難時，父親總是鼓勵他不要放棄，分析受挫的原因，然後想辦法克服。每當遭遇挫折時，他就鼓勵艾科卡說：「太陽會出來的，它會照常出來的。」正是父親的積極態度，使艾科卡在面對各種挫折時，勇敢面對、想辦法克服，一次次克服困難，一次次起死回生，創造出一個個神話，從而實現了人生的輝煌。

一個人在成長的過程中需要不斷地進行自我激勵，因為教育的本質是自我教育，自我激勵是最重要的激勵方式。身為父母，在孩子年幼時，我們要善於鼓勵孩子，讓孩子樹立信心；隨著孩子年齡的增長，家長要教孩子學會自我激勵，激勵自己不斷前進。

那麼，家長應如何激發孩子面對困難的勇氣，培養其勇敢的精神呢？

家長應該表現得很勇敢

大家都知道，只有面對困難、能克服困難，才能獲得成功。而困難越大，其成功就顯得越可貴。家長身為孩子生活與心靈上的導師，對孩子的影響是毋庸置疑的，如果大人遇到困難或帶有危險的活動就害怕，不難想

像這樣的家長會帶出什麼樣的孩子。因此，希望你的孩子擁有面對苦難的勇氣，身為家長自己要先勇敢，要勇於接受挑戰。

教導孩子學會正確處理問題的方法

人們常常這麼想，一個成功的人，就是最善於運用方法的人。所謂正確的方法是客觀的、變化的、因時空條件的不同而善於轉變的方法。

心理學中有這樣一個實驗：

把猴子關在籠中，籠中掛著香蕉，旁邊有竹竿與木箱，猴子餓時想吃香蕉，但香蕉太高，拿不到，於是用竹竿來拿香蕉，可是竹竿長度不夠，仍舊拿不到香蕉。後來，牠站到箱子上，用竹竿拿下了香蕉。

可見，連動物都能用各種不同的方法來完成一項工作，人類更是不成問題了。只要我們時常注意培養孩子善於運用各種方法的能力，就會增加孩子面對困難的勇氣。

創造挫折情境，對孩子進行挫折訓練

讓孩子在克服困難中前進，孩子就會獲得多方面的發展，孩子也會更加積極地去奮鬥，去努力。現實生活中，孩子往往經歷不到什麼挫折，此時，父母可以幫孩子設置一些障礙。

「設置障礙」可能產生正反兩方面的效應，如果運用得不好，反而會刺傷孩子，抑制孩子的積極行為。因此，父母應該慎重選擇這種方法。在使用時要注意以下幾點：

▶ **障礙要適度**：採用這種方法，必須根據孩子年齡的大小，受挫經驗的多少，加以嚴格的區別。年齡越小的孩子，設置的障礙就越小，障礙發生的頻率應該越低。受挫折越多的孩子，設置障礙的需要就越少，甚至不能設置障礙。

▶ **與鼓勵相結合**：設置障礙應與鼓勵和表揚結合在一起。當孩子排除了障礙，戰勝了挫折的時候，父母要及時給予讚揚，強化孩子這種積極行為。

▶ **對象是一帆風順的孩子**：這種方法的運用對象主要是那些「一帆風順」的孩子，這些孩子因為經常受到讚揚，所以要給他增加一點挫折。對那些受到挫折比較多的孩子，性格過於內向脆弱的孩子，是不宜採用這種方法的。

▶ **必須循序漸進**：設置應該具有漸進性。障礙應該逐漸加大，逐漸增多，不應該在開始的時候就給孩子一個下馬威，否則可能會打垮孩子的自信心。

▶ **注意設置障礙的保密問題**：在多數情況下，設置障礙事前不必讓孩子知道，但在有些情況下，比如障礙的難度很高，擔心孩子承受不了刺激等，可以先和孩子一起商量。問題可能難到什麼程度？可能會遇到哪些困難等，讓孩子做好心理準備，這樣就可以增加孩子排除障礙的可能性。在艱難地獲得成功之後，孩子就會更加珍惜自己的積極行為所獲得的良好結果。

▶ **不要太在意孩子的情緒**：孩子遇到障礙，受到挫折是難免的，有時可能會產生一些不良的情緒反應，父母應該要有這種準備。對一般的不良反應，父母可以不去理會，但是如果孩子情緒反應過度，父母要進行必要的心理支持。

　　家長要對設置障礙有明確的認知，這是為了幫孩子更快速地發展，不能單純只為設置障礙而設置。

教孩子勇敢地接受失敗

馬丁・塞利格曼（Martin E. P. Seligman）在《教孩子學習樂觀（The Optimistic Child）》中有言：「孩子想要成功，必須學會接受失敗，感覺痛苦，然後不斷努力，直至成功來臨，每一過程都不能迴避。失敗和痛苦是構成成功和喜悅最基本的元素。」任何一個人的成功，都要經歷失敗的洗禮，孩子也不例外。身為家長，我們應培養孩子面對失敗永不退縮的勇氣，並幫助孩子總結經驗教訓，建立適度期望標準，鼓勵孩子在挫折中奮起。而不是在孩子失敗時，借題發揮、嘲笑奚落，這樣只會讓孩子產生反抗心泰，加重受挫的心理。

同時，家長也要讓孩子學會接受失敗，只有先承認並接受失敗的現實，才能正視失敗，進而找到失敗的原因。在遭遇失敗時，是否具有不退縮的勇氣，是斷定一個人能否成材的關鍵。

林肯（Abraham Lincoln）是美國最偉大的總統之一，但他更是一個從種種不幸、失敗中走出來的堅強之人。如果不是因為具有那種面對苦難，堅強以對的精神，他就不會在經歷了如此多的打擊之後，還能進駐白宮。

有人曾為林肯做過統計，說他一生只成功過 3 次，但失敗過 35 次，不過第 3 次的成功讓他當上了美國總統。事實也的確如此。而最終使他得到命運的第三次垂青，或者說爭取到第三次成功的，完全是他的堅強。在他競選參議員落選時，他就說過：「此路艱辛而泥濘，我一隻腳滑了一下，另一隻腳因而站不穩。但我緩口氣，告訴自己，這不過是滑一跤，並不是死去而爬不起來。」

我相信，只有面對任何困難都永遠堅強，面對任何失敗都不退縮的林肯才能說出這樣的豪言，也只有像林肯那樣，在跌倒無數次後，還能爬起來的人，才能登上金字塔的尖端。

然而，在我們的生活中，卻有一群孩子，他們的受挫能力差，經不起

失敗，一旦有一次考試成績不理想，就會變得消極，一蹶不振、自暴自棄，失去進取的信心。更有甚者，還有一些孩子，因為承受不了失敗的打擊，釀成輕身的悲劇！為什麼這些孩子的心理如此脆弱，經不起失敗呢？原因在於，現代的孩子大多是獨生子女，他們從小就生活在長輩們的悉心呵護下，家長的過度呵護，的確保護孩子免受皮肉之苦，免受失敗的沮喪，但同時也剝奪了孩子遭遇挫折的機會和權利，以至於孩子們一遇到挫折就軟弱有餘，堅韌不足，養成了輸不起的個性。

想要你的孩子經得起失敗的考驗，在今後的事業上獲得成功，家長應及時調整孩子的心態，鼓勵和支持孩子，讓他們以積極的心態正視「失敗」，培養他們接受挑戰的勇氣、信心和能力。

那麼，家長怎樣做才能幫助孩子在面對失敗時不退縮，有堅持下去的勇氣呢？

家長們應該端正自己的態度

當孩子為失敗而難過時，家長不應以憐憫的態度對待孩子，或者在孩子面前唉聲嘆氣，甚至劈頭蓋臉地責罵孩子。正確的方法是讓孩子明白，失敗沒什麼大不了的，學習、活動總有勝負、輸贏，人人都會碰到，因此，失敗了不要緊，重要的是自己對於失敗的態度如何？是後退還是前進？是怨天尤人、自暴自棄？還是吸取經驗，繼續努力？只有懦弱的人才會唉聲嘆氣、怨天尤人，而勇敢、聰明的人一定會正視自己的失敗，從失敗中吸取教訓，繼續努力。

此外，家長還可以鼓勵孩子，告訴他們：「你現在雖然輸了，但是你很努力，只要找到失敗的原因並繼續努力，你一定會成功的，我們會為你的努力感到自豪！」

家長應該幫助孩子學會處理失敗後的情緒

許多孩子在經歷失敗後，很容易就陷入膽怯和過多的自我批評情緒中！這個時候，他們可能一直會懊悔：「如果……可能不會失敗」。孩子會因此不斷地找理由責備自己，給自己造成很大的心理壓力。因此，經驗豐富的家長應該幫助孩子處理失敗後的情緒，讓孩子從失敗的消極情緒中走出來！

有個孩子非常熱愛足球，有一次在跟別的學校比賽時，裁判誤判說他故意撞人，罰他一張黃牌。結果孩子很不服氣，和裁判吵了起來。儘管後來比賽得以延續，但這個孩子在後面卻發揮得很不好，踢得一塌糊塗，結果這場比賽輸了。比賽結束後，其他人都走了，這個孩子在球場裡不肯離開，他的爸爸媽媽一句話也不說，站在場外默默地等待，孩子在足球場上一次又一次狠狠地射門，直到射了 101 次，然後孩子什麼也沒說，和他的爸爸媽媽一起回家了。

上面故事中的父母很理性，除了等待，他們沒有採取任何行動安慰孩子，因為最終孩子要學會自己處理自己的情緒。當孩子面臨失敗時，給孩子一段心理的緩衝期和獨立時間是必需的，家長不必急於介入，有些情緒過了就過了，不一定要很正式地處理。孩子會學習接受不願接受的東西。在這個過程中，他們會變得堅強、寬容。如果遇到孩子無法自拔時，家長則可以稍稍指點一下。

讓孩子有負責的心態

「君子一言，駟馬難追」，對孩子而言，他們都希望得到別人的信任，自己說的話、做的事希望他人不要以懷疑的心態來看待，不然會讓他們覺得自己的存在不被肯定。讓孩子有負責的心態，就是讓孩子透過自己的行動來獲取別人的信任。為培養孩子這一點，家長可以讓孩子自己選擇

做什麼，然後告訴他「這是你自己的選擇，你要相信自己，你一定能做好！」為了對得起自己，也為了得到他人的信任，孩子會默默地去承受，失敗了也會主動再去試一試。

讓孩子大膽去說、去做

父母教育子女的方法要得當。對於那些內向、軟弱，不愛說話的孩子，家長要避免對孩子說「你必須這樣做」、「你必須那樣做」、「你非做不可」之類的話，而要以探尋的方式啟發「你怎麼看」、「你是怎麼想的」、「你覺得該如何處理」，給孩子思考機會，給孩子表達意願的機會，讓孩子大膽地說，大膽地做。調查顯示：大膽的人，通常都把挫折看得很輕微，面對失敗比膽小的人更有勇氣堅持，毅力也強一些。家長透過這方面的訓練，能夠增加孩子的勇氣，對孩子的「堅持」有利。

家長應該幫孩子尋找失敗的原因

當孩子經歷失敗時，幫孩子找到失敗的原因也很重要，如果不知道原因，就會始終是一個壓力。而且，只有找到失敗的原因，孩子才有超越失敗的可能。

失敗的原因可能有很多，是自己的能力不足，或是經驗不夠，也可能是努力程度不夠，環境的條件不成熟等。家長可以幫孩子分清哪些失敗是自己的原因，哪些是外在的原因；哪些失敗是可以避免的，哪些是不可避免的。這時，家長不妨多聽聽孩子的想法，協助孩子一起分析各方面存在的問題和可能。

鼓勵孩子進行改進

找到失敗的原因，如果是可以改變的，家長應該鼓勵孩子找到至少兩種相應的改變措施，然後試著去做，並檢驗效果。例如，由於粗心大意把本來會做的題目做錯了，感到很難過，同時還感到不服氣，而且會因此難以原諒自己。我考得不好，不是因為我學得不好，而是我不夠細心。家長可不能跟孩子一樣有這種想法，因為粗心大意也是一個很不好的毛病，它反映出孩子比較浮躁，缺乏耐心，學習不夠扎實。改掉粗心大意的方法很多，如臨摹、玩拼圖、做數獨遊戲等。家長可以根據孩子的特點幫助他找到適合的改進措施。

讓孩子學會欣賞勝利者

有些家長為了安慰孩子，有時會不經意貶低其他孩子或流露出對結果的不屑、不滿。這些細小的行為都會被孩子觀察到，從而影響他們遭遇挫折後的心態。因此，家長應該在引導孩子承認對方的勝利之後，和孩子一起分析為什麼對方獲得了勝利，最重要的是要讓孩子自己說出勝利者獲勝的原因。當孩子長大後，他們會遇到各種競爭，學會在各種競爭中從容面對，並且欣賞對手，是他們人格完善、個人魅力的具體展現。

提升自己

家長在教會孩子如何欣賞對方的同時，應根據孩子的狀況分析他們的優點和弱點，讓孩子在競爭中知道如何提升自己。這樣，在孩子眼裡，家長不單純只是高高在上的長輩，而是可以並肩作戰、值得信賴的朋友。這樣的做法能增進親子間的感情。

和孩子分享自己的失敗經驗

在日常生活中，家長也應樹立為孩子做典範的意識，不要流露出害怕失敗而放棄的思想。當家長面臨一次次的失敗時，千萬不要流露出放棄的念頭，而應以這種語句對孩子說：「我這次還沒有學會，但我發現我能……，我決定多向教練請教，加強練習，我相信我一定能學會的。」家長對失敗的態度，會直接影響到孩子，所以，家長一定要給孩子樹立好的榜樣。

跟孩子一起尋找面對失敗的力量

當孩子失敗以後，他渴望得到安慰與鼓勵。因此，家就成了孩子的避風港灣！這時，家長為孩子營造一個溫馨、輕鬆，富有人情味的家庭氛圍是很有必要的。當然，除了讓孩子在情感上有歸依感、安全感外，家長還應該用自己積極的人生態度去感染孩子，訓練孩子積極樂觀的心態！這樣，孩子才能在失敗中成長！

此外，家長也可對他們講述英雄人物失敗的故事，讓孩子從故事裡吸取面對失敗不退縮的力量和勇氣。

對孩子進行適當的挫折教育

有這樣一個故事 ——

有兩個農夫在各自的田地裡許願。

一個農夫說希望他的地不要有大風雨、不要下雪、不要地震、不要乾旱、不要冰雹、不要蟲害。

另一個農夫說，這些都沒關係，只要我能看著我的麥子還存在、還活著就行。

　　結果，那一年，天氣都跟隨他們的願望，那個什麼都不要的農夫，麥穗果然結得很大很多，但是麥穗裡面卻沒有一粒麥子，都是空的。而另一個農夫，看起來只是短短的麥穗，但是裡面卻是豐滿的果實。

　　第一個農夫始終想不明白，為什麼自己這麼「呵護」麥子，反倒沒有讓麥子生出「感激」之情，結出豐碩的果實，而另一個農夫那些飽受風雨侵襲過的麥子，卻能夠無怨無悔地獻上豐碩的果實？這是多麼不公平呀！

　　其實，道理很簡單，溫室裡的鮮花生命力永遠比不上山間的野草，沒有經歷過風雨的麥苗當然不會為了生存努力尋求發展。只有在惡劣環境裡生存的麥苗，才能在挫折與磨難中不斷充實自己、完善自己，從而獲得秋日的豐盈。植物如此，動物亦然。

　　在非洲大草原的橘河兩岸，有許多羚羊生活著。動物學家們發現一個奇怪的現象：東岸的羚羊不僅奔跑速度比西岸的羚羊快，而且繁殖能力也比西岸的羚羊強。

　　為了研究兩岸羚羊的不同之處，動物學家們在兩岸各捕捉 10 隻羚羊，然後把牠們分別送到對岸。

　　一年後，由東岸送到西岸的羚羊繁殖了 14 隻，而由西岸送到東岸的羚羊則只剩下 3 隻。這是什麼原因呢？動物學家們百思不得其解。

　　經過反覆研究，動物學家們終於找到了原因。

　　原來，東岸不僅生活著羚羊，在附近還生活著一群狼，為了不被狼吃掉，東岸的羚羊不得不每天練習奔跑，讓自己強健起來；而西岸的羚羊因為沒有狼群的威脅，過著安逸的生活，結果，牠們的奔跑能力不斷下降，而體質也隨之變差了。

　　調查結束，動物學家們恍然大悟，原來「物競天擇」說的就是這個道理呀！只有在挫折與磨難中艱難生存下來的物種，才能擁有更加頑強的生命力！

此時此刻，聰明的家長們是否已經從上面這兩個樸素的故事中理解了「挫折」的真正意義？那麼，請反省我們對孩子的教育吧！很多情況下，我們是否就像那個好心的農夫一樣，不忍心讓孩子吃苦，讓孩子受累，不忍心讓孩子遭遇人生的風雨。我們總是像「老母雞」保護「小雞」一樣，怕孩子受到一點委屈，把孩子藏在自己的身後。以為這麼做，就能讓孩子少受一點罪！殊不知，家長的這種做法，不但讓孩子失去在挫折中成長的機會，而且還對孩子個性、心理有十分不利的影響。挫折是一種寶貴的財富，孩子要健康成長，應學會樂觀面對挫折，接受挫折。只有不斷經歷困難和挫折的孩子，才具有堅強的意志和強大的生存能力。同樣的，一個經得起挫折的孩子，才能生存地更好！

對孩子來說，「挫折」具有以下的價值：

▶ **挫折有助於自信心的養成**：一個自信的人通常會表現出勇敢、堅韌、樂觀等行為特點，它是一個人走向成功的必備特質之一。當孩子遭遇挫折，就會產生不愉快的情感體驗，此時，家長就改用一些鼓勵的話語激勵孩子，並幫助孩子分析受挫的原因，使他能夠充滿信心地迎接挫折，戰勝挫折，慢慢養成自信的個性特點。

▶ **挫折有助於孩子堅強意志力的形成**：為培養孩子堅強的意志，家長可以利用自然挫折或人為設置的挫折來磨練孩子，培養他勇於競爭、勇於拚搏的頑強性格。

▶ **挫折有利於增加孩子的心理承受度**：遭遇挫折，有的人會沮喪、焦慮、逃避；有的人會積極、勇敢地面對。家長應教育孩子以積極、樂觀的心態去面對、戰勝挫折。對於那些無法短時間或透過個人努力克服的挫折，應讓孩子學會運用自我安慰等方法來緩解心中的壓力與不快，以此培養孩子自我舒緩壓力的能力，培養其自信與樂觀的特質。

身為家長，我們不但要充分認知「挫折」的價值，還應在日常生活中

注意培養孩子的抗挫能力。這樣，孩子才會在遇到挫折時表現出堅強、勇敢、自信的精神，用自己的力量和智慧去克服，一步步走向成熟，走向成功。

美國總統約翰‧甘迺迪（John Fitzgerald Kennedy）的爸爸從小就注意對兒子獨立性格和精神特質的培養。

有一次他趕著馬車帶兒子出去遊玩。經過一個轉彎處，因為馬車速非常快，馬車猛地把小甘迺迪甩了出去。當馬車停住時，小甘迺迪以為爸爸會下來把他扶起來，但他爸爸卻坐在車上悠閒地掏出菸吸了起來。

小甘迺迪叫道：「爸爸，快來扶我！」

「你摔倒了嗎？」

「是的，我覺得我自己站不起來了。」小甘迺迪帶著哭腔說。

「那也要堅持站起來，重新爬上馬車。」

小甘迺迪掙扎著自己站起來，搖搖晃晃走近馬車，艱難地爬了上去。

他爸爸搖動著鞭子問：「你知道為什麼讓你這麼做嗎？」

兒子搖了搖頭。

他爸爸接著說：「人生就是這樣，跌倒，爬起來，奔跑；再跌倒，再爬起來，再奔跑。在任何時候都要靠自己，沒人會去扶你的。」

小甘迺迪聽了，似懂非懂地點點頭！

不過，從那以後，他對大人的依賴明顯少了很多！遇到事情，也不會總顧著哭泣！因為知道沒有人可以幫助自己，他必須想辦法解決自己遇到的問題！

顯然，甘迺迪並非不愛自己的孩子，事實上，正因為他深愛著孩子，知道挫折是人生必經的道路，所以才不斷地磨礪孩子的意志，讓孩子摔倒了再自己重新爬起來！因為「人生就是這樣！」有摔倒過自己再爬起來的經驗後，孩子才會變得更有韌性，更有承受度。這樣，當困難與苦難襲來

時，孩子才不會手足無措。

當孩子面對挫折時，家長的正確做法應該是：

▶ **不要憐憫與擔心孩子**：不必擔憂孩子會因為一次挫敗，就永世不得翻身。每個孩子內心深處，都有一個「自我幫助系統」，這個系統會在處理挫折的過程中，接納各式各樣處理不同危機的「方法」。這才是挫折賦予孩子未來的本錢，它可以讓孩子從容地應對生活中的挫折與失敗。

▶ **告訴孩子「挫折」並不可怕**：挫折未必總是壞的，關鍵在於對待挫折的態度，同樣的挫折既可產生消極情緒，甚至心理障礙，也可以磨練人的意志，使其奮發向上。孩子對周圍的人和事的態度常常是不穩定的，在碰到困難和失敗時，往往會產生消極情緒，不能以正確的態度對待。這時，家長要及時告訴孩子，「失敗並不可怕」，「你要勇敢」，「你一定會做得更好的」。家長要把孩子的失敗當作教育的契機，引導孩子重新鼓起勇氣，大膽自信地再次嘗試；同時，還要讓孩子明白人人都有可能遇到困難和挫折，但這些是可以克服的，教育孩子勇於面對，樹立戰勝困難和挫折的勇氣與自信心，提高克服困難和對抗挫折的能力。

▶ **讓孩子客觀地分析挫折與逆境**：讓孩子客觀分析挫折和逆境，尋找有效的應對方法，養成勇於克服困難和開拓進取的精神；以及如何正確認知生活中的困難和逆境，提高心理承受度，保持積極進取的精神狀態；甚至如何激發主動鍛鍊個性的心理特質，磨礪意志，養成良好的生活態度等一切都至關重要。

▶ **適當設置一些困難，讓孩子體驗挫折**：俗話說「窮人的孩子早當家」，生活在窮困家庭的孩子，惡劣的生存環境自然就為他準備了艱苦鍛鍊的條件；現在生活水準普遍提高了，家長應多想辦法幫孩子設置一些困難，讓孩子去解決；孩子在生活中碰到困難，也要求他自己

解決，從而培養孩子應對未來的能力和意志。

▶ **教會孩子對待挫折的方法，和孩子一起分析挫折原因**：家長可以教孩子一些對待挫折的方法，如自我鼓勵：「這次雖然沒得第一名，但比以前進步多了。」心理補償：「我跳舞不行，但畫畫不錯，要努力畫，爭取參加畫畫比賽。」對嬌生慣養的孩子，不妨讓他受點冷落。

▶ **利用榜樣進行受挫教育**：社會學習對孩子的成長是非常重要的，對於以模仿為天性的孩子來說，榜樣的力量是無窮的。如因遭受失學挫折而奮發成材的愛迪生（Thomas Alva Edison）、華羅庚；戰勝病殘而有成就的海倫·凱勒（Helen Adams Keller）等。這些優秀人物的事蹟都會為孩子帶來鼓舞的力量。

當然，在對孩子實施挫折教育時，家長們應該要明白：對孩子進行挫折教育，目的就是為了讓孩子在體驗中學會面對困難，並戰勝挫折，培養孩子的耐挫折能力。它不僅包括吃苦教育、生存教育、社會教育、心理教育，也包括獨立、勇氣、意志及心理承受度等方面的培養。只有在挫折中千錘百鍊成長的孩子，才能在未來的人生中擁有更強大的生存力和競爭力。

培養孩子堅強的意志

意志力是人類特有的一種心理現象，詞典上的解釋為「控制人的衝動和行動的力量」，是指人在達到某一目的的過程中，透過特意支配和調節自己的行為，從而克服各種困難達到預期目的的心理過程。生活中，意志力無時無刻不發揮重要的作用。有堅強意志力的人，總是較能控制自己的行為，不衝動行事；或在遇到困難時勇敢面對，尋找解決問題的方法，從而克服困難，因此，他們也就容易獲得成功。而那些缺乏意志力的人，往往難以控制自己，或在遇到困難時臨陣脫逃。意志力薄弱的人無法耐心做

完一件事，無法適應長期枯燥而艱辛的條件，因而也就難以獲得成功。

意志力對人的一生具有非常重要的意義，它是人格中重要組成因素，是獲得成功所必須具備的重要元素。意志力與人的智商無關，但卻可以發揮遠遠超出智商的強大作用。

有時，成功不是靠知識多寡、能力大小來決定的，很大程度是依賴堅強的意志力。美國著名心理學家布魯姆（Benjamin Bloom）說：「世界上有1%至2%智力超常的兒童，但是，如果他們意志力薄弱，不努力學習，長大以後也不可能有多大作為。」從小鍛鍊孩子的意志力，有助於讓孩子養成不懼困難的精神，能為孩子一生奠定堅實的基礎。培養孩子良好的意志力需要在父母的指導下，經過長期不懈地努力才行。

可以說，在人生的道路上，榮譽和挫折是並存的。身為家長，我們沒有辦法避免孩子跌倒，但應鼓勵孩子跌倒後自己爬起來。成功的果實，只有堅持不懈地奮鬥，只有不斷地克服困難，不斷地吸取教訓，才能獲得。具體來說，家長可以從以下幾個方面訓練孩子的意志力：

培養良好的生活習慣

讓孩子養成有始有終的習慣對增強意志力有非常重要的作用。在孩子小的時候，無論玩耍、看兒童書，還是學習、做事，家長都要要求他有始有終，並逐漸養成習慣。

培養孩子的耐心也很重要，因為有耐心亦是意志力的一個重要面向。家長可從日常生活中藉著「等」來培養孩子的意志力。

對聰明的孩子，家長需特別注意對他們進行堅持性和吃苦精神的訓練，尤其是一些簡單生活習慣的培養。

比如一件事情盡可能自始至終，獨立完成整個過程，不可就簡避繁；一段時間內只專心做一件事情，以免心猿意馬；不能全憑興趣做事，適當

做一些不願做的事情;學會抵制來自外在和內在的誘惑,集中注意力於當前的事情;學會吃苦,不怕簡單、枯燥和重複。

確定正確的行為目的

隨著孩子年齡的增長和知識經驗的積累,他們的理解能力也在不斷增強,他們的行為能力在生活、學習和遊戲中會明顯地表現出來。由於孩子年紀小,易受情緒、興趣等因素的影響,他們的行為目的往往不穩定。因此,父母必須根據孩子的這一特點,透過遊戲、娛樂、學習等方式來幫助孩子確定正確的行為目的。需要注意的是,幫孩子設定的目標一定要恰當,應該讓孩子明白,此目標不經過努力是無法達到的。太難或太易達成的目標都不能讓孩子的意志力得到鍛鍊。

制定了合理的目標後,父母就應當要求孩子堅決執行,直到實現為止絕不可遷就,更不能半途而廢。

不要把孩子當成弱者

著名科學家瑪里·居禮很注意培養孩子的堅強性格。在第一次世界大戰期間,她把大女兒帶到戰爭前線救護傷患,在艱苦的環境中鍛鍊。1918年,她又要兩個女兒留在正遭受德軍炮擊的巴黎,並告訴孩子,在轟炸時不要躲到地窖去發抖。這種把孩子當成強者的態度,使她的孩子們成為了堅強的人。

想讓孩子堅強,千萬不要把孩子當成弱者來看待。只有讓孩子自己去站立,他的雙腿才會強壯,他的意志才會堅定。

讓孩子從小事做起

著名文學家高爾基曾說：「哪怕是對自己一點小的克制，都會讓人變得強而有力。」因此，培養孩子的意志力，要從「小的克制」入手。

千里之行，始於足下。從小事做起，持之以恆，是磨練意志的好方法。透過生活小事指導孩子承受意志鍛鍊，是一種行之有效的方法。因此父母要善於利用身邊的小事有計劃地鍛鍊孩子的意志力。

培養堅強的意志，要隨著孩子的成長和進步，從小到大、從易到難、從低到高訓練，當他能夠迎接越來越大的困難和挑戰時，一個意志堅強的孩子也就出現了。

必須讓孩子能夠獨立活動

在鍛鍊孩子意志力的過程中，讓孩子能夠獨立活動是父母必須注意的原則。如果孩子沒有強烈的獨立意識和獨立能力，鍛鍊意志力根本就無從談起。

父母可以讓孩子自己收拾玩具，自己穿衣，自己完成作業，甚至收拾自己的碗筷等。孩子在進行這些活動時，需要克服外部困難和內部障礙，但也正是在這過程中，讓意志得到了鍛鍊。

鼓勵孩子做好每一件事情

鼓勵孩子有始有終做好每一件事情。孩子碰到困難想逃避這是正常現象，父母正確的做法應該先幫助孩子了解困難的原因，然後鼓勵他想辦法克服，而非立即逃避、退縮。當孩子想要放棄學習時，父母應多提供孩子學習與興趣探索的機會，但是當他有困難時，要先了解困難的原因，然後再幫助他克服，如此才能培養孩子的毅力。

保護孩子的好奇心

保護孩子的好奇心對培養意志力也是十分重要的，因為孩子對自己感興趣的東西較容易堅持。保護孩子的好奇心和探究、創意的精神，有利於幫助他們克服困難，堅持做自己喜歡的事。孩子生來就具有強烈的好奇心，父母一定要善加保護孩子這一先天優勢。如果孩子能永遠保持一顆探索之心，對探究未知充滿興奮、衝動和激情，那麼他們有什麼困難不能克服的呢？

做孩子的表率

樂觀的父母培養樂觀的孩子，同樣，堅強的父母會培養堅強的孩子。如果爸爸媽媽意志堅強，做事具有不怕困難、百折不撓的精神，那麼孩子也會在耳濡目染、潛移默化的過程中逐步完善自己的意志。反之，如果爸爸媽媽懶懶散散，遇到困難就繞道而走，工作缺乏勤奮精神，生活懈怠，做事沒有信心，經常半途而廢，那麼孩子絕不會成為一個意志堅定的人。

激勵支持孩子的每一次進步

根據孩子的不同年齡，讓孩子去完成具有一定難度，經過努力可以做到的事。所謂克服困難，不畏懼困難，這就是意志力的表現。孩子克服了某一困難，要給予鼓勵和表揚；若再去做某一件有困難的事，要給予支持和指導；當遇到困難時，要用孩子以往克服困難的事例，激勵他繼續努力，勇往直前。

勇敢就是學會「堅持」

有個故事是這樣的：

狂風暴雨過後，一隻小小的蜘蛛艱難地爬著，目標是遠處牆角裡牠那已支離破碎的家 ── 蜘蛛網。由於牆壁溼滑，牠每次只要爬上一定的高度，總會掉下來。就這樣，蜘蛛一次次地向上爬，一次次地掉下來……。

終於，在失敗了無數次後，蜘蛛重新織出了一張漂亮且牢固的網！

這是一個讓人深受啟發的故事，這隻小小的蜘蛛之所以能夠獲得成功，與其堅持不懈的精神是分不開的。其實，很多時候，成功與失敗的差距往往只有一步之遙，只要咬緊牙關堅持一下，勝利便在眼前。反之，如果輕易放棄，即便先前做了很多努力，最終也只能功虧一簣。

這是一個深刻的教訓：

兩個商人被困在荒涼的沙漠裡，一連好幾天都沒有喝到一滴水。天亮時，他們決定分頭去尋找水源，並約定：如果有人找到水或得到救助，就鳴槍為信號。

接近中午時，其中一個再也走不動了。太陽像火蛇般舔著他乾裂的皮膚，腹內燃燒成一團火。他想：「我快完了，快向同伴求救吧！」於是，他朝天開了一槍。

槍響之後，等了很久，他並沒有盼到同伴的到來。他想：「大概他沒聽到吧？」於是又朝天開了一槍。

又過了許久，仍然沒有見到同伴的身影。他開始著急了，又接連開了幾槍。他想：「這個傢伙，大概是發現水源了，想自己獨享；要嘛是故意見死不救，然後私吞自己的財產。」他大聲咒罵這個不講仁義的傢伙。當夜色來臨時，他徹底絕望了。

然而，當他的同伴帶著找到的水，氣喘吁吁地來到槍聲響過的地方

時，看到的卻是一具屍體，他把最後一顆子彈打進了自己的腦袋。

這位商人沒有死於乾渴，沒有死於體力不支，沒有死於沙漠裡的風暴和野獸的襲擊，更沒有死於內部鬥爭，他死於自己的意志，死於自己的不堅持。可見，堅持是一種多麼重要的特質。一個人只有堅持不懈，不達目的誓不罷休的精神，才能獲得最後的成功。

有位科學家說過：「告訴你們讓我達到目標的奧祕吧，我唯一的力量就是我的堅持精神。」堅持精神即毅力、持之以恆。要做到有毅力，能堅持，就必須要具有不同於常人的勇氣。不怕無能，只怕無恆。那種做任何事情都沒有勇氣堅持的人，是什麼成就也做不出來的。牛頓也曾說：「一個人如果做事沒有毅力，他是任何事也做不成功的。」做事必須盯住目標，猶如滴水穿石，水滴集中一點，日積月累，始終如一，才能見效。假如目標分散，這裡一點，那裡一滴，「穿石」就難以辦到。

生活中，很多孩子都有做事沒耐心的現象，剛開始大張旗鼓，但還沒到一半，就沒有耐心，做不下去了，這種半途而廢的現象非常普遍。父母教育孩子時，一定要堅持，不能像孩子一樣半途而廢，也不能在孩子的要求下妥協，做出讓步。

要培養孩子的「堅持力」，家長應該做到：

▍透過身邊小事讓孩子養成做事堅持的習慣

在平時生活中，家長可多利用身邊的小事加強對孩子堅持力的培養。比如，讓孩子學會自己疊被子，自己收拾自己的房間。剛開始，孩子也許會因為感覺新鮮而去做，但過了一段時間，孩子就會膩了，不想做了。這時，父母要督促孩子，讓孩子用心去做，直到把一件事做完為止。要讓孩子明白，堅持就是勝利。

為了讓孩子的堅持度進一步提升，僅僅讓孩子做生活中的小事是遠遠

不夠的，還要刻意設置一些障礙，讓孩子在克服困難中學會堅持，在克服困難中養成堅持的習慣。每一個人的堅持力都是在困難中磨練出來的，越是在困難裡長大的孩子，堅持力就越強。

讓孩子從克服小困難開始，有始有終

家長對孩子的要求要嚴，讓孩子克服困難，做事有始有終，而且必須堅持到底，直到有效為止。如，父母可以堅持帶孩子早上跑步，持之以恆，久而久之，也會逐漸培養孩子堅持不懈的品德。當孩子經過努力，而出色地完成一項工作後，家長要給予及時的表揚，強化孩子做事能堅持的好習慣。

和孩子一起制定目標

家長應該指導和幫助孩子制定短暫和長遠的目標，使孩子有努力的方向。孩子心中有了目標，有了「盼頭」，他就會為實現目標而去努力，表現出堅毅、頑強和勇氣。但定目標時必須注意：

▶ 目標一定要具體、切實、可行，只要自己努力就可以達成。如每天跑 200 公尺，或 300 公尺，500 公尺，可依孩子的年齡與體力而定。定下的目標，必須是只要堅持就一定能做得到的。不要定諸如考試、比賽拿第幾名之類的目標，因為名次不只決定於你自己，還有許多外在的不確定因素，別人的成績不可能由你來掌握。

▶ 定目標前要與孩子商量，說明任務的艱難，讓孩子真心接受，並對克服困難有足夠的準備。商量時允許孩子提出自己的意見，並盡可能尊重孩子。不可勉強，更不能強加給孩子。

▶ 目標如果是合理的，那就應當要求孩子堅決執行，直到實現為止，不可遷就，更不能半途而廢。

引導孩子獨立活動

家長應盡可能讓孩子獨立活動。倘若孩子不能完成一些任務，也不必急著去幫忙，而應該「先等一會兒」，讓他自己克服困難去解決。當他戰勝了困難，達到了目的，會得到一種經過努力終於勝利的滿足感。在這個過程中，孩子克服困難的勇氣和信心也就會隨之增強。

讓孩子學會自我控制

孩子的意志力是在成人嚴格要求下養成的，也是他們在日常生活中經常自我控制的結果。家長應經常啟發孩子加強自我控制、自我鼓勵、自我禁止、自我命令以及自我調適等，都是意志鍛鍊的好形式。比如，當孩子感到很難開始行動時，可讓他自己數「三、二、一……」，或自己下命令：「大膽點！」、「不要怕！」、「再堅持一下！」等。

提高孩子完成某一任務的信心

交待孩子任務時，要具體交待，並提醒可能會遇到的困難，讓孩子有充分的準備；再教他克服困難的方法，以增加其完成任務的信心和勇氣。

此外，家長還可根據孩子的特點，透過講故事、看電影、參觀烈士紀念館、閱讀書籍等，讓孩子學習典型人物，啟發自我教育，培養孩子堅持不懈、堅忍不拔的毅力。

用 3 分鐘耐性訓練法訓練孩子的堅持力

有一個缺乏耐性的孩子，他每天只知道看電視和玩遊戲，對書本一點都不感興趣。

一天，父親拿著一個沙漏對他說，這是古代的鐘錶，裡面的沙子全部漏下去時，正好是 3 分鐘。這個孩子很好奇，想玩玩這個沙漏，這時父親

說：「我們把沙漏當計時器，一起看故事書，每次以 3 分鐘為限。」孩子高興地答應了。

第一次，孩子果然靜靜地坐下來聽爸爸講故事，但他根本沒有留意爸爸在說什麼，而是一直看著那個沙漏，3 分鐘一到，便跑去玩了。但是父親沒有氣餒，他決定多試幾次。果然很多次以後，孩子的視線漸漸由沙漏轉移到故事上了。雖說約定 3 分鐘，但 3 分鐘過後，因為故事情節吸引人，孩子聽得非常入神，他要求延長時間，但父親堅持「3 分鐘」約定，不肯繼續講下去。孩子為了早點知道故事情節，就自己主動閱讀了。

3 分鐘的時間，正好適合孩子注意力的集中，3 分鐘後立即停止，這樣不僅讓孩子覺得父親守信，而且還利用了孩子的好奇心，引發他想主動學習的動力。當然，培養孩子的耐性，家長也要有耐心和恆心，不要試了一兩次後覺得沒效果就放棄了。

值得家長們注意的是，如果孩子做事中途退縮，不想完成，家長切忌一直嘮叨不止，或張口就罵，動手就打，更不要諷刺、挖苦，如在孩子面前總是說：「你看，我就說你堅持不了吧，你這孩子就是這樣『虎頭蛇尾』！」「算了吧，你就不是那塊料……」，這麼做很容易讓孩子產生反抗心理，而傷害其自尊心，使孩子對自己能否保持「持久」失去信心和勇氣。而應當這樣說：「今天你看書堅持了很久的時間，很不錯！」「你彈琴彈了很長時間，還要堅持下去」等。哪怕只發現一點點優點也要給予具體的鼓勵、表揚，讓們產生愉悅感和自信心，從而樹立堅持完成任務的決心。

此外，孩子之間有性別、性格、身體、能力傾向等的差異。家長應充分考慮孩子自身的特點，培養他的「持久性」。比如有的男孩特別喜歡飛機，家長可以帶孩子去看飛機，幫孩子蒐集各種飛機的圖片，為孩子講解有關飛機的知識等；有的女孩喜歡花草，父母可以帶孩子去植物園、公園等地方觀賞，讓孩子多了解各種植物，還可以在家幫孩子種植物。總之，就是利用孩子的興趣鼓勵他們，以此來培養孩子對事情的「持久度」。

讓孩子「玩」出勇敢

貪玩是孩子的天性，每個孩子都喜歡遊戲，都希望「玩」中成長，「玩」中學習。在「玩」的過程中，孩子很容易就能集中精神，忘記害怕與膽怯。

因此，對於那些膽小怕事、怯懦、不敢表現自己的孩子，家長一樣可以透過「玩」來培養他們的膽量，透過各種有趣的遊戲體驗來增加孩子的自信心，培養他們勇敢的性格。

毛毛是個四歲的小男生，他膽小、做事沒有毅力，有很多爸爸媽媽不能容忍的缺點。

有一次，幼稚園邀請家長去參加園遊會活動，小朋友都大大方方的表演，就他一個人縮在角落不吭聲，老師拉他也不上去；別的小朋友都在一起玩，只有他總是牽著媽媽的衣角；搭積木搭到一半時倒了就不耐煩，怎麼哄他都不肯再玩下去 …… 凡此種種，令毛毛的媽媽沮喪不已。

在研究了兒子的性格特質，廣泛徵詢了各方高人的意見之後，毛毛的媽媽為兒子設計了一個既另類又簡單的計畫——教他「玩」。當然這玩不是瞎玩，選的全是有針對性的項目。

第一個項目：滑小滑板車

> 一開始，毛毛總是緊緊地抓住媽媽的手不放，媽媽稍一鬆手他就哇哇大叫。媽媽堅持著鼓勵他：「毛毛，你滑得不錯，媽媽相信你一定能學會的。」
>
> 一次又一次，在媽媽的期待中，毛毛的手慢慢鬆開了，開始在媽媽的保護下歪歪斜斜地慢慢滑。一小步、兩小步，一大步、兩大步，終於找到了點感覺，他開始興奮起來，對媽媽叫著：「媽媽，我不要你扶了，你看我自己會了。」
>
> 一週以後，毛毛已經能自如地操縱小滑板車，在同齡的孩子中還算超前了一步。

第二個項目：跳繩

　　媽媽先自己跳花式給毛毛看。兒子覺得有趣，迫不及待地搶過繩子來玩。但把繩子拿在手裡自己跳時，感覺就怪怪的了——不是手不動，就是腳不動，很難手腳並用。於是媽媽要他不動繩子，先做動作，找找感覺。孩子是沒有多少耐心的，當他發覺一項活動並不是那麼簡單，就很容易放棄。

　　為了讓他堅持下去，媽媽找了幾個大一點的小朋友，一人牽一邊繩子，換一種方式讓孩子跳。毛毛在繩子中間鑽來鑽去，樂得哈哈大笑，腳會動了，手就簡單多了，兩週後，毛毛的跳繩技術已有小成。

　　接連攻克兩個「堡壘」後，毛毛的媽媽明顯感覺到兒子的自信心增加了，對運動的興趣加大，戶外活動的時間也延長了。而且，因為毛毛有這些小技藝，總能吸引到小朋友跟他玩，慢慢地他懂得了怎麼跟別人交往，個性也越來越活潑。

第三個項目：騎兩輪腳踏車

　　這個項目訓練的難度比小滑板車要大，一開始毛毛的小手根本握不住龍頭，扭來扭去，連人帶車摔了好幾次。不過有了前兩次的訓練經驗，他的情緒沒那麼急躁了。媽媽一邊扶著他騎，一邊指導幾個關鍵點：掌握龍頭、身體平衡、放鬆。

　　找到感覺後，毛毛歪歪扭扭地上路了，竟然騎了5公尺遠。這一來，他信心大增，10天左右，就已經能騎著兩輪車驕傲地跟在媽媽身後買菜了。

　　不過短短幾個月的時間，毛毛媽媽的另類計畫大獲成功。現在毛毛還學會了游泳，且開始學溜冰了。

　　毛毛的例子告訴我們，孩子的膽量是從實踐中鍛鍊出來的，如果家長能抓住孩子愛玩的天性，讓孩子切身體驗到做一件事只要有勇氣，只要堅持，就一定能做好的話，孩子必能在今後的生活中，把挑戰當成樂趣，在玩中培養出膽量與勇氣來，這比教他認幾個字、背幾句詩強多了。

　　鍛鍊孩子的膽量，還可以讓他在平衡木上走一走。對於從未走過平衡木的孩子來說，一般剛開始時都不敢上去，就算勉強上去了，也是心慌、

緊張、搖搖晃晃。孩子為了獲得成功，必須克服害怕的心理，勇敢地走過去。心理研究早已顯示：這類直接而強烈的成功體驗，會對孩子產生極大的鼓舞和激勵，會提升孩子的成就感和自信心。教孩子走平衡木時，剛開始在路邊的水泥石條上牽著走，然後到長椅上牽著走，逐漸到平衡木上牽著走。同時，孩子行走時，父母要表現出欣賞、鼓勵的態度，不要做出緊張的表情。要讓孩子感覺越走越新奇、越高興，絕不要故意逗嚇孩子，這樣會適得其反，讓孩子養成走平衡木危險可怕的印象。如果沒有平衡木，在高處扶著站立，移動一下腳、踩踩腳也有作用。

攀岩也是一項鍛鍊綜合特質的運動，不僅可以獲得驚人的勇氣、過人的力量、極加的柔軟度，更可以提高耐力和判斷力。臨床實驗證明，「攀爬」是改善孩子感覺統合的絕佳活動，在富有樂趣的攀岩遊戲中，能增加孩子的體能、手腳握力、平衡感、高度適應、專注力、上進心、手眼協調及韻律感，進而訓練孩子克服困難的勇氣與自信心。在教孩子攀岩時，要告訴孩子手指併攏才能牢牢抓住岩點；手腳輪流用力可以節省體力；下降時面向岩壁，四肢伸開就不會碰撞岩壁；攀岩時可以穿小半號的薄底鞋，這樣更加容易用力；攀登前觀察岩點，選好路線，可以提高攀岩的速度。

當然，引導孩子在玩樂中鍛鍊膽量，家長還應該注意以下原則：

▸ 由易到難，循序漸進、各個擊破，讓孩子逐漸增加信心。

▸ 不要操之過急，孩子學會一樣新東西都需要一個過程，要學會耐心等待。

▸ 家長要調整自己的心態，要放得開，不能過度保護，如果孩子後面總是跟著一個大驚小怪的尾巴，孩子怎麼會勇往直前呢？

第八章
勇敢的孩子不是打罵出來的

　　自古以來，我們的家庭教育都喜歡把「打是情，罵是愛，不打不罵不成材」奉為家教的宗旨，以為這樣孩子就會乖巧、聽話，不惹是生非。殊不知，打罵非但不能讓孩子真正認知自己的錯誤，還讓孩子產生驚懼的心理，使孩子變得自卑、懦弱。

　　想改變這種狀況，家長應糾正自己的教育方式，用溫情打動孩子，讓孩子真正意識到被理解、被寬容，從而變得強大。

過度責罰會磨滅孩子的勇氣

　　在每個孩子成長的過程中，難免都會犯這樣或那樣的錯，當孩子犯錯時，「責罰」便成了眾多家長的首要選擇。從某種意義上來說，適當、正確的責罰對孩子是必要的，它不但能提醒孩子認知錯誤、糾正錯誤，還能防範於未然，讓孩子不再犯類似的錯。然而，如果家長對孩子的責罰過了頭，其負面作用是相當大的。因為過度責罰，一些孩子會變得膽小怕事，而另一些孩子則會養成強烈的反抗心理，這都不是家長教育孩子的初衷。

　　以下是生活中的一個真實的案例：

　　星期天，一家三口逛商店，孩子看中一個玩具，但爸爸媽媽不買給他，孩子索性躺在地上要賴、哭鬧，不肯起來。爸爸覺得沒面子，便抓起孩子要打。媽媽看了心疼，就與爸爸吵了起來。在爸爸媽媽的吵鬧聲中；在爸爸的喝斥聲中，孩子嚇得不敢說話。

　　為此，爸爸還得意地說：「這孩子就是欠『收拾』。」

　　可想而知，這件事情過後，孩子就變得膽小多了，跟爸爸說話時不敢看爸爸的眼睛，囁囁嚅嚅的；被別的孩子欺負，回家也不敢說；在班上不敢大聲發表自己的意見；遇到喜歡的東西也從來不敢主動向爸爸媽媽表示自己想要的意願……。

　　總之，孩子變得膽小、怯懦、沒主見了。

　　這是一個由於過度責罰，讓孩子變膽小怕事的故事。生活中，類似的故事還有很多，孩子犯錯後，家長過度的責罵、苛責或處罰，非但不能讓孩子因此認知錯誤，變得「服帖」、「順從」，且還可能對孩子的一生都造成難以彌補的創傷，導致孩子養成逆來順受或暴躁叛逆等不良性格，這對孩子的成長是不利的。身為父母，要深刻地認知這點並永遠摒棄這種「過度」的教育方式。

　　愛孩子，首先要尊重孩子。即使孩子真的做錯了，也不要立刻以家長

的權威加以斥責和打罵，應該耐心地引導、啟發，讓他們自己認知到自身的錯誤，然後再「量刑」懲罰。

正所謂「樹活一張皮，人活一張臉」，孩子雖小，他也是人，也要面子，也需要人格尊嚴。因此，在孩子犯錯時，做家長的不可因為一時的氣憤就過度責罰孩子。一個理智的家長不但能利用好時機，在孩子犯錯時適當地責罰，讓孩子吸取教育，還能在孩子勇於承認錯誤時原諒孩子，給孩子改正錯誤的勇氣。

喬治・華盛頓（George Washington）是美國第一任總統，他小時候聰明好動，對什麼事情都抱有強烈的好奇心。有一次，他為了試試自己的小斧頭是否鋒利，竟把父親心愛的一棵櫻桃樹砍倒了。父親得知後非常生氣，厲聲問道：「這是誰做的？」

華盛頓看到父親的樣子，心裡非常害怕，站在一旁緊張地盯著父親。過了一會兒，他鼓起勇氣來到父親面前，滿臉羞愧地說：「對不起，爸爸，櫻桃樹是被我砍斷的，我只是想試試自己的斧頭是否鋒利。」

父親看著自己的兒子，想了想說：「你不怕我知道了會打你嗎？」

華盛頓勇敢地抬起頭說：「但是，無論如何我也應該告訴您真相。」

父親聽了華盛頓的話，怒氣一下全消，慈愛地對他說：「親愛的，我很高興你對我講了真話，我寧願不要 1,000 棵櫻桃樹，也不願你不承認錯誤。」

華盛頓從父親的眼神裡看到了原諒和期望，受到了莫大的鼓舞和鞭策。正是在這樣的教育下，華盛頓養成了誠實的品格，最終成就了一番偉業。

教育家認為，孩子幼小的心靈極易受到創傷，任何粗暴武斷的教育方式都是不合時宜的，只有用溫和的方式，才能走進孩子的心靈。試想一下，如果華盛頓在向父親承認錯誤後，得到的是父親的一頓訓斥和暴打，

那他以後還敢承認錯誤嗎？

　　然而，在現實生活中，很少有家長能意識到這一點，當孩子犯錯後，他們往往會因一時的怒火而嚴厲斥罵、苛責，或者索性將孩子暴打一頓，以洩心頭之憤。家長過度的責罰導致孩子總是擔心犯錯和被懲罰，進而變得膽小、懦弱、沒主見，凡事都不敢去嘗試，嚴重的，還可能造成不可彌補的後果。

　　曾有一位 11 歲的男孩獨自在家玩耍時，不慎跌下三樓陽臺，因害怕父母責罵，他強忍疼痛爬回家。6 小時後，家人將昏迷的孩子送到醫院，經檢查，孩子脾臟破裂，腹腔出血，男孩被推進手術室進行搶救。

　　手術室外，男孩的父親哭著說：「孩子上午沒有去上學，一個人在家。中午，我們回家見到他躺在床上，臉色蒼白，因劇痛流了一身的冷汗，當時還以為他生病了。」孩子面對父母的盤問，起初還閉口不談，直到真的撐不住了，才說出真相。

　　後來，搶救的醫生表示，男孩脾臟破裂，傷勢嚴重，若再晚一點送醫，可能就沒救了。

　　孩子受了這麼重的傷，仍然不敢對家長說出實情，正是因害怕父母的打罵。可見，在平時生活中，這位男孩已經對家長的過度責罰產生了深深的恐懼感，以至於不敢流露自己的真性情。

　　此外，家長對孩子過度的處罰，還容易讓孩子產生自卑感，自覺低於他人，並產生自暴自棄的心理狀態，失去上進的信心。還有一些常受到過度處罰的孩子，如果做錯事，為了逃避處罰、矇混過關，會編出各種謊話，而且越編越熟練，一旦成為習慣，長大就難以改變了。如果孩子把處罰當做習慣，就會對什麼事都無所謂，直到羞恥心蕩然無存的地步，那教育就更是難上加難。

處罰孩子的過失應合理

美國著名作家安德魯‧馬修斯（Andrew Matthews）說過：「挫折促使我們思考，考慮改變方向，促使我們從不同的角度看事情，讓我們的人生更有價值和意義。」適當的懲罰，可以讓孩子認知自己的錯誤，並且改正，這對孩子的成長有很大的價值和意義。因此，當孩子有過失行為時，聰明的父母應該責罰有度。

對孩子來說，在他犯錯後，取消曾經對他的許諾當懲罰手段，會讓孩子很敏感。越是非常想做的事情不能做，越能加深孩子對所犯錯誤的印象，進而避免類似錯誤再次發生。

期末考試剛剛結束的那天，小桐趁媽媽不注意，從家裡的抽屜拿了100塊錢和同學去玩遊戲機。晚上被媽媽發現了，追問之下，小桐不得不承認。媽媽嚴肅地指出偷拿錢和去遊樂場這兩個問題的嚴重性，且提出了兩個懲罰方式：

第一，3天內不准看電視；

第二，原定週日到公園划船的計畫取消。

媽媽知道，看電視是小桐生活中必不可少的內容，每天除了兒少節目，還有體育節目，他都非常感興趣。而划船呢？是在小桐的要求下，考試前一個月全家就商量好的，他還特意在日曆上做下記號。實際上這兩項活動，對小桐來說比玩遊戲機更重要。可是自己犯了錯，不得不接受這樣的懲罰。難耐的3天過去了，週日也過去了。媽媽嚴格按照懲罰方式做了，爸爸、奶奶的求情也沒有讓媽媽改變主意。這幾天小桐非常痛苦，不時地反省自己的錯誤。他對媽媽說：「以後我再也不會做那樣的傻事了！」媽媽看到孩子的誠懇態度，感到很欣慰。恢復了孩子看電視，且提出下週全家去划船，當作對小桐能好好承認錯誤的獎勵。別說小桐有多高興了，他對媽媽充滿了敬重和感激之情。

採用這種懲罰方式的關鍵，是父母要有清醒的頭腦和堅定不移的態度。罰要罰到點上，不要讓孩子覺得無關痛癢；既然採取了這種方法，就要堅持到底，不能半途而廢，否則反而讓孩子認為父母好對付，降低父母在孩子心中的威信。「用自然後果懲罰」，即「自作自受」。這種懲罰方式是 18 世紀法國教育家盧梭最先提出來的。他主張若孩子犯錯，要讓孩子在錯誤所造成的直接後果中，自己去體驗不快或痛苦，從而迫使其改正錯誤。他舉例：「孩子打破了他所用的物品，不要急於添補，要讓他自己感受到需要它們。比如他打破了自己房間裡的玻璃，那就讓風日夜吹向他，也不怕他因此而感冒，即使是感冒也比漫不經心好。」

身為家長，對孩子使用懲罰要講究策略，才能獲得良好的教育效果。我們的建議是：

- **在懲罰前，一定要向孩子解釋懲罰的原因**：在解釋原因時，家長要就事論事，不要把孩子以前的錯誤疊加在一起。

- **在尊重孩子的基礎上，進行懲罰**：家長不應該隨意用惡毒的語言指責、謾罵孩子，這將會刺傷孩子的自尊心。尤其不要在公共場合懲罰孩子。

- **懲罰不要過於頻繁**：採取諸如上述各種懲罰方式，只是教育孩子的手段之一。平時盡量少用懲罰，以說服教育為主。如果動不動就懲罰孩子，會讓孩子習以為常，懲罰的作用也就喪失了。尤其是這種方式用得多了，會傷害孩子的自尊心。經常處於自責、壓抑的狀態，還容易養成冷漠、孤僻的性格。

- **懲罰要保持一致性**：這種一致性包括幾個含義，比如父親懲罰孩子的方法，母親不要當著孩子的面否定。如果孩子有了母親的同情，會讓懲罰不具效力；孩子的同一個錯誤，不要父親懲罰過了，媽媽再去懲罰，最好是父母商量好而採取一致的意見；如果孩子再次犯同樣的錯誤，懲罰應當比上一次更嚴重，而不可因為當時自己的心情好或其他

原因輕易放過。如果該罰時不罰，孩子會產生得過且過的心理，或者只看父母的臉色行事，而不會悔過自新。

▶ **懲罰之後，一定要對孩子進行安慰**：要讓孩子知道父母是愛自己的，只是不喜歡他的錯誤行為，希望他能夠改正，這樣父母就更喜歡孩子了。

▶ **家長情緒失控時，不要懲罰孩子**：如果家長非常生氣時，試著從 1 數到 10。這樣可以讓家長在短時間內調整自己的情緒。

總之，孩子就像花園中的幼苗，需要愛和關懷，需要友誼和同情，所以教育者對孩子不應該非打即罵，傷害孩子脆弱敏感的心，而應該對孩子非常和善、耐心。應該用合理的方式糾正孩子的錯誤，處罰孩子的過失時要做到責罰適當，這樣才能獲得良好的教育效果。

「教」孩子而不是打孩子

兒童心理學家認為，教育者不能打孩子，而應該了解孩子複雜的心理特點，掌握打開孩子心扉的鑰匙，而不是把孩子的心扉打破。盧梭認為，孩子生來都是很好的，教育者不應改變孩子天生的氣質和性情，或改變他固有的性格，否則，他將會驅使孩子走向剛愎、不道德之路。

目前體罰孩子的現象仍然比較普遍。據一項調查顯示，在鄉村地區，60%的兒童在學習成績達不到父母所規定的要求時，就會遭到責罵，甚至痛打。有 1/4 的孩子說，回家「被父母打罵」是最痛苦的事。有半數的家長承認，孩子沒考好，自己第一個會採取的行動就是痛打孩子一頓再說。這次調查抽樣的對象，可能不盡合理。但無可否認，當前在家庭中對孩子進行體罰，仍然是比較普遍的現象。有的家長公開主張「對孩子該說的時候說，該打的時候就打」，並表示「打要打得恰到好處」。究竟什麼是該打的時候，又怎麼叫打得恰到好處，顯然沒有什麼客觀標準，說穿了就是

由家長隨心所欲。其結果對孩子的成長十分有害。

　　有的父母打孩子純粹是自己不快心情的宣洩。孩子做了同樣一件錯事，他們高興時視而不見，不聞不問；不高興時就大發雷霆，痛打一頓，把孩子當出氣筒，這是對孩子人權的侵犯。這種態度，好比發現孩子染上了汙泥，就把他丟入大海，這會淹沒孩子克服缺點的勇氣及上進的自信心。這種情況，不言而喻，是極度錯誤的。但更多的父母打孩子是「恨鐵不成鋼」，是為了孩子「好」。

　　孩子在成長發育過程中，會遇到無數從未遇過的事物，但他們自己還缺乏健全的思維能力，故做出一些蠢事、錯事都是十分正常的，有時學習達不到要求也是難以避免的，因為他們還小，更加需要幫助。做父母的就有必要，有責任、有耐心的跟他們講道理，仔細說清楚什麼是對，什麼是錯。為什麼應該這樣做，為什麼不可以那樣做，孩子需要不斷從父母那裡得到幫助與教育。

　　大多數教育家認為打孩子會損害孩子的性格。從 16 世紀開始（即在此方面有寶貴貢獻的馬丁‧路德逝世後），諸如約翰‧洛克（John Locke）、湯瑪斯‧摩爾爵士（Sir Thomas More）以及許多在此領域的有識之士都認為，打孩子是令人憎惡之舉，敬告指導者和父母要避免這種可鄙的行為。自從 20 世紀初以來，多數教育家認為，即使父母心中有這種念頭也是不被允許的。

　　很多訓練動物的人都認為不應該打動物，而應該用合理的方式對待牠們。那些認為對孩子有必要體罰的人不懂得對待孩子的合理方法。

　　顏松個性非常懦弱，究其原因，就是在上小學時發生的一件事情。他的學習成績一向優異，每個學期都考一百分，但是有一次期未考國語只考了 94 分，結果招來父母的斥罵，還被他父親打了一巴掌，顏松偷偷地哭了一個晚上。從此之後，他變得非常內向，甚至有點近乎木訥，而且每到考試時都緊張得睡不著覺。

可見這種打罵教育弊端百出，之所以引起家長如此暴怒的原因，按照他們的說法都大概是孩子「不好好學習、貪玩」，而這些家長都有一致的說法：「恨鐵不成鋼」。之所以發生這些事情是因為對孩子愛得太深了，然而，「愛得越深，恨得越深」。

我們理解那些家長管教孩子的急切及期盼孩子成功的心情，但他們沒有意識到不是所有鐵都能煉成鋼的，也不是所有的鐵都需要煉成鋼，這種打罵教育走進培養孩子的圈套，會給孩子造成非常嚴重的傷害。

第一，孩子因為怕被打，當面不為，背後為之；做了說沒做，陽奉陰違；當面聽話，背後搗亂等，長此以往，養成孩子的不良品德。

一個上國一的男孩偶爾去網咖玩遊戲聊天，玩著玩著就忘了時間，一看錶已是深夜，他害怕被父親打，跑到河邊不敢回家，在外轉了好久，最後還是回去了。一進家門，父親就是一頓狠揍，把掃帚都打斷了。結果孩子寧願忍著痛，就是不肯說自己去了什麼地方，父母毫無辦法。

第二，常被父母打罵的孩子，在外面常常會欺侮比他弱小的孩子，長大後也往往對人粗暴無禮。家長在用打罵教育孩子「學好」的同時，卻已經為孩子樹立了粗暴待人的榜樣。有一位哲人說過：「在愛中長大的孩子，學會仁慈；在皮鞭下長大的孩子，就會產生仇恨。」經常被打的孩子，只會有兩種結果，一種是因為怕被打而成為馴服的羔羊，變成沒有個性、只有奴性的奴才；另一種是激發了他們的反抗心理，變成桀驁不馴、破壞性很強的人。

第三，打罵會嚴重傷害孩子的自尊心。家長打罵前，必定咬牙切齒、目露凶光、齜牙咧嘴，這種凶神惡煞的面孔，加上絕對權威的態勢，一切已然是對孩子感情上的蹂躪，挨打則更是人格上的凌辱。當孩子挨打都不在乎時，羞恥心便蕩然無存，留下的只是憎恨、對抗，變得粗暴乃至殘忍了。

第四，體罰嚴重影響智力發展。據美國教育家的研究，體罰會減低孩

子的認知能力，影響他們的智力發展。測驗證實，經常挨打的孩子之認知能力，普遍低於一般孩子。挨打或受其他形式體罰的次數越多，孩子在測驗中得分越低。

很多家長認為沒有打、沒有罵，就不算是管教孩子，認為「我是你的父母，你就必須要聽我的，不管我說的是對是錯」，他們把父母擁有無上權威看成是天經地義的事情。但是時代在發展，很多事情也產生了變化，我們已經進入一個民主時代，孩子一樣有自己獨立的人格，用身分和權威恐嚇別人、為所欲為，已經行不通了。單單用打罵教育或高壓方式來管教子女，儘管孩子迫於壓力，會勉強服從，但是始終不能得到他的理解，只會有越來越強烈的反感，以及兩代人越來越疏遠的距離。

總之，對孩子打罵及粗暴的行為會讓孩子變得固執粗魯，並產生複雜心理，漸漸使孩子失去自尊，使勸告建議失效。於是，教育者不得不採取更嚴厲的懲罰辦法。不斷受到懲罰和折磨的孩子，不會成為心地善良、感情細膩的人，而會漸漸變成粗野、冷漠的人。

再說，孩子就算做錯事，當父母的，將其打一頓，就能獲得一勞永逸的效果了嗎？而他（她）在受到皮肉之苦後，就不會再做錯事了嗎？這答案可想而知。所以，父母在孩子做錯事以後，應該耐心地向他們講道理，他（她）聽不懂不要緊，隨著年齡的增加，他（她）會明白的。而粗暴永遠是無能的表現。

最後，再次提醒那些「打罵教育」的父母們：一定要反思自己的教子方式，這種方法只會失敗，沒有成功的可能，這已經過了無數的驗證。

「辱罵」，不如講道理

有一些衝動型的家長，一見到孩子做了什麼淘氣的事，不是抓過來一陣毒打，就是辱罵孩子「你這個渾球」，「你真不懂事」，「你就不知道幹

好事」等以消除內心之憤。殊不知，孩子不僅不能隨便打，更不能隨意辱罵。

心理學研究顯示：破壞性的批評與責備是扼殺孩子自尊心和自信心最可怕的殺手。在父母一次次的斥責聲中，孩子會漸漸習慣這些詞語，從而變得麻木不仁、缺乏自尊心，成了所謂的木頭人。這種人最容易被大眾所遺忘、無視甚至踐踏，人緣當然是奇差無比。這正如有人指出的：「那些被認為沒有自尊心的孩子，是外界沒有給他們提供讓自尊心健康發展的良好環境。他們的自尊心是殘缺的、病態的，他們是斥責教育的受害者。」

有很多家長，總認為批評、斥責孩子是為了管教，而管教孩子就是為了讓孩子聽話。因此，經常強迫孩子照父母的話去做，否則就開始聲討。這很容易讓孩子變得被動、依賴，遇事只會等待大人的指令，不敢自行做出判斷，唯恐做錯事遭到斥責，這不僅會影響孩子獨立性的發展，對孩子的思維能力和創造力培養也極其不利。

從表面上看，遭到斥責的孩子很快表示服從，似乎問題得到了解決。但事實上，孩子記住的只是斥責帶來的痛苦體驗，對自己的過錯行為本身卻很少自找反思，因此斥責反而會削弱孩子自我教育的能力。

一位兒童心理學家曾對「父母的責罵是否對孩子成長有所影響」進行研究，他把父母責備孩子的不良態度分為下列幾種，並舉出一些會使孩子變壞的責備方式：

- **難聽的字眼**：傻瓜、騙子、不中用的東西。
- **侮辱**：你簡直是個飯桶！垃圾！廢物！
- **非難**：叫你不要做，你還是要做，真是不可救藥！
- **壓制**：不要強詞奪理，我不會聽你的狡辯！
- **強迫**：我說不行就不行！
- **威脅**：你再不學好，媽媽就不理你了！你就給我滾出去！

▶ **央求**：我求你不要再這樣做了，行吧？

▶ **賄賂**：只要你聽話，我就買一輛腳踏車給你；或者只要你考到一百分，我就給你一百元。

▶ **挖苦**：洗碗，你就摔破碗，真能幹，將來還要成大事咧！

這種惡言惡語，強迫、威脅，甚至挖苦，都是父母在氣急時，恨鐵不成鋼的情況下，訓斥子女時常採用的方法。但是，它們通常也是最不能被孩子，尤其是有些反抗性或自尊心強的孩子所接受的。它們不但不能把孩子教好，反而會把事情弄僵，在不知不覺中給孩子不良的影響。至於央求和用金錢來誘惑，更是只會把孩子導向邪路。

為了避免斥責帶來的負面效應，家長要盡量少辱罵、斥責孩子，確有必要進行斥責時應注意以下幾點：

讓孩子知道自己錯在哪裡

由於孩子年紀小，知識經驗少，能力有限，因此常常會惹出這樣那樣的事端，父母應實事求是地加以評價，講道理，同時更應幫助孩子分析原因，引導他自我反省，知道自己到底哪裡做錯了。

批評孩子要就事論事

批評孩子時，不要給孩子一種新帳舊帳一起算的感覺。說話要切合實際，避免說教，掌握好分寸，因為及時處理，有助於條件反射的建立、激的強化，教育效果顯著，不要等過了時間點再處罰，此時孩子可能已經忘了自己曾做過什麼。惡語相譏、打罵等方法只能讓孩子做出服從表象，而不能做到心服口服。另外，經常受打罵的孩子長大後往往會表現出暴力傾向。

告訴孩子正確的做法

負責本身只是一種教育手段，而不是教育的目的，教育的目的是為了讓孩子今後不再犯同樣的錯誤。因此，父母在斥責孩子的同時還要耐心地教孩子做事的方法。最好是暗示，讓孩子自己去思考、去判斷，透過自己的努力加以改進。

尊重孩子的人格

在大人眼裡，往往覺得孩子小，什麼都不懂，其實他們對周圍的人和事會有自己的認知方式和情感傾向，也需要別人的理解和信任。我們只有尊重孩子，用合理民主的方式對待他們，才能把他們培養成有高度自尊心和責任感的人。因此，斥責孩子時一定要注意場合和分寸，切莫在大庭廣眾之下，也不要說粗魯、譏諷孩子的話。

對於孩子的評價，家長應做到不事聲張

有這樣一個故事：

戰國時期的官員黃喜微服私訪，路過田間，看到農夫駕著兩頭牛正在耕地，就大聲問：「這兩頭牛，哪一頭更棒？」農夫一言不發，到了地頭，農夫才在黃喜耳邊小聲說：「旁邊的那頭牛更棒。」黃喜覺得很奇怪，問他為何這麼小聲說話？農夫回答：「如果我大聲說這頭牛真棒，牠們能從我的眼神、手勢、聲音裡分辨出我對牠們的評價，那頭雖然盡了力但不夠優秀的牛心裡會難過。」

這則故事頗令人反思，對於一頭牛的評價，農夫都能做到不事聲張，那對於我們的孩子呢？是否更應該如此？如果，我們的家長能夠關注到孩子的「自尊心」，對於犯了錯的孩子，能抱一種寬容的態度，那麼，我們的孩子是否會變得更有自尊呢？事實是肯定的。

對於那些犯了錯，或表現不好的孩子，家長與其責備，不如跟孩子講道理！跟孩子講道理應注意以下幾點：

要充分肯定孩子的長處

清代教育家顏元曾說：「數子十過，不如獎子一長。」跟孩子講道理，應充分肯定孩子的長處，對孩子的進步給予及時的表揚和鼓勵，在此基礎上再對孩子的過錯予以糾正，這樣孩子就容易接受大人的意見。如果一味地數落、責怪孩子這也不是那也不對，只會讓孩子產生自卑和反抗心理。

講的道理要「合理」

跟孩子講的道理應合情合理，不能信口胡說，也不能苛求孩子。因為大人信口胡說，孩子是不會服氣的，大人的要求過度苛刻，孩子也是做不到的。比如有些父母自己喜歡吃零食，卻對孩子大講吃零食的壞處，如此，孩子是不會聽從的。

要給孩子申辯的機會

跟孩子說理時，孩子可能會對自己的言行進行辯解，大人應給孩子申辯的機會。應該明白，申辯並非強詞奪理，而是讓孩子把事情講清楚說明白，給孩子申辯的機會，孩子才會更加理解你所講的道理，使教育收到良好的效果。

要了解孩子的情緒狀況

孩子和大人一樣，情緒好時比較容易接受不同的意見，不高興時則容易偏激。因而跟孩子講理，要充分了解孩子現在的情緒狀況，在其情緒較好時，對其進行教育，若在孩子情緒低落時跟他說理，是比較不會奏

效的。

在實際情境中跟孩子講道理

對於年紀比較小的孩子，跟他講道理他可能會聽不懂，而對於大一點的孩子，道理太多反而讓他覺得心煩。因此，家長可以透過實際情境來跟他們講道理，他們才會越來越懂事。例如，孩子搶其他小朋友的玩具，問問他：「如果別人搶你的玩具，你會不會不高興？」讓他明白自己的行為會如何影響別人。年紀大一點的孩子，家長可以直接問：「如果我也這麼做，你會覺得如何呢？」讓孩子學會換位思考，站在別人的立場上考慮問題。這比單純地說教效果更佳。此外，透過故事來跟孩子講道理，也是一種效果較好的教育方式。

別總盯著孩子的缺點

每個孩子在成長的過程中，其心靈都是敏感而脆弱的，他們自我意識的產生完全依賴於家長和老師對他們的評價。當他得到的鼓勵、喝彩和掌聲越多，他們對自己的信心就越多，表現出來的能力就越強，就越能朝更好的方向發展；相反的，成人給他的評價越低、批評越多，他們對自己的信心就越少，表現就越差……。身為家長，應該意識到孩子這一心理特點、心理需求，多表揚、讚美，少批評、指責孩子。因為，如果一個家長只顧盯著孩子的缺點，批評孩子的缺失，只會導致孩子膽小懦弱，不求上進。

然而，在很多家庭中，有缺點的孩子被喝斥與責罵是家常便飯，因為父母認為，只有指出孩子的缺點才能讓孩子獲得進步，指出孩子的缺點完全是為了孩子好。殊不知，幾乎百分之百的孩子認為，大人們這些無休止的嘮叨與責罵，簡直就是暗黑統治，特別是對一些有缺點的孩子，更是一

場災難。

某一位作家在少年時代曾有過這麼一段有趣的故事：

他小時候住在伊利諾州的洛克艾蘭（岩島），無依無靠，生性十分卑怯。1965 年 10 月的某一天，他的英文老師出了一個作業給學生，要求學生在讀完小說《梅岡城故事（To Kill a Mockingbird）》末尾一章之後，由他們接著續寫另一章。

這名學生寫完作業交了上去。英文老師在他作業的頁邊批下一句話：「寫得不錯！你將會成為了不起的人！」

看到老師的評語，男孩激動不已。就是這句話，改變了他的一生。

他回憶：「讀了老師這句評語，我回家立刻寫了一個短篇小說 —— 這是我一直夢想要做但又不敢做的事。」

在接下來的時光裡，他寫了許多短篇，且總是拿給老師評閱。老師為人嚴肅而真誠，不斷給他鼓勵。後來他被提名當上那所中學校報的編輯。因此他更有自信，就這樣開始了他卓爾不群的一生。

他確信，如果不是因為老師在作業本上寫下的那句話，他不可能獲得後來的一切。老師一句讚賞和激勵的話，便改變了一個少年的一生，讓他成為一名專業作家。像他一樣幸運的，還有義大利偉大的歌唱家 —— 卡路索（Enrico Caruso）：

許多年前，一個 10 歲的義大利男孩在一所學校讀書。他一直想當一個歌星，但是，他的第一位老師卻說：「你不能唱歌，五音不全，你的歌簡直就像是風在吹百葉窗一樣。」

回到家後，他很傷心，並向他的母親 —— 一位貧窮的農婦，哭訴這一切。母親用手摟著他，輕輕地說：「孩子，其實你很有音樂才能。聽聽看，你今天的歌聲比起昨天的音感好多了，媽媽相信你會成為一個出色的歌唱家的。」

聽了這些話，孩子的心情好多了。後來，這個孩子成了那個時代著名的歌劇演唱家，他的名字叫恩里科‧卡路索。當他回憶起自己的成功之路時，他這麼說：「是母親那句肯定的話，讓我有了今天的成績。」

毋庸置疑，卡路索的母親是一位優秀的家長，就在別人盯著兒子的缺點惡言惡語、冷嘲熱諷，而使孩子的心靈受損之時，只有她仍在鼓勵孩子努力發揮自己的特長，並讓孩子逐步找回了自信、自尊和上進心。

也許，她從來都沒有想過她的兒子能成為一代名人，也許根本沒有指望過靠她那三言兩語去改變兒子的一生。然而，事實上，正是她那句善意的肯定，成就了那個時代最偉大的歌唱家。由此可見，讚賞和肯定對孩子成長的作用有多大。而過多的批評與指責只會摧毀孩子的自尊與自信，讓他們變得自卑而怯懦。

孩子在成長的過程中，有很大的發展空間，他的性格、行為具有不確定性。哪怕他有什麼缺點，也可以慢慢改正。況且並沒有哪個孩子完全一無是處，他的身上肯定有不少已存在但沒有顯露出來的優點。若父母的眼光只盯著孩子的缺點，一葉障目，老是在上面大做文章，那麼他的缺點永遠無法改正，好的一面也會漸漸被掩蓋下去，得不到發展。父母們可能不知道，總盯著孩子的缺點沒完沒了地嘮叨與責罵，會徹底擊垮孩子的自信，會促使孩子變得膽小怕事，一蹶不振。

小楊林拿著 93 分的數學考卷興沖沖地跑進家門，他揮舞手中的考卷得意地對媽媽說：「媽，你看，這次數學考試，我考了 93 分耶！」媽媽接過考卷，把那些做錯的題目找出來，仔細看了看，然後瞪著眼睛對孩子說：「又粗心了吧，考試前我跟你講，做完一定要檢查檢查，從頭到尾再看一遍，你就是不聽，要是認真檢查一下，怎麼會掉分呢？」

小楊林一聽這話，眼淚在眼眶裡打轉，他不明白，為什麼媽媽只看做錯的題目，卻看不到他的進步呢？為什麼媽媽一句表揚的話都吝於說說口呢？於是，他搶過考卷，一個轉身衝進自己房間，鎖上了房門，任媽

媽怎麼叫他都不出來！

　　楊媽媽這種企圖用批評和糾正的方式，迫使孩子改正缺點顯然是不明智的。這麼做，只會傷了孩子的自尊，讓孩子越來越沒有信心，越來越膽小自卑。當他們對家長過於嚴厲的行為越來越反感時，反抗心理就產生了。他們會故意不聽話，用「自暴自棄」的方式跟父母唱反調。

　　其實，缺點再多、問題再多的孩子身上都會有自己的優點，有自己突出的地方，只不過是不太顯著、明顯而已。如果父母不抱成見，用賞識的眼光去看他，肯定會發現孩子身上的這些優點的。孩子也許貪玩一點，但是頭腦靈活，能說會道；也許寡言少語，但是成績非常好，而且心地善良；也許有點任性，但做事很有主見 …… 只要你善於發現，就一定能看到他身上值得肯定的地方。父母應該做的，就是善於發掘孩子突出的一面，且給予真誠的讚揚，肯定他的優點。誇獎優點是糾正孩子缺點，培養孩子勇敢自信的最好方法。

　　當今社會是競爭的社會，一個有個性、自信而勇敢的孩子，才是這個社會需要的人才。一個出色的家長，必然能發現自己孩子與其他孩子的不同之處，且找到他的優點，使其發揚光大。

　　正如一位兒童心理學家曾說過的：「世界上沒有教不好的孩子，只有不懂教育孩子的父母。」這句話告訴我們：孩子有缺點是必然的，只要父母掌握了正確的、符合要求的教育方法，就能把孩子教好，使孩子成為一個勇敢、自信的人！

幫孩子把缺點轉化為優點

　　當孩子犯錯時，做家長的，與其抓住孩子的缺點和毛病不放，不如多下點工夫，多發現孩子的優點與長處，並加以讚揚與肯定。用肯定優點的方式去糾正缺點，逐步把他們引導到積極上進的道路來。「一味地指責孩

子，效果適得其反。成功的教育方法就是，放大孩子的『優點』。」

張先生有一個 8 歲的小孩，聰明活潑，只是比較貪玩，每天放學後總要盡興地玩耍，玩到滿頭大汗才去寫作業，作業也寫得非常潦草，常常出錯。張先生為此很生氣，幾乎天天罵他，但孩子也改不了貪玩的毛病。

有一次，在外地當老師的姨媽來了，姨媽看這孩子和其他小朋友玩得很好，趁他回家拿玩具時，邊替他擦汗邊對他說：「你跟小朋友們玩得真不錯，很團結，還知道要讓別人，真是個好孩子。你能不能先和小朋友們一起做完作業再玩？做完作業再玩，不是玩得更開心嗎？」孩子很懂事地點點頭。從那以後，這孩子每天總是先做完作業，然後再去玩。

為什麼這樣就很有效呢？是因為姨媽發現並抓住孩子能團結、知道謙讓這一正面因素，給予充分表揚，使之受到了激勵，然後，加以引導，最終讓孩子改掉了壞習慣。完美無缺的人是不存在的，孩子有缺點也是正常現象。父母既不應對此放任不管，更不要如臨大敵。高明的父母可以把有缺點的孩子最終轉變為優秀的人。對那些表現不太好的孩子來說，尤其要少批評、多表揚，用正確的方法，把孩子的缺點慢慢轉化為優點。

那麼，怎麼才能變孩子的缺點為優點呢？大家不妨試試下面幾招：

正確認知孩子的優缺點

今天，有許多父母溺愛自己的孩子已經到了無以復加的地步，不論自己的孩子做什麼，他們通通都覺得可愛。

有一個兩、三歲的孩子，在外面和其他小朋友學了罵人的順口溜：「媽媽好，爸爸壞，爸爸像個豬八戒。」媽媽一聽可高興了，抱起孩子親一口：「乖乖，真聰明！」

不過爸爸也沒生氣，抱起孩子說：「乖乖，應該說『爸爸好，媽媽壞，媽媽像個豬八戒』。」孩子沒聽爸爸的，他還有另一套：「爸爸壞，媽

媽好，媽媽是個大草包！」這下可把父母倆逗樂了。

　　這種把孩子學罵人的話也當優點來欣賞，其實是非常不恰當的。正確的做法是，告訴孩子不應學這些罵人的順口溜，且根據孩子喜歡學順口溜的特點，自編一些既有知識性，又有趣味性的順口溜教孩子。這樣不僅教育了孩子，也可讓孩子用優點取代缺點。

因勢利導

　　大多數孩子都有撒謊的缺點。在某種程度上來說，善於撒謊的孩子有頭腦、有思想、有獨立解決和處理事情的能力。看到這個優勢，家長就要根據孩子的撒謊頻率、事情的嚴重程度，對孩子進行引導。

　　高丹這次月考的成績非常差，她怕爸爸媽媽責備自己，於是對爸爸媽媽說：「這次月考成績還是很不錯的，我考了全班第三。」這個謊撒得有點大，因為，班導已經打電話告訴高丹的媽媽這種情況，並建議媽媽要冷靜地與高丹談一談，為什麼最近學習退步了。

　　晚飯過後，媽媽來到高丹的房間與高丹談心，媽媽意味深長地說：「丹，你想讓爸爸媽媽為你自豪是正確的，其實，爸爸媽媽一向都以你為傲，不是因為你的成績，而是因為你的實事求是。但是，你這次為什麼沒有對媽媽說實話呢？」

　　高丹聽了，只好老老實實地跟媽媽匯報了自己的學習狀況，並告訴媽媽，自己覺得學習壓力滿大的，很努力了，但考試成績老是考不好，不知道該怎麼辦？

　　於是，媽媽耐心地引導高丹，教孩子讀書要用方法，不能死記硬背。

　　家長在批評孩子缺點時，首先肯定他的動機是好的，孩子就會認知自己的錯誤，從而把好的動機發揚光大。

對症下藥

這是針對孩子缺點的類型，以不同的教育方式進行引導。

周凱的爸爸媽媽經常請周凱到商店裡買東西，而周凱也很聽話，每次買完東西，他就會順便幫爸爸媽媽帶一些好吃的東西回來，然後留一小部分錢自用。當然，自用的錢他都是算在買東西的帳內，所以粗心的爸爸通常沒有注意到這個細節問題。然而，周凱的媽媽了解到這種情況，她知道這不是一個好習慣，時間久了，孩子會產生不勞而獲的想法，而且也很難得到他人的信任，這對孩子的發展是很不利的！

這一天，與往常一樣，周凱買完東西又虛報了價格。媽媽根據這種情況，對症下藥。晚飯的時候，她和藹地對周凱說：「我們家小凱真的長大了，每次買東西時都會想到爸爸媽媽，爸爸媽媽都很感動。但是，如果小凱能用自己賺的錢幫爸爸媽媽買東西，爸爸媽媽會更加感動哦！只是，我覺得你買的東西都比實際的價錢貴了點呢？」

周凱一聽這話，不好意思地承認了自己的錯誤，並承諾，自己會改掉這個壞習慣的。

少批評，多表揚、鼓勵

美國有一個家庭，母親是俄羅斯人，她不懂英語，根本看不懂兒子的作業，可是每次兒子把作業拿回來讓她看，她都說：「很棒！」然後小心翼翼地掛在客廳的牆壁上。客人來了，她總是很自豪地炫耀：「看，我兒子寫得多棒！我相信他會寫得更好！」其實兒子寫得並不好，但客人見主人這麼說，便連連點頭附和：「不錯，不錯，真是不錯！」

兒子受到鼓勵，心想：「我明天要比今天寫得更好！」他的作業寫得一天比一天好，學業成績一天比一天高，後來終於成為一名優秀學生，成長為一個傑出人物。

這就是孩子。你說他可以，他就可以；你說他不行，他就不行。你說他比別人強，他會製造一個又一個的驚喜給你；你說他不如別人，他會用行動證明他真的很笨。大人就是這樣用語言來塑造孩子的。

教孩子糾正錯誤的方法

想讓孩子的缺點轉化為優點，家長就應該教孩子糾正錯誤的方法。某著名科學家向記者談起他小時候發生的一件事：

有一次，他趁著母親不在身邊時，想自己嘗試著從冰箱拿出一瓶牛奶。可是瓶子太滑了，他沒有抓牢。牛奶瓶掉在地上，摔得粉碎，牛奶濺得滿地都是！

他母親聞聲跑到廚房來。面對眼前的一片狼藉，她相當沉著冷靜，絲毫沒有怒發衝冠的樣子，更沒有狠狠地教訓或懲罰他，而是故作驚訝地說：「哇！親愛的！我從來沒見過這麼大的一灘牛奶呢！哎，反正損失已經造成了，那麼在我們把它打掃乾淨之前，你想不想在牛奶中玩幾分鐘呢？」

聽母親這麼一說，他真是高興極了，立即把他的大頭鞋踩在牛奶裡。幾分鐘後，母親對他說：「親愛的，從今以後，無論什麼時候，當你製造了像今天這樣又髒又亂的場面時，你都必須要把它打掃乾淨，且要把每件東西照原樣放好。懂了嗎？」

他抬起頭看著母親，眨了眨眼睛，似懂非懂地點點頭。「啊！親愛的，那麼你想和我一起把它打掃乾淨嗎？我們可以用海綿、毛巾或拖把來打掃。你想用哪一種呢？」

他選擇了海綿。很快，他們就一起把那滿地的牛奶打掃乾淨了。

然後，他的母親又對他說：「親愛的，剛才你所做的 —— 如何有效地用你的兩隻小手去拿大牛奶瓶子的試驗，已經失敗了。那麼，你還想不想

學會如何用你的小手拿大牛奶瓶呢？」

看著他充滿好奇與渴望的眼神，母親繼續說：「那好，走，我們到後院去，把瓶子裝滿水，看看你有沒有辦法把它拿起來，而不讓它掉下去？」

在母親的耐心指導下，他很快就學會了，他發現只要用雙手握住瓶子頂端、靠近瓶嘴邊緣的地方，瓶子就不會從他的手中滑掉。他真是高興極了。

說完上面的故事，這位著名的科學家繼續說：「從那時起，我知道我不必再害怕犯任何錯誤，因為錯誤往往是學習新知識的良機。科學實驗也是這樣，即使實驗失敗了，但是我們還是可以從中學到很多有價值的東西。」可見，只要善於利用，錯誤也能成為學習與進步的良機。

總之，孩子的缺點並不可怕，但把孩子的缺點轉化為優點也不是每一位父母輕而易舉就能做到的。我們必須有充分的責任感，要善於正確看待和發揮孩子的優缺點，還要掌握符合自己孩子特點的正確教育方法，這樣我們才能成為高明的父母，想讓孩子的缺點轉化為優點的心願，才會成功。

批評孩子要講究藝術

世上沒有不犯錯的孩子，家長對犯錯的孩子進行批評教育，也是理所當然的。但有些家長批評孩子時，不講究技巧，結果往往會事與願違，導致孩子的反抗心理。

家長應該批評孩子，這是古今中外鐵的法則。孩子在被批評的過程中，學會辨別是非，學會區分哪些事情是好的、哪些事情是壞的。如果孩子做錯了事情不聞不問，那父母就有問題了，是不稱職的父母。只有對孩子的所作所為勇於直言、「對就是對、錯就是錯」的家長，才會受到人們

的尊敬。

批評孩子就要認認真真地去批評，那些招致孩子討厭或造成叛逆的行為應該受到指責。反抗是孩子精神成熟的重要標誌，孩子進入叛逆期後，一旦父母的批評不當，動不動就會頂撞父母，以至於有些家長感到納悶：「為什麼事事都要唱反調呢？」當家長提醒他時，他反而振振有辭：「媽媽您不也在做同樣的事情嗎？為什麼只說我？」反倒指責起自己的父母來了。

在父母看來，一直對自己言聽計從、老老實實的孩子，忽然間變得判若兩人，事事都要與自己唱反調，有時不免就會大動肝火。以前只要批評幾句，孩子就會默默接受。但現在就不同了，你越是極力想控制他，他越是反抗。

其實，孩子的反抗與反抗心理主要是因為父母的批評不當造成的，如何批評才能達到既改正孩子缺點又不傷害孩子的自尊心呢？

要做到既能維護孩子的自尊，又能讓孩子糾正自己的不足，家長可以從以下幾個方面入手：

應該保持冷靜的態度，跟他講道理，以理服人，而且自己的立場也要始終如一

批評固然是好事，可是莫名其妙地批評訓斥孩子卻只會造成反作用。為了避免發生正面衝突，可利用第三者和寫信、寫日記及介紹大人自己經驗之談，用語言使之緩和下來，說「你的心情我理解」，表示理解對方的感情。

另外，同樣的事情，若今天指正他了，到了明天卻不去管教，這樣的做法也不值得提倡。家長應該立場堅定、一如既往地教導孩子什麼是「是」、什麼是「非」，不應該有絲毫放鬆。

要批評，也要肯定

當孩子做錯事了，經父母的糾正後，他們改正了錯誤。父母要給予足夠的肯定，讓他們對自己的正確行為有信心。讓孩子在愉悅中學會好的行為，總比在責備中學習要容易得多。因為每個人對別人的斥責和約束都有內在的排斥性。過多的責備與管束會讓孩子反感，會削弱效果，不如正面鼓勵效果好。

啟發孩子，讓孩子明白自己的過失

孩子犯了錯，如果父母能心平氣和地啟發，不直接批評過失，孩子會很快明白父母的用意，願意接受父母的批評和教育，而且這麼做也保護了孩子的自尊心。

沉默

孩子一旦做錯了事情，就會擔心父母責罵，若結果正如孩子所想的那樣，那他會有一種「如釋重負」的感覺，對批評和過錯反而不以為然了。相反的，若父母以沉默的態度對待，孩子會感到緊張、「不自在」，進而能反省自己的錯誤。

換個立場

當孩子惹了麻煩，怕被父母責罵時，往往會把責任推到他人身上，以此來逃避責罵。此時最有效的方法是，在孩子強辯「都是別人的錯，跟我一點關係也沒有」時，回他一句：「如果你是那個人，你要怎麼解釋？」孩子會思考，如果自己是對方時，該說些什麼。這樣一來，大部分孩子都會發現自己也有責任，而且會反省自己把責任都推到他人身上的錯誤。

低聲

　　心理學實驗顯示，家長批評孩子時，聲音低於平時說話，更會引起孩子的注意，也更容易讓孩子接受。家長對孩子的錯誤要盡量小聲批評說服。大聲斥責的「熱處理」效果往往不如這種「冷處理」。心理學家還建議家長，要成為一個「寓言家」，學會對孩子進行暗示教育。家長可以經常用寓言式的話語對孩子進行啟發性教育，這種「借彼喻此」的方式會讓孩子覺得有趣，孩子也會更樂意接受。比如說，古代「孔融讓梨」的古訓，就可用來教育個性比較強、誰也不讓誰的獨生子女。

適時適度

　　孩子犯了錯，家長不要姑息、遷就或「秋後算帳」，要適時指出。有的家長喜歡「大事化小，小事化無」的包庇縱容孩子，對孩子的不良行為，平常從不評論、教育，這種做法會導致孩子走上犯罪道路；有的家長則喜歡「小事化大」，孩子稍微越雷池一步，犯了一丁點錯誤，家長就沒完沒了地訓斥，甚至小題大作，讓孩子無所適從。所以家長批評孩子時一定要就事論事，不要扯到孩子以前犯的錯誤。因此，父母責備孩子要打鐵趁熱，立刻糾正，不能拖拉，超過時間就起不了應有的教育作用了。

用讚美代替批評

　　孩子由於受心理發展的限制，學習、判斷是非、記憶等能力較差，在犯了錯後，雖經家長指出和教育，還有可能重犯。這種現象並不表示孩子不知道自己行為的錯誤，而是由於他的自制力不高，或已經養成了習慣，和這種行為的結果多數能給孩子帶來好處或滿足等原因，因此一犯再犯。這時，家長可用讚美他自制力方面的話鼓勵孩子，孩子為了得到更多的讚美，往往會朝好的方向發展，讓你的教育獲得事半功倍的效果！

值得家長們注意的是，不管用哪一種批評方式，家長先要創造一種尊重對方、接納對方，同時對方也能接納自己的氣氛。不是用指責、命令的口氣，而是用建議或商量的方式，如果對方頂嘴，就耐心聽完對方的所有辯解。

此外，還應該在批評前先減輕孩子的精神壓力，孩子心裡自然就有了聽取責備的準備，然後對孩子說：「無論如何你讓我說兩句話。」大人一開始就創造出讓孩子聽的氣氛，這樣即使稍有些刺激的勸告，孩子也能聽得進去。

當然，最有效的辦法還是讓孩子自己消除心中的不滿。迅速成長時期的孩子會對父母懷有不平與不滿。成長期的孩子產生的自我要求，與父母所要求的規範不斷地產生不相容之處，孩子會經過這種衝突，而成長為更加成熟的大人。因此，無視和壓制孩子的不平和不滿，或者反過來採取因為令人厭煩而完全接受的隨便應付法，孩子就不能如所期望的那樣成長。

總之，家長們務必要記住的是，對待任何一個孩子，往往是表揚越多，優點越多；訓斥越多，問題越多。因此，家長一定要講求批評的藝術，不可過度批評孩子，讓孩子與自己的期望相去甚遠。

鼓勵孩子勇於承認自己的錯誤

當孩子犯了錯後，家長如果只是一味地批評，並不能收到較好的教育效果，應該培養孩子發現錯誤、勇於承認錯誤的習慣，讓孩子用自己的眼光去看，用自己的頭腦去想。

這是作家三毛的故事——

三毛生長在一個經濟並不寬裕的家庭裡。每個孩子每月只給 1 塊零用錢。而且這 1 塊錢也沒有完全支配的自由，還得由大人監督使用。過年得的壓歲錢，大人要收去做學費和書錢。三毛的這種經濟狀況，遠遠滿足不

了她的需要。有個星期天，三毛走進媽媽的臥室，看見五斗櫃上躺著一張耀眼的紅色鈔票——5 塊錢，她的眼睛一下子亮了。5 塊錢在當時相當於一個小學教師的月薪。有了它，能買多少糖啊？三毛的腳一點點地往鈔票方向移去。當她移到能夠抓住那張鈔票時，突然聽到有人吼叫一聲，嚇了她一跳。她很快鎮定下來，目光掃視了房門口後，猛地伸手一抓，把紅色鈔票抓到手裡，雙手將它捏成紙球，裝進口袋。

吃午飯時，媽媽自言自語地說：「奇怪，剛才放的一張 5 塊錢怎麼不見了呢？」姐姐和弟弟只顧吃飯，像沒聽到。三毛有點坐不住了，她搭腔道：「媽媽，是不是妳忘記放在什麼地方了？」這一關過去了。但到晚上脫衣服睡覺時，三毛害怕了，她怕媽媽摸她的口袋。當媽媽伸手拉她的褲子時，三毛機靈地大叫：「頭痛！頭痛！我頭痛呀！」三毛的這一步還真厲害，媽媽顧不得拉她的褲子了，趕快找溫度計讓她夾在胳肢窩裡。當她和父親商量要帶三毛看醫生時，只見三毛半斜著身子，假裝呼呼地睡著了……。

過了一天，三毛被拉去洗澡，媽媽要脫她的衣服，這一次三毛應付的方式是哭。媽媽看三毛不讓自己幫她脫衣服，便叫傭人來侍候三毛。在換衣之際，三毛迅速把 5 塊錢從褲子口袋轉移到手心裡。洗澡的整個過程中，她都死死地捏著那 5 塊錢。三毛一邊洗澡，一邊在腦中策劃該如何扔掉這個弄得自己坐立不安卻又不能繼續背下去的負擔。在她轉動小心眼的時候，時間不斷地流逝，外面等著洗澡的人把門敲得咯咯作響。管它呢！就這麼辦了！浴室門一開，三毛一個箭步跑進了母親的臥室，不等穿好衣服，便將手裡那塊燙嘴的小排骨，扔進了五斗櫃和牆的夾縫中。

次日早晨，三毛像發現新大陸一樣，驚訝地大叫一聲：「哎呀，媽媽！妳的錢原來掉在夾縫中了！」全家人相視而笑。媽媽幫三毛找了個臺階下，她說：「大概是風吹的吧！找到了就好！」

後來姐姐和弟弟向三毛透露了一個祕密——我們都偷過家裡的錢，

爸爸媽媽也都知道。這一次爸爸媽媽也是在等妳自己拿出來。三毛好後悔，原來大家一直在觀看自己演戲。

古人說「知恥近乎勇」。認錯，並且改進，是擁有大勇氣之人才做得到的。所以要讓孩子知錯改錯，不是一件容易的事。孩子不願認錯，百般狡辯，主要有以下幾個原因：

▶ 孩子做錯事，自己雖然知道錯了，但就是不承認，是怕爸爸媽媽不喜歡自己。

▶ 與孩子的個性有關，不愛承認錯誤的孩子嘴硬，一般個性都比較執拗、倔強。

▶ 孩子怕受懲罰，不敢認錯，因為有的父母教育方式簡單、粗暴，不是斥責就是打罵，常讓孩子驚恐萬分、無所適從，為了逃避懲罰，只好用撒謊來掩飾自己的過錯。

▶ 孩子覺得認錯會受到懲罰，害怕承擔責任，而不認錯反而可以度過眼前一關，故不認錯。

一個偉人曾說過：「世界上只有兩種人沒有犯過錯，一是沒有出生的；一是已經去世的。」因此，當孩子不小心犯了錯，父母應該耐心地對他們進行啟發教育，給他們認錯的勇氣，讓他們能認知自己的過錯。千萬不能用簡單、武斷的方式處理，更不能用打罵進行懲罰，否則，既傷害了孩子的自尊心，又達不到教育的目的。

那麼，家長應如何鼓勵孩子承認自己的錯誤呢？編者給父母們的建議是：

▶ **家長應指出孩子的錯**：當孩子做了錯事，家長不可聽之任之，一定要認真處理。必須向孩子嚴厲指出什麼是應該做的，什麼是不能做的，且要根據孩子錯誤情節的嚴重性，予以必要的懲罰，讓孩子體驗到做

錯事後所引起的不愉快，從而牢記教訓。

▸ **鼓勵孩子要勇於承擔責任**：如果孩子做錯了，家長就要鼓勵他勇敢地承擔責任。如揚揚把蘭蘭的玩具弄壞了，那麼媽媽要讓他明白，是由於自己的過失才造成這樣的後果，並幫助寶寶承擔責任，陪他一起去買玩具賠給蘭蘭並且向她道歉。

勇於承擔責任的孩子是受歡迎的，可以為自己贏得讚許、信任、朋友等。這樣的好處，一是可以讓孩子擺脫自我中心，知道外部世界並不總能為所欲為；二是讓他遭受必要的情緒挫折，體驗到後悔、難過、害怕是什麼東西；三是讓他學會協調自己與環境的關係。

▸ **讓孩子自己提出補救辦法**：這將促使孩子對自己的行為進行更多的思考，增加他們的責任感。假若孩子提出的辦法不恰當，你可以再提出一些補救的辦法引導他。要求孩子對自己的錯誤行為進行補救的最終目的，是教孩子發展自己內在的約束力。一般說來，孩子學東西快，忘得也快。要有效運用補救辦法去改變孩子不守規矩的行為，必須不止一次地強化它。要在不同的情況下耐心地、再三地強化。特別是對那些學得較慢，或情緒上易受干擾的孩子，更需要較長時間的幫助。

▸ **表揚孩子勇於承擔責任的行為**：當孩子承認錯誤時，家長要表揚他，說他做的事情自己承擔，是個好孩子。然後再告訴孩子，以後應該怎麼做。這樣，孩子就能慢慢地養成勇於承認錯誤的習慣。

第九章
教孩子戰勝內心的恐懼感

　　恐懼這種情緒，在孩子的成長過程中是　種很正常的生理現象，正是由於恐懼的存在，孩子們才得以預知危險，並適時地規避危險。然而，過度恐懼卻是一種病態的心理，在這種不良心理的作用下，很多孩子想做卻不敢去做某件事，身為家長，唯有幫助孩子克服內心這種不恰當的恐懼，才能讓他變得勇敢，從而獲得應有的成功。

孩子常見的「恐懼」有哪些

恐懼的情緒一般會在孩子 2 歲左右時出現，而且每個孩子恐懼的事情都不太一樣。比如有的孩子害怕小動物、小昆蟲，有的孩子害怕大鐵框、吸塵器、暖暖包，還有的孩子害怕新環境、陌生人等。在生活中，孩子常見的「恐懼」有以下幾方面：

分離焦慮

小平平常就很黏人。媽媽第一次出去上班時，小平正在外婆的懷裡喝牛奶，媽媽躡手躡腳地出門，就怕小平看見。但後來小平還是發現媽媽不見了，他覺得很委屈，哭鬧了好一陣子，最後哭累了，就在外婆的哄騙下睡著了。

可是從此，小平就變成了媽媽的小跟班，只要媽媽一準備出門，小平就像個間諜一樣，一下子出現在媽媽面前，用一雙小手使勁地抓住媽媽的衣服不肯鬆手，哭個不停。

小平的這種行為就屬於「恐懼」的一種「分離焦慮」，它是孩子成長階段中的必經之路，為了讓分離焦慮的過程能更加平穩地過度，家長需要提前開始訓練孩子學習適應和媽媽短暫分離。可以跟孩子玩分離遊戲，教導孩子理性的道別方式；每次外出時，都要跟孩子確切說明外出的時間、地點以及歸來的大致時間，說明的語言要盡量具體，讓孩子可以理解。提前的訓練可以緩解孩子對分離的恐懼感，讓分離的過程多一點愉快的情緒感受。

社交恐懼

米米是家裡的開心果，只要有她在，到處都是歡聲笑語。但這個活潑可愛的小傢伙，在外面卻是一副文文靜靜的樣子，不僅文靜，簡直有點內

向過了頭。鄰居的奶奶想跟她打個招呼，她便趕緊裝沒看見地往媽媽懷裡躲，臉一直埋在媽媽的臂彎裡，好像生怕別人看見似的。隔壁的叔叔過來，摸摸她的小腦袋，她哇的一聲就哭了，然後一邊伸手拍打叔叔的手，一邊緊緊地抓著媽媽的衣角，生怕自己被搶去。

怕生是很多寶寶都會經歷的一個階段，一般不到 1 歲開始，到 2 歲左右逐漸緩解並消失。千萬不要勉強孩子在客人面前要乖巧懂事。不讓陌生人接觸自己，是孩子本能的一種保護手段，隨著時間的推移和寶寶社會性的發展，這樣的情況會慢慢好轉的。

如何幫寶寶適應陌生人，並進一步接納他們呢？爸爸媽媽可以先將寶寶抱在懷裡，讓他在舒適愜意的狀態下接觸陌生人，父母可以和陌生人友好地聊天，要讓寶寶感受到這種融洽。平時也可以多帶寶寶出去玩；出門時經常和鄰居打招呼；和親朋好友常聯絡 …… 寶寶接觸陌生人的機會多了，他的恐懼心理就會慢慢消除了。

▌成就焦慮

所謂「成就焦慮」，就是一種因希望超過他人，且擔心被他人超過，所引起的持續緊張不安感，帶有恐懼性的情緒感受。在日常生活中，最典型的表現就是，有成就焦慮的寶寶總擔心比不過別的小朋友而會使得爸爸媽媽不再愛自己。如果孩子們意識到父母對他們的關愛，取決於他們是成功還是失敗，他們就會懼怕面對挑戰。這種懼怕起源於對每一次成就經驗的感受，因為每一次這樣的經歷，都會讓父母對他們的關愛面臨危險的考驗。成功的話可以引發孩子們獲得成就的願望，以獲得父母的關愛；可是失敗的話，會讓孩子處於擔心失去父母關愛的持續恐懼狀態中。這種不安全感會抑制孩子去探求、冒險和爭取成就的動機。

認知不足引發的恐懼

每次媽媽使用吸塵器，對小羽來說都是一次特別恐懼的經歷，他總是大哭大鬧，好像吸塵器是大老虎，不管媽媽怎麼跟他說都沒用。原來是因為有一次，他親眼看到它吃掉一小塊紙片，覺得實在是太可怕了。你看它那長鼻子在地上聞來聞去，肚子轟隆隆地怪叫著，好像餓壞了的樣子，說不定媽媽沒看見時，它就會把自己給吃進去呢！

那個會吃灰塵的長鼻子會把我也吃進去嗎？我相信它一定可以吃掉我！因為我上次親眼看見它吃掉一大團紙片呢！太可怕了！它吃飽時還會怪叫，好像很開心的樣子，它明明就是一個大怪物呀！

小羽的這種表現就是由於認知不足引發的。生活中，還有一些孩子怕鞭炮聲、怕雷雨、怕閃電、怕黑 …… 這些害怕看起來似乎有點空穴來風，但並非沒有道理。孩子懼怕它們，正是由於對它們的認知不足造成的。

受恐嚇導致恐懼感的產生

生活中，有些家長見孩子要哭要鬧，或淘氣調皮不聽話，就用大灰狼、老虎、獅子等凶猛的野獸進行恐嚇，想以此來嚇唬孩子；有的甚至用魔鬼、妖怪、狐狸精、雷公等迷信怪物來嚇唬；有的家長索性關掉電燈，發出各種怪叫聲，造成一種陰森可怕的氣氛。恐嚇對制止孩子一時的哭鬧，會發揮一點作用，但它的副作用是很大的，它會給孩子帶來長時間的心理創傷。因為孩子缺乏科學常識，家長隨意杜撰出來的那些東西，會深深地烙印在他們的腦海中，形成抹不掉的陰影，以致於一到晚上或沒有人時，一想起就害怕。這種孩子不敢接觸新奇的事物，不敢去陌生偏僻的地方，心裡常有緊張恐怖的感覺。此外，大眾傳媒中的一些畫面、一些講了可怕內容的故事，或生活中某些偶發事件，如著火、洪水等嚇到孩子，在

孩子心中留下可怕的陰影，導致產生恐懼。

生活中，孩子常見的「恐懼」來源是多方面的。大多數孩子的恐懼情緒會隨他獨立能力的提升而逐漸減弱、消退，也有個別孩子可能會持續地對某些恐懼物感到強烈的恐懼感，有時這種恐懼的感覺甚至會隨時間的推移而越來越嚴重，發展成與孩子年齡不相稱的非正常恐懼。當孩子的膽怯不安不只是針對某個事物或現象，甚至電視、談話中出現他懼怕的事物，都能讓孩子緊張不已，那麼這時他的恐懼已經超過正常狀態了。超越正常狀態的害怕，極易發展成兒童心理恐懼症，其影響不容小覷。它往往會給孩子帶來非常大的心理壓力，甚至對他今後的性格發展帶來嚴重影響。因此，父母應該立即重視，並積極採取相應措施，幫助孩子緩解這種因恐懼帶來的心理壓力。

家長是預防童年恐懼的要角，也可能成為製造童年恐懼的主角。因此，當孩子出現「恐懼感」時，家長應積極地追問原因，尋求對策，以幫助孩子走出恐懼的陰影。

給孩子足夠的安全感

豪豪是一個讓人頭痛不已的孩子，他怕黑、怕社交 …… 怕一切在別人看來實在是不值得一提的事情。

有一次，班上的同學都在玩丟沙包的遊戲，唯獨豪豪縮在角落裡，任憑老師怎麼鼓勵他，他都不肯跟同學一起玩。老師問他什麼原因，他說：「我怕！」問他怕什麼，他說怕班上的同學，怕沙包不小心砸到他。弄得老師哭笑不得。

透過家訪，老師知道了原因。在豪豪很小時，豪豪的爸爸媽媽就因感情不睦整天吵架，有時甚至還大打出手。有一次，爸爸一時失手，把媽媽的額頭打到流血，一旁的豪豪尖叫不已，從此就有了恐懼症。後來，豪豪

的爸爸媽媽離婚了，豪豪跟著奶奶一起過，家庭對豪豪來說是一個充滿暴力、充滿不愉快回憶的地方。

豪豪之所以產生恐懼感，是因為家庭沒有給他足夠的溫暖與安全感，正因為如此，他什麼都怕，什麼都擔心。因此，想讓孩子克服恐懼，家長必須給孩子足夠的安全感。

對任何一個孩子來說，家都應該是溫暖、安全、可以療傷的地方。然而，很多時候我們為了自己的發展，或為了幫孩子積累更多的物質財富，而把孩子託付給老人，甚至是保姆，孩子回到家中面對的常常是孤獨與寂寞。這樣的房子不是家，在這種家庭中成長的孩子更不可能產生真正的安全感。

對孩子來說，安全感就是孩子感到安全和受到保護的需要。安全感能給孩子信心去探索新世界，去冒險，去追求成就。對孩子來說，世界是一個巨大無比、令人著迷的遊樂場，在其中可以自由馳騁、任意探索！同時，它也是一個混亂無序、難以控制、令人驚恐的地方，常常隱藏著危險。孩子們領悟到自身的局限，他們對這個世界並不太了解，如果沒有這種安全感，可能會讓孩子感到脆弱和擔心。

要培養孩子的安全感，家長可以從以下幾個方面入手：

▸ **給予孩子多一點的情感關注**：對孩子來說，建立安全感的有效方法就是多給孩子一點情感的關注。隨著身體和智力的發育，孩子已經不滿足於吃、喝、換尿布這些事情，他開始產生獨立的思想和行為。父母要多關注孩子的情緒變化，每天至少要有 20 分鐘的時間跟孩子一起玩耍。父母應允許並鼓勵孩子和自己肌膚接觸，並主動多擁抱孩子，這樣會讓孩子產生強烈的安全感。

▸ **多跟孩子交流**：在和孩子溝通交流時，家長要站在孩子的角度思考問題，用溫柔的聲音與孩子說話。親子之間情感的建立會形成一種無聲

的動力，讓孩子培養起足夠的安全感來。

▶ **讓孩子感受到你的強大**：身為家長，想讓孩子產生足夠的安全感，還應該讓孩子了解到你比他強大，當他需要你時，你就是那個可以信賴、可以保護他的人，這種認知強化了孩子的安全感 —— 他總是有一個可以隨時返航的安全港灣 —— 同時，也給他信心尋求挑戰並發展他的勝任感。

▶ **給孩子安慰物**：很多孩子都有自己特別喜愛的物品，比如一條小毯子、一個可愛的絨毛玩具、一個小枕頭或小手帕等，哪怕已經破損了，卻依然情有獨鍾，這就是我們常說的安慰物。安慰物的存在會讓年幼的寶寶感到踏實的安全感，它們可以幫助寶寶適應陌生的環境，平復他們的焦慮和恐懼，讓一顆懸著的心立刻安定下來。

所以，聰明的家長不妨利用寶寶對安慰物的依賴，幫助孩子度過心理上的恐懼期。一般來說，4 歲以後的孩子對安慰物的依賴度就會慢慢減輕，不過到那個時候，寶寶也將學會用更有效的方式來對抗自己的恐懼。

▶ **表達你對孩子的關愛**：為了讓孩子的安全感得到保障，家長需要對孩子表達出你的關愛，且不管孩子是獲得成功還是失敗。這聽起來是父母們自然而然會做的事情，然而，很多問題都是由於某種「有條件的愛」引發的。例如下面這兩種說法對孩子來說就存在巨大的差別：一種說法是父母站在孩子的立場上，假如孩子能夠再努力點就好了。「寶貝，除非你盡你最大的努力，不然的話，你就不會達到你的目標。」這樣的說法會讓孩子明白自己的責任。另一種說法是父母站在自己的立場上，按照他們自己的情緒需求去表達他們對孩子的失望之心。「你今天沒有贏得好成績確實讓我們很失望。」父母對孩子缺乏努力的行為，採取平靜的、積極的和支持改進的態度，孩子就會受到鼓舞並且會努力迎接挑戰。反之，父母對孩子缺乏努力的行為，採取

煩躁的、不平靜的和消極的態度，對孩子是一種傷害，同時也會讓孩子變得懼怕努力，因為他們擔心會失去父母的關愛。

▶ **為孩子制定「安全邊界線」**：當你為孩子制定邊界線時，這種安全感也得到了加強，因為孩子必須保持在安全界限以內，不能踰越。對孩子而言，一個沒有界線的世界是令人不知所措和充滿恐懼的，因為他沒有經驗來確定什麼是安全的，什麼是危險的，他不能夠判斷走多遠才算是足夠遠。然而，孩子天生的好奇心或許會驅使他進入超出他能力範圍的情景之中。邊界線作為一種劃定的安全地帶，保護孩子免於承受那些他尚未準備好去面對的情景。在孩子小的時候，若你沒有幫孩子劃定邊界線，他可能會遭遇不恰當的挑戰，因為他尚未做好準備。這種經歷是令人恐懼的，你的孩子會一談到他的世界，就感到恐懼和不可控制。這種感覺，會讓他對未來的探索失去信心，且會阻礙他主動冒險和爭取成就。制定邊界並不意味著把孩子鎖在他的房間內，永遠不讓他體驗、冒險或失敗。邊界意味著讓你的孩子了解到，他可能會遇到的困難和危險，保持與年齡層相當的冒險行動之敏感度，確保孩子具備實用的、身體的、心理的和情感方面的技能，能夠成功地應對合於標準的挑戰。

一旦你的孩子對目前的邊界線習以為常，感到舒適並且獲得較大的信心，這會讓他能夠進一步探索下去。但是，你需要不間斷地反覆檢查邊界線，以便及時擴充範圍，從而給孩子提供額外的機會，使其獲得更多的經驗和技能。當你的孩子達到一定的成熟度，應該給他自己建立邊界線的權力。例如，在孩子小的時候，規定他明確的玩耍範圍。首先，這個邊界範圍可能包括起居室，在那裡你可以照看到他；然後，邊界線可以擴大到你家的整個範圍，因為在家裡你可以聽到他玩耍的聲音；再往後，邊界線可能擴大到你家樓下或鄰居小朋友的周圍，在那裡你可以定期檢查他的行為。隨著孩子的長大，這些邊界線

可能繼續擴大，包括你所生活的社區和附近的公園。這樣，在孩子長大後的某一時刻，你只需要求他告訴你他要去哪裡，並且相信他已經準備對保持自己的邊界範圍負責任即可。

總之，身為家長，只要給孩子足夠的安全感，就能培養出孩子勇敢的個性來。這對孩子的一生來說，大有裨益。

引導孩子克服不健康的恐懼心理

每個人都有他（她）所懼怕的事物或情景，而且不少事物或情景是很多人普遍懼怕的，如怕雷電、怕火災、怕地震、怕生病、怕考試、怕失戀等。但是，在現實生活中，我們可以看到有許多孩子的恐懼心態異於正常人，如一般人不怕的事物或情景，他（她）會怕；一般人稍微害怕的，他（她）特別怕。這種無緣無故，與事物或情景極不相稱、極不合理的異常心理狀態，就是恐懼心理。這種不健康的恐懼心理將可能影響孩子一生，因此，家長應正確引導，幫孩子走出膽怯的陰影。只有這樣，才能讓孩子避免錯失發展機會。

當你的孩子經常在很多事情上表現出畏懼、退縮，不願主動去嘗試，不能表達自己的想法和觀點時，家長不必因此不知所措，更不需要給孩子貼上膽怯的「標籤」。這時唯一能做的就是幫助孩子逐漸擺脫膽怯、恐懼的困境。具體可參考如下建議：

教孩子戰勝恐懼

印度有一則故事：

一位懦夫極想讓自己變得勇敢，就報名參加了「殺獸」學校。這所學校專門培養人的能力和膽量，讓人勇於拿起劍去殺死吞食少女的怪獸。校

長是印度有名的魔術師莫林。莫林對懦夫說：「你不必擔心，我給你一支魔劍，此劍魔力無邊，可以對付任何一種凶殘的怪獸。事實上，校長給懦夫的只是一把普通劍。在培訓中，懦夫以「魔劍」壯膽，殺死了不少模擬的怪獸。結業考試時，懦夫將面臨吞食少女的真怪獸。不料衝到山洞口，怪獸伸出頭露出猙獰面目時，懦夫卻發現自己拿錯了劍，「魔劍」丟在教室裡。這時懦夫已不可能後退，他硬著頭皮用他受過訓練的手臂揮動那把普通的劍，結果居然殺死了怪獸。莫林校長會心地笑了，他說：「我想你現在已經知道了，沒有一把劍是魔劍，唯一的魔術在於相信你自己。」

這個故事告訴我們，要戰勝恐懼，唯一可做的就是戰勝自己，因此，家長要抓住一切可鍛鍊孩子膽量的機會，循序漸進，以達到目的。

情感上多關懷，多摟抱愛撫

父母甜蜜溫馨的摟抱、愛撫，不僅可以增加親子情誼，而且可以在某種程度上消除恐懼的心理。父母應該付出更多的耐心和時間來陪伴孩子，日常生活中要關心孩子思想感情的變化，恐懼持續的時間。以最確實的行動，了解孩子、支持孩子。

引導孩子學會轉移注意力，以戰勝恐懼

這就要求家長鼓勵孩子把注意力從恐懼的對象轉移到其他方面，以減輕或消除內心的恐懼。例如，要對付在眾人面前不敢講話的恐懼心理，除了多實行、多鍛鍊外，每次講話時把自己的注意力從聽眾的目光轉移到講話的內容上，再配合「別害怕！」等積極的自我心理激勵，孩子的心情會因此變得比較鎮靜，說話也會比較輕鬆自如。

注意身體語言

羞怯給人的印象是冷淡、閃爍其詞等，但孩子自己往往沒有意識到這一點。實質上孩子的這種身體語言傳遞的訊息是「我膽怯、我害怕、我不安」。可是，與之交往的人並沒有注意到，他們會把這種身體語言誤解為冷淡、自負，從而避之千里。這讓膽怯者更加遲疑不安。因此，家長應引導孩子學會掌握自己的肢體語言，透過肢體語言緩解內心的恐懼感。

讚賞孩子好的表現

消除孩子恐懼心理的關鍵點，是要讚賞孩子好的表現。當孩子去歡迎曾經害怕的小兔子時，大人要及時鼓勵孩子的勇敢。家長坐在公園長椅上休息時，可以鼓勵孩子去找周圍的小朋友一起玩；孩子回來後，要緊緊地擁抱孩子，讓孩子明白你很高興他這麼做。看著爸爸媽媽的微笑，孩子會對自己的行為充滿自信，在不知不覺中消除對陌生事物的恐懼心理。

總而言之，家長可以從多方面培養孩子的健康心理，使孩子逐步戰勝自身的恐懼感。此外，在讓孩子具備勇敢性格的過程中，家長要樹立榜樣，經常與孩子進行溝通，了解他的真實想法，鍛鍊孩子的獨立性。不需要太久，你就會發現孩子越來越勇敢了。

值得注意的是，當孩子對某些事情表現出膽怯時，家長應避免這麼做：

▶ **強迫孩子否認令他們感到害怕的事物及掩蓋他們的恐懼感**：心理學家認為，只有當孩子覺得你承認他們害怕的東西是客觀存在時，他才會相信你對解除他的害怕所做的解釋。做父母的要正確對待孩子所害怕的事物。一個很有效的方法是教孩子關於某些事物的知識。比如有的孩子害怕貓、狗等小動物，父母就可以跟孩子講這些動物的小故事，並告訴他們這些動物通常不會傷害人，但要學會與牠們相處的方法。

這樣，就可以幫孩子增加安全感。

▶ **在孩子害怕時訓斥孩子**：有些家長，在孩子遇到事情退縮不前時，往往會訓斥孩子，說孩子是「膽小鬼」，甚至與以處罰，這些都會對孩子的自尊心造成極大傷害。這不僅改變不了孩子的膽小，反而可能加重孩子的懼怕心理。

▶ **因為擔心孩子做不好，所以事事代勞**：凡事代勞，怎麼讓孩子敢去嘗試，敢去做事情呢？只有讓孩子自己去做，嘗試成功抑或失敗的機會，孩子才會慢慢變得大膽。

別讓孩子壓抑自己的恐懼

有人在日記中這樣寫道：

小時候，因為任性，我被爸爸一個人丟在熱鬧的街上，這雖然只是大人嚇唬小孩常用的把戲，卻時常讓我一次次陷入無比絕望的境地。

現在，我在越是喧囂的街道，就越會感到一種近乎窒息般的恐懼；而越是陽光明媚，越覺得很快就會黑暗。那麼多陌生人的臉在頃刻間層層疊疊壓下來，頭頂上的天空始終讓我覺得彷彿深陷於枯井中 ……。」

我想，這些感受是兒童的心理特點造成的吧？

大人也許並不知道，只因自己一次懲罰性的嚇唬，卻給孩子造成了這麼嚴重的心理障礙，導致孩子長大以後依然沒有辦法面對「鬧市」、面對未來。

其實，年幼孩子的特點之一就是感受性強，分析性差。比如「打針」這件事，對成年人來說並沒有什麼值得恐懼，但對年幼的孩子來說，「打針」卻是一件非常恐怖的事情，再加上平常家長會用類似「再不好好吃藥，就去打針」等話嚇唬孩子，使打針更帶有「恐怖」的色彩。所以，一看到要打針，孩子就拚命掙扎，比上極刑還令他難受。又比如說，上洗手

間，大人看來那是再平常不過的事了，可是孩子卻會害怕、擔心，他們總以為「黑暗」深處正藏著某些可怕的東西……。有時，孩子恐懼的事物往往很沒有道理，但是對他們而言，這些恐懼是真實而嚴重的。

當孩子鄭重其事地告訴你，他懼怕什麼東西，比如打雷、下雨、洗手間，或某個大鬍子叔叔時，做家長的，不要麻木不仁，更不要從自己的角度出發，斥責這樣的恐懼是無稽之談或根本沒有必要。不要因為寶寶恐懼的東西很愚蠢就粗暴地嘲笑他們，也不要試圖勸說寶寶那些東西並不可怕。迴避寶寶的恐懼物，並不能真正幫助寶寶克服恐懼感。相反的，他們可能會把恐懼的感覺壓抑在心中，而變得更加驚恐不安。應該認真地傾聽孩子的想法，引導他把恐懼的感覺說出來，從而了解他對恐懼物的真實想法。

其實，對孩子來說，表達自己的情緒不是軟弱的表現。遇到困難和挫折，能夠樂觀、積極地面對，才是真正的勇敢。

在日常生活中，家長要幫孩子釋放自身的恐懼感，應做到以下幾點：

做孩子恐懼的傾聽者

精神治療師達斯（Ram Dass）說：「父母對孩子恐懼的最大幫助是，聽聽他說明自己為何恐懼。」比如說，一位怕狗的小孩，在對父親說完自己為何怕狗後，父親居然說：「狗有什麼好怕的？」把孩子的恐懼當成「無稽之談」，才是一種傷害，因為他們很容易從不了解中擴大誤解。

為了幫助感到恐懼的孩子，你唯一能做的事，就是當一個好聽眾，全神貫注地傾聽孩子所說的一切，而不是去想自己該如何反應，該說些什麼。既要注意他說的話，也要同時注意非語言溝通，比如臉部表情、身體的移動、姿勢和眼睛的接觸等。

只有等到孩子明確地、表示已經說完想說的後，你才能加以評論，即使在談話中出現較長的停頓，也要這麼做。

理解孩子的恐懼

　　當孩子內心恐懼、焦慮時，家長正確的做法是，用理解與接納的態度傾聽孩子的恐懼，讓他先感到安心，覺得其實恐懼只是人諸多情緒中的一種，是很正常的現象，是每個人都需要面對的，你完全理解他的恐懼，也同情他的遭遇。比如有寶寶害怕小動物，媽媽千萬不要說：「有什麼可怕的呀？那小貓小狗又不會咬你，而且牠比你小那麼多，你看馬路上的人有幾個被牠咬到的？你怕什麼？」聰明的家長往往會採取這樣的說法：「我知道你很害怕小貓小狗，媽媽也曾經害怕過。所以，讓媽媽陪你一起走過去好不好？」「哦，你還是害怕對不對？那媽媽抱你過去好了。你看，牠根本就不會咬我們，你看牠在媽媽的腳邊多乖！」當孩子從媽媽的舉動中發現小狗其實沒有這麼可怕時，以後就不會再為相應的事情恐懼了。

讓孩子大聲說出自己擔心的事情

　　讓孩子把心裡想的事情說出來，不僅可以了解他們的所思所想，而且研究顯示，傾訴本身也有助於緩解壓力和緊張。有時，是孩子不知道該如何表達，也有些時候，是父母忽略了孩子的表達方式。當孩子說「我害怕」，「媽媽，我煩惱……」時，他們的內心一定經歷了一番掙扎，並且是鼓起了莫大的勇氣。父母此時應該耐心地鼓勵他們進一步說出自己的想法，比如可以說：「嗯，媽媽以前也有過你這種感覺，你能具體說說嗎？」或者：「我很願意分享你的煩惱。」這個時候父母的忌語是：「有什麼可怕的？」「別人都不怕，你怕什麼？」「小孩子也知道什麼叫煩惱？」

告訴孩子樂觀也是一種勇敢

「勇敢」是經久不衰的勵志教育。但是，簡單的一句「勇敢」會粗暴地壓制孩子的內心需求。有時，這兩個字彷彿千斤巨石壓在孩子幼小的心靈上，他們為變成一個勇敢的孩子，將恐懼、焦慮慢慢積攢在自己的心裡，無處排解，最終造成不良後果。應該讓孩子明白，表達自己的情緒不是軟弱的表現，相反的，企圖透過結束生命來解決問題也絕對不是勇敢。遇到困難和挫折，能夠樂觀、積極地面對，能夠全家人齊心協力地解決，才是真正的勇敢。

預防恐懼的發生

由於恐懼取決於個人的經驗，因此，要努力防止孩子第一次恐懼經驗的產生。比如，幫孩子洗澡的水溫不宜過高或過低；幫孩子洗頭洗臉時，不要讓刺激性的東西進入孩子的眼睛；把洗澡活動變成一種遊戲活動而不是一種強迫性的活動。這樣，對孩子而言，洗澡就不是一件害怕的事，而是一種快樂的體驗了。

常識越多的孩子越勇敢

每當閃電打雷的天氣，對可憐的果果來說簡直就是噩夢。看著窗外被閃電撕裂的天空，聽著那震耳欲聾的打雷聲，果果覺得害怕極了。他不知道是什麼妖怪把天都撕裂了，他撲向媽媽的懷抱，不敢看也不敢聽。嚴重的時候，這種恐懼甚至會影響果果的睡眠，打雷下雨的日子，他就一定要媽媽陪著睡，半夜還總會被驚醒。

「媽媽，為什麼天空會閃電呢？它會把我們電死嗎？」

這是果果的憂慮，也是很多孩子共同的憂慮。其實，孩子的憂慮、恐

懼並不是空穴來風的，對他們來說，任何恐懼都是有原因的，身為家長不要因此嘲笑孩子膽小、沒出息。而應找出恐懼來源，幫助寶寶認清事實、克服恐懼，這才是做家長應有的態度。

比如，有很多家庭會種植一些色彩鮮豔的花朵或植物，它們擁有亮麗的顏色和魅惑的花紋，再加上體積比較大，往往會讓孩子驚恐萬分。尤其是小女孩，有時根本不敢看那些植物，更別說靠近了。爸爸媽媽若把花的葉片折下來放在她手裡，她也會嚇得哇哇大叫，使勁想甩掉這個可怕的東西。孩子為什麼會有這樣的恐懼感呢？這與孩子的社會經驗少，有很大的關係。

正如一位心理學家說的：「愚昧是產生恐懼的泉源，知識是醫治恐懼的良藥。」的確，人們對異常現象的懼怕，大都是由於對恐懼對象缺乏了解和認知，愚昧無知引起的。因此，孩子只要透過學習，了解其知識和規律，揭去其神祕的面紗，就可以很快消除對某些事物或情景的無端恐懼。

那麼，在日常生活中，家長應如何幫助那些因缺乏知識或經驗不足而產生恐懼感的孩子呢？一般來說，要幫助這些孩子戰勝恐懼，變得勇敢，家長應從以下幾方面入手：

▶ 正確看待孩子害怕的東西

▶ 跟孩子講解一些生活常識：在日常生活中，家長要做的事情之一就是多跟孩子講解生活常識，孩子知道得多了，獨立意識和勇敢精神就會增加了。

有一位媽媽在這方面就做得很好：

小蕾對雷聲和閃電特別敏感，為了讓孩子正確認識雷聲和閃電，媽媽開始對孩子講解知識，不管小蕾能不能聽懂，她都耐心地向孩子解釋這些現象產生的原因，且讓孩子相信這些東西不會傷害到她。

為了幫助小蕾適應這些巨大的聲音和刺眼的光線，媽媽和小蕾玩起了

噪音遊戲，在晚上調整不同的燈光，讓小蕾習慣噪音和光線的變化，並借此讓孩子明白，不論是噪音還是閃電，不過是一種自然現象，而且絕對不會對人造成什麼危害，所以並不像她想像的那麼可怕。慢慢地，小蕾就不再害怕雷聲和閃電了。

總之，家長可根據孩子的年齡特點，把生活常識完整通俗地告訴孩子，讓孩子在有意無意之中學會這一切。那些日常知識離我們的生活最近，也最有用，孩子知道越多，就會越勇敢。

▸ **幫助孩子消除對事物的神祕感**：再比如，孩子害怕天黑，是因為不知道在看不見的情況下是否暗藏危險。這時，應該給孩子一支手電筒，並告訴他小心走路，別撞到，孩子慢慢就適應了天黑的情況。對於因各種體驗而產生的恐懼感，如打針、吃藥等，父母可向孩子講清楚吃藥、打針是為了治病的道理，並培養孩子戰勝恐懼的自豪感。

▸ **讓孩子逐漸習慣所懼怕的事物**：比如，孩子怕狗，可以先用玩具狗讓他接近，再用真狗接近。在與真狗接近的訓練中，可先花幾天時間，每天讓他多靠近體型較小的狗，然後再教孩子如何接近狗，如何與狗「說話」，如何與狗玩，這樣循序漸進，孩子就逐漸地不怕狗了。又比如，孩子怕黑，可留盞小燈，或父母陪著孩子，直到他入睡，以後他就逐漸地不怕黑夜了。

▸ **不要強迫孩子喜歡他們恐懼的東西**：當孩子對某些事情表現出驚懼、害怕時，做家長的別強迫孩子喜歡大人喜歡的東西，那樣只會加重他的恐懼感。正確的做法是，家長可利用自己的示範作用，比如自己親自去摸摸那些讓孩子害怕的東西，或者跟孩子一起看一些關於這些東西的圖片和介紹性文字，讓孩子對他們慢慢產生熟悉感，從而不再那麼害怕。

▸ **讓孩子多體驗一點「小意外」**：讓孩子經歷一些「小的意外」更有利於培養孩子預知和處理風險的能力。有時讓孩子體驗風險，承擔因自

己失誤和對風險的不當預期而帶來的麻煩和後果，對孩子的成長也是難能可貴的。

鼓勵孩子用好奇戰勝恐懼

好奇是孩子的天性。對孩子來說，周圍的事物無一不充滿了神祕感。因對神祕世界的好奇，他們不管看到什麼事物，都要小心翼翼地摸一摸，看一看，試圖想弄個明白。在這個過程中，他們難免會產生恐懼的感覺，但這種感覺很快就被內心旺盛的求知慾與好奇感戰勝了。田田就是這麼一個用好奇戰勝恐懼的孩子 ——

田田今年已經上小學三年級了，這孩子一點也沒有三年級的樣子，膽小怕事，做事畏畏縮縮，這麼大的孩子了，晚上居然不敢自己上洗手間。為此，爸爸媽媽經常被他弄得哭笑不得。

一天晚上，田田尿急，推爸爸一起上洗手間，但爸爸實在太累了，哼唧一聲，轉了一個身又睡著了，田田實在是憋不住了，他只好硬著頭皮走向洗手間。

這時，他發現黑洞洞的洗手間裡居然有個東西在一閃一閃的，是鬼的眼睛嗎？田田嚇了一跳，不過他很快定下神來，不像，傳說中鬼眼睛應該是綠色的，但那東西卻是紅色的呀！該不會是飛碟吧？因為最近剛看過飛碟影片，田田對飛碟充滿了嚮往。最終，他在好奇心的驅使下，打開了洗手間的燈，仔細一看，他便啞然失笑了：「原來是媽媽洗完衣服後沒有把洗衣機的插頭拔掉，以至於洗衣機的燈亮著。」

從此，田田再也不怕黑了。

田田的故事告訴我們，當孩子的好奇戰勝了恐懼之後，孩子便會變得勇敢、堅強起來。因此，家長要利用孩子「好奇」的天性，抓住孩子好奇的每一個契機，教育孩子在探索中發現真理、戰勝恐懼。

專家建議，想鼓勵孩子用好奇戰勝恐懼，家長應從小呵護孩子的好奇心。做到：

抽時間多跟孩子介紹周圍的世界

父母不管多忙，都應該盡量多抽時間跟孩子介紹周圍的世界。與大人不同的是，孩子對周圍了解得越多，對世界的好奇感就越強烈。因為孩子的求知慾很強，在掌握一定的知識技能後，能注意到、接觸到的新事物更多，反而會大大地激發孩子的好奇心。孩子喜歡做沒做過的事，嘗試沒玩過的遊戲，並能從中表現出他們的創造力。因此，父母在各種可能的場合，盡量多跟孩子介紹周圍的世界。父母在對孩子介紹一些新事物時，要相對簡潔，跳躍性強，注意力要跟隨孩子的視線做調整，這是因為年幼的孩子注意力難以長時間集中於同一事物的原因。

充分利用家庭環境激發孩子的好奇心

在家庭生活中，有許多事情可以激發孩子的好奇心，例如，當水燒開時，可以問問孩子為什麼水壺會發出「嘟嘟」聲；可以讓孩子摸摸不同質地衣服的手感，讓他們比較出不同；或者電視機圖像不清楚時，讓孩子看一看插頭是否插好、線路是否有與電視機連接好。家庭中有許多事是孩子感興趣的，重點是要抓住機會，讓孩子從看似平淡的生活中找到興趣點。

多跟孩子講故事

講故事能激發孩子的好奇心，孩子通常都愛聽故事，不管是老師或父母講故事，還是廣播電臺或電視機播放故事，他們總是會專心致志地聽，特別是繪聲繪影地講故事最能吸引他們。父母多跟孩子講故事，不僅能激發他們的好奇心、開拓他們的想像空間，還可以利用故事對他們的吸引力來幫助他們學習知識。

利用大自然誘發孩子的好奇心

父母可以特意引導孩子到大自然中去觀察日月星辰、山川河流。大自然千變萬化，是孩子看不完、看不夠的寶庫。春天可帶孩子去觀察小樹以及其他植物的生長情況；夏天帶孩子去爬山、游泳；秋天帶他們去觀察樹葉的變化；冬天又可引導他們去觀察人們衣著的變化，看雪花紛飛的景象。父母可以和孩子一起猜雲彩的形狀會如何變化；聽鳥啼婉轉，猜唱歌的小鳥長什麼樣；為什麼螞蟻在搬家；為什麼向日葵總是朝著太陽等。

孩子透過參加各種大自然活動，既開闊了眼界，豐富了認知，又提高了學習興趣，學習能力也在不知不覺中提高了。

用書中知識誘發孩子的好奇心

對於大一點的孩子，可以用書上的知識來誘發他們的興趣，提高和激發孩子的好奇心。其實，孩子愛「搞破壞」是天性使然，是其創造萌芽的一種展現。他們對各類陌生事物充滿新鮮、好奇，並身體力行，欲用自己的雙手探求。合理利用孩子這種天性，多方引導、鼓勵，孩子的創造萌芽就會得到進一步深化。反之，老實文靜聽話的乖孩子，家庭雖少了「被破壞」的氣氛，大人安心，但孩子天性被抹殺了，培養出的孩子多半循規蹈矩，缺少頭腦，依賴性強，泯滅了孩子愛動、好奇和勇敢，甚至是冒險的天性。

不直接回答孩子的問題

當孩子帶著問題去問父母時，父母不應該簡單地將結論告訴孩子。告訴孩子問題的答案，遠不如讓孩子自己思考「為什麼」來得重要。例如，當孩子問「鳥兒晚上睡在哪裡」時，你不必直接回答，你可以跟孩子一起探討鳥兒在晚上可能的去處；當孩子問「黃色和藍色顏料混合後會變成什

麼顏色」，你不要簡單地告知「會變成綠色」，你可以說：「是啊！究竟會變成什麼顏色呢？」以此來引導孩子去試驗、去思考，讓孩子自己去得出結論。同時你還可以透過一些開放式的問題，激發孩子對事物的好奇心與探索的欲望。

鼓勵孩子多動手

在動手的過程中，孩子會不斷有新的發現，他們的好奇心也得到保持和發展。而且，孩子在動手做事情的過程中，手的動作會在腦的活動支配下進行，這也是孩子觀察、注意等能力的綜合運用過程。同時，手的動作又刺激腦的活動支配能力，促進觀察、注意等能力的發展。動手做事不僅可以激發和滿足孩子的好奇心，也是孩子成長發展的基礎，是開發孩子智力的基礎。

給孩子自由思考的空間與時間

能否給孩子自由思考的空間和時間，這是呵護孩子好奇心的關鍵。父母如果經常給孩子下達一些強制性的智力作業任務，那麼孩子會覺得他總是在有壓力的環境中，便會將思考問題看成是一種額外的負擔，久而久之，他們的好奇心和學習的興趣就會消失殆盡。因此，對於強制性的智力作業，要少些，再少些。

總之，好奇是驅使孩子去認識世界、改造世界的動力，也是孩子成長的第一步，是值得家長珍惜的。孩子天生好動，難免會有一點危險，但如果家長僅僅為了孩子的安全，處處干涉、限制孩子的活動，這麼做不僅禁錮了孩子智力的發展，且也束縛了孩子個性的展現。在束縛中成長的孩子，往往膽小怕事、神經過敏，在當今充滿競爭的社會中，是很難立足的。而只有在好奇中戰勝困難的孩子，才能在今後的社會立於不敗之地。

孩子總是驚慌？勇敢也是一種教養：

停止嚴厲責備和愛的小手，鐵血教育早就生鏽！

編　　著：呂定茹，麥小麥

發 行 人：黃振庭

出 版 者：崧燁文化事業有限公司

發 行 者：崧燁文化事業有限公司

E-mail：sonbookservice@gmail.com

粉 絲 頁：https://www.facebook.com/
　　　　　sonbookss/

網　　址：https://sonbook.net/

地　　址：台北市中正區重慶南路一段六十一號八
　　　　　樓 815 室

Rm. 815, 8F., No.61, Sec. 1, Chongqing S. Rd.,
Zhongzheng Dist., Taipei City 100, Taiwan

電　　話：(02)2370-3310

傳　　真：(02)2388-1990

印　　刷：京峯彩色印刷有限公司（京峰數位）

律師顧問：廣華律師事務所 張珮琦律師

定　　價：375 元

發行日期：2023 年 01 月第一版

◎本書以 POD 印製

國家圖書館出版品預行編目資料

孩子總是驚慌？勇敢也是一種教養：停止嚴厲責備和愛的小手，鐵血教育早就生鏽！/ 呂定茹，麥小麥編著 . -- 第一版 . -- 臺北市：崧燁文化事業有限公司 , 2023.01
　　面；　公分
POD 版
ISBN 978-626-332-906-5(平裝)
1.CST: 親職教育 2.CST: 子女教育
3.CST: 自信
528.2　　111018552

電子書購買

臉書